佐山圭司

著

いじめを哲学する

教育現場への提言

晃洋書房

はじめに

「この論点については、多くの人たちが種々書き著していることはよく知っているが、ここであらためて私が同じことをとりあげて書くと、明らかに主題のあつかい方に関して、他の著者の意見と違ったものになろう。そのため、私は人に僭越だと思われはしないかと恐れている。しかし、私のねらいは、読む人が直接役にたつものを書くことである。想像の世界より、具体的な真実を追求することのほうが、私は役にたつと思う。……人の実際の生き方と人間いかに生きるべきかということは、はなはだかけ離れている。だから、人間いかに生きるべきかということのために、現に人の生きている実態を見落としてしまうような者は、自分を保持するどころか、あっという間に破滅を思い知らされるのが落ちである。」

——ニッコロ・マキアヴェッリ（1994, 253／訳 85）

　本書は、西洋哲学を研究する者が、いじめについて考えた本である。いじめにかんしては、これまでさまざまな立場からさまざまに論じられてきており、専門外の筆者が、いまさら付け加えることなど何もないように思える。しかし、ここ数十年、折に触れていじめ問題が大きく取り上げられているにもかかわらず、今なおいじめを苦に自殺する子や不登校になる子どもがたくさんいる。

　筆者の住む北海道でも、昨年大変痛ましい事件があった。真相はまだ完全に明らかにされていないが、報道によれば、いじめに苦しんでいた子が、真冬に失踪し遺体で発見されたという。こうした悲劇が繰り返されるかぎり、いじめ防止のために、ありとあらゆる努力がなされるべきだと思う。教員養成大学に勤務する筆者の場合、なおさらそう思う。教育問題を専門としない筆者が、自らの非力を省みず、いじめにかんする本を執筆した理由もここにある。

　いじめを扱った本は、枚挙にいとまがない。しかし、いじめを哲学的に論じた本はほとんど見かけない。哲学という「高尚な」学問にとって、いじめは真

剣に論じるに値しないテーマなのだろうか。筆者はそうは考えない。いじめによって死に追い込まれる子どもがいる以上、いじめは人間の生死にかかわる問題であり、哲学が人間の生と真剣に向き合おうとすれば、避けて通れない問題である。

　とはいえ、哲学だけがいじめの本質を把握できる、あるいはいじめを本当に理解するためには哲学的教養が必要だと考えているわけではない。筆者としては、本書がこれまでとは違った視点からいじめ問題を考えるきっかけを与え、いじめ理解やいじめ解決にわずかなりとも貢献できれば、十分である。さらに、それによって世間で「無用の長物」のように思われている哲学が、本気で学ぶに値する学問であることを多くの人々に分かっていただけたら非常にうれしく思う。

　本書は、いじめを子どもの世界に限定せず、あらゆる時代や文化に共通する暴力や排除、差別の問題と結びつけて理解する。そのため、これらの問題を論じた哲学者・思想家の見解だけではなく、世界史上のさまざまな事例を参照する。とりわけ紙幅を割いて論じるのが、ユダヤ人にたいする迫害（ホロコースト）である。

　その妥当性については、本書の論述をもって答えるしかないが、反ユダヤ主義は、その構造においていじめ問題と本質的に似ているというのが、本書の基本的な立場である。それゆえ本書で登場する哲学者・思想家の多くは、ユダヤ人である。歴史を通じて排除と迫害にさらされてきたユダヤの人々こそ、人間や人間社会のもつ攻撃性や暴力性に当事者として向き合わざるをえなかったからである。

　本書は、いじめを人間の攻撃性や暴力性の発現と考える。いじめを含めて、力関係を背景とした抑圧や暴力、あるいは排除や差別は、日本だけでなく、世界中のさまざまな時代のさまざまな社会集団のうちに見いだされる。つまりいじめは、時代や文化を超えて、人間や人間がつくる社会と深く結びついている。ならば、「人間とは何か」と問い続けてきた哲学も、いじめをめぐる議論に寄与できるはずである。

　こうした立場から本書は、まず序章で、いじめ問題を考えるうえで見落とされがちな「私たちのいじめ理解にひそむ問題」を考える。そして第 1 章で、い

じめを「人間の本性」との関連で考える。出発点となるのは、「人間はロゴス
をもつ動物である」という古典的定義である。続く第2章では、いじめを「社
会的存在としての人間」という観点から考察する。ここでも「人間はポリス的
動物である」という古典的定義が出発点となる。そして第3章で、いじめを人
格への侵害ととらえ、「人格とは何か」考える。最後に終章で、いじめ根絶へ
向けた筆者なりのアイディアを提示する。

　本書の目的は、いじめの哲学的考察を通じて、いじめ防止に役立つ教育を考
えることである。本書で紹介する理論の多くは、現代において「古典」とみな
されているものであるが、万人によって「真理」と認められたものではない。
したがって、なかには激しい批判にさらされ、多くの専門家から十分に反証も
しくは論破された過去の議論とみなされているものもある。そのことは筆者も
重々承知している。

　もし、いじめにかんする普遍的理論を打ち立てることが本書の目的であるな
らば、まず本書が依拠する理論の妥当性を厳しく吟味することから始めるべき
であろう。しかし、冒頭に引用したマキアヴェッリの言葉のように、いじめ防
止という実践的課題の「役にたつ」ことを目指している本書には、そうした作
業は不要だろう。なぜなら、本書の最終的な目的は、いじめの原因を理論的に
突き止めることではなく、いじめ防止のための実践を考えることだからである。

目　　次

序　章　私たちのいじめ理解にひそむ問題

「哲学者たちは、我々が悩まされる諸感情を、人間が自己の罪責のゆえに陥る過誤であると考える。だから彼らはこうしたものを笑い、泣き、あざけり、あるいは（もっと神聖ぶりたい者）呪詛するのを常とする。……彼らは要するに、あるがままの人間ではなく、そうあってほしいと思うような人間を脳裡に浮かべているのである。……私は人間の諸行動を笑わず、歎かず、呪詛もせず、ただ理解することにひたすら努めた。そこで私は、人間的な諸感情、たとえば愛・憎・怒・嫉妬・名誉心・同情心およびその他の心のさまざまの激情を人間の本性の過誤としてではなく、かえって人間の本性に属する諸性質として観じた。」

　　　　　　　　　　──バルーフ・デ・スピノザ（1972, 273f.／訳 11, 15）

　いじめがいけないことは、一般論として、ほとんどすべての人が知っている。にもかかわらず、なぜ人はいじめをしてしまうのか。まず考えられるのは、い・じ・め・と・気・づ・き・な・が・ら・も・や・め・ら・れ・な・い・場合である。頭で分かっていても、行動がともなわないのは、よくあることである。筆者も、飲み過ぎたら次の日が大変だと思いながら、ついつい深酒をして、後悔することがしょっちゅうである。もちろん、二日酔いは、人に迷惑をかけないかぎり許されるものだから、他人を傷つけるいじめとは本質的に違う。しかし、歯・止・め・が・き・か・な・い・という点ではよく似ている。なぜ、歯止めがきかないのか。

　頭で分かっているのについやってしまうことを、アリストテレスは「アクラシア（無抑制）」と呼んで詳細に論じている（EN 374ff.／訳 264 頁以下）。よく考えればやらないことを、その時の欲望に流されてついやってしまうことがある。

たとえばダイエット中で甘いものを食べてはいけないと思いながら、ついついケーキやお菓子に手を出してしまうような場合である。しかし、分かっているのにやってしまうというのは、おかしな話である。心の底から本当にいけないと分かっていれば、決してしないはず。欲望に負けてしまうのは、本当には分かっていない、つまり「アグノイア（無知）」なのだと『プロタゴラス』(357D-E) のなかのソクラテスは言っている (242／訳 219-220)。

　次に考えられるのは、自分がやっていることがいじめではないと加害者が考えている場合である。被害者が悪いと思える場合、それは加害者にとって正当な制裁、あるいは矯正や指導などと理解されてしまうので、いじめをやめる理由がなくなる。さらに被害者が悪いという思い込みは、加害者や傍観者にとって、いじめを「やむをえない行為」として正当化する根拠になりうる。

　本書は、「人はなぜいじめをするのか」、そして「いじめはどのように正当化されるのか」といった問いに取り組み、いじめ発生・発展のメカニズムの解明に努める。というのも、いじめの原因を理解することなしに、いじめの解決はありえないからだ。しかし、その前にもっと大きな問題が残されている。そもそも、「いじめとは何か」という問いである。

　いじめとは何か？　いじめを扱った本は数多いが、「いじめとは何か」をきちんと定義したうえで、いじめを論じている本は意外に少ない。というのも、日本においては、「いじめとは何か」についてあらためて説明する必要はないと思われているからである。多くの人が知っているのだから、あえて定義する必要もないわけである。しかし、現場の先生方と話をすると、「いじりといじめとは、どこが違うのでしょうか」あるいは「犯罪といじめとの違いは、どこにあるのでしょうか」と真剣な表情で質問されることがある。

　詳しく話を聞いてみると、周りの者はたんなる「いじり」のつもりなのに、いじられた側（とりわけその保護者）によってそれが「いじめ」と表現されると、些細な問題が深刻に扱われ、かえってこじれてしまうという。反対に、学校外で起これば明らかに「犯罪」になる行為が「いじめ」とみなされると、学校内の人間関係上のトラブルとして片づけられてしまう。つまり、「いじめ」という言葉を使うことで、些細な問題が深刻に扱われたり、逆に深刻な問題が軽く扱われたりするそうである。

　多くの人が指摘しているように、「いじめ」という言葉は、一種の「マジックワード」になっている（苅谷 1996, 162-178, 223-231）。「いじめ」という言葉で一括りにされている現象は、実のところ多種多様で、1つのカテゴリーにまとめるのは困難である。ましてや、その原因をただ1つに帰着させることなど不可能である。それゆえ本書はいじめの原因をさまざまな角度から明らかにしようと努めた。

第1節　いじめとどう向き合うか

　「いじめ」というマジックワードを理解するために、まずこの言葉が外国語ではどのように訳されているのかを見てみよう。日本のいじめ問題をドイツ語圏に紹介したドイツ人の日本学研究者アネッテ・エルベは、「いじめ」の訳語に苦労している。[1] ドイツ語には、Schikane（立場の弱いものにたいする嫌がらせ）という単語があるが、この言葉では日本人が考える「いじめ」の内実が適切に伝わらないことがある。というのもドイツでは、一般的に「暴力」や「攻撃」と訳される Gewalt や Aggression、あるいは Mobbing の方が伝わりやすいからである。

　いじめを表す言葉としては、英語圏では bullying が、ドイツ語圏や北欧では mobbing が一般に使われているが、これには歴史的な経緯がある。Mobbing は、もともと動物行動学者コンラート・ローレンツ（1903〜89 年）が、攻撃性をめぐる世界的議論を巻き起こした著書『いわゆる悪——攻撃性の自然誌——』（以下、『攻撃』と略記）において、群棲動物の集団的攻撃を表現するために用いたものである。

　この用語をスウェーデンで活躍したドイツ出身の医師ペーター＝パウル・ハイネマン（1931〜2003 年）が規範をはずれた個人にたいする集団的攻撃を表現するために用いたことで（Heinemann 1972）、北欧で Mobbing がいじめを表す言葉として広まることになった。その一方で、スウェーデンで活躍したドイツ出身の心理学者ハインツ・レイマン（1932〜99 年）が、職場におけるいじめ——彼はそれを「心理テロ（Psychoterror）」と呼ぶ——を表現するために Mobbing を用いたことで（Leymann 1993）、この言葉がドイツ語圏に逆輸入されることに

なったのである。

　ローレンツは攻撃を、多くの社会学者や心理学者が考えるような「一定の外的条件に対する反動（Reaktion）」ではなく、ましてや「現代の文化的退廃の病的な兆候」などでは決してなく、生物に内在する「本能の自発性（Spontaneität）」（L 55／訳 81）と考えた[2]。つまり人間を含めて動物は、外的な刺激にたいするリアクションとして攻撃性を発揮するのではなく、生まれつき攻撃的だというのである。

　動物行動学において「攻撃（Aggression）」という言葉は、非常に広い意味で用いられている。オランダの動物行動学者フランス・ドゥ・ヴァール（1948 年〜）も、「攻撃行動は、あらゆる動物や人間の生活に認められる基本的な性質のものである。そしてその性質は、攻撃の効果をやわらげるために進化した強力な抑制とかバランスを取ることと切り離して考えることはできない」（1990, 2／訳 10）と語り、攻撃性を社会生活に不可欠なものとみなしている。

　ローレンツの『攻撃』の原題『いわゆる悪』の「いわゆる（sogenannt）」は、「世間一般ではそう言われている」という意味であり、世間では攻撃性が悪いものとみなされているが、実際はそうでないという主張が込められている。ローレンツや彼に続く動物行動学者は、攻撃性が決して破壊的な原理ではなく、攻撃性を抑止する愛や友情、和解や平和的秩序などが攻撃性によって生み出されたことを強調している。

　攻撃性自体は悪ではなく、その現れ方によって道徳的にも非道徳的にも、社会的にも反社会的にもなりうるというわけである。だとしたら、攻撃性の理解は、いじめ問題解決の大きな鍵になるはずである。こうした議論の影響もあって、欧米では、いじめを攻撃性との関連で理解しようとする傾向が強い。いじめを社会性動物としての人間に備わる攻撃性の発現として理解することの利点は、大人のいじめと子どものいじめを本質的に同じものとして議論でき、さらに動物行動学の成果を活用できる点である。

　世界のいじめ研究をリードしてきたスウェーデン出身の心理学者ダン・オルヴェウス（1931〜2020 年）は、動物行動学や社会心理学に由来する mobbing（スウェーデン語では mobbning）を用いることに否定的で[3]、bullying や victimization という言葉を好んで用いている（Smith et al. 1999, 8ff.／訳 91-95）。にもかかわら

ず、以下で見るように、彼はいじめを攻撃的な行為として理解している。言葉
の用いられ方に違いこそあれ、欧米では bullying も mobbing も、大人を含め
た人間のいじめ一般を表現し、学校でのいじめを問題にする場合は、school
bullying や mobbing at school などと限定されて用いられている。

　日本では、いじめは主として子どもの問題として論じられてきた。いじめが
社会問題として大きくクローズアップされた 1980 年代に登場した森田洋司と
清永賢二のいじめ研究は、『いじめ──教室の病い──』（1986）と名づけられ
ている。また清永は、世界のいじめを分析した編著において、いじめを「慢性
的子ども病」（2000, 10）と呼んでいる。子ども社会の象徴である「教室」だけ
ではなく、職場や地域といった大人社会のあちこちでいじめがなされていなが
ら、今なお日本においてマスコミやインターネットで大きく取りあげられるの
は、もっぱら子どものいじめである。なぜだろうか。

　先に紹介したドイツ人研究者エルベは、いじめにたいする日独の反応の大き
な違いに着目する。彼女によると、自分の周りのドイツ人は、いじめを「悲し
むべきことだが、ふつうに起こることであり、変えられないこととして甘受し
ている」（1994, 112）という。つまりドイツ人は、「犯罪」にまでエスカレート
した場合をのぞいて、いじめを変えられない「現実」として受け入れており、
とくに関心を示さないという。

　その一方で、日本ではいじめが大きな社会的関心を呼び、非常に深刻な問題
として受け止められている。それゆえ彼女は、いじめが「日本に特殊なものな
のか、それとも、ただそれにたいする反応が日本に特殊なのか？　別の言い方
をすれば、日本においていじめは本当にそこまで深刻なのか、それとも社会
的・文化的な要因から深刻に受け止められているのにすぎないのか？」（1994,
111）と問う。彼女の答えは後者に傾いている。[4]

　彼女がその理由として挙げるのが、日本人の子ども観である。子どもが暴力
を振るったり、卑劣なふるまいをしたりしても、ドイツ人は驚かないのに、日
本人は衝撃を受けるという。なぜか。日本では、子どもは生まれつき善いもの
であり、しっかり教育さえすれば、よい子になるもので、暴力を振るったり、
いじめたりするはずはないと思われているからである（1994, 113）。日本でいじ
めや校内暴力が深刻かつセンセーショナルに受け止められるのは、それらが日

本人の子ども観と明らかに矛盾しているからだと彼女は考える。

　筆者の見るかぎり、エルベのいう日本的子ども観は、今なお根強いように思われる。こうした子ども観は、当然のことながら、いじめ問題へのアプローチを規定する。彼女は、日本人がいじめの原因を教育システムの欠陥に求めようとすることに驚きを隠さない。日本人がいじめの原因を、内部（子どもたちに内在している悪）ではなく、外部（子どもたちを取り巻く環境や教育システム）に求めようとするのが非常に不思議に思えるようだ。

　エルベは、日本の伝統的な子ども観が現代において蘇生した要因として、ジョン・デューイ（1859〜1952 年）をはじめとしたアメリカの改革主義的教育学の影響を挙げている（ibid.）。だが、いじめ問題への日本的アプローチの源泉は、むしろジャン＝ジャック・ルソー（1712〜1778 年）の子ども観・教育観にあると筆者は考えている。言うまでもなく、ルソーは近代教育学の古典とされる『エミール』の著者であり、これが第二次世界大戦後の日本の教育学者・教育関係者に直接・間接に与えた影響は計り知れない。

　『エミール』のなかでルソーは、子どもを小さな大人や未熟（未完成）な人間ではなく、独自の成熟（完成）をもつ、大人とは別の存在として描き出した。『エミール』が、しばしば「子ども発見の書」と呼ばれるのはそのためである。ルソーによれば、「自然は子ども（enfans）が大人（hommes）である前に子どもであることを望んでいる」（IV 319／訳, 上 125）。つまり、子どもは、小さな大人ではなく、子どもであるのだ。子ども時代を大人になるための準備期間と考えて、詰め込み教育をする大人たちに、彼はこう苦言を呈している。

> 「子どもを愛するがいい。子どもの遊びを、楽しみを、その好ましい本能を、好意をもって見まもるのだ。口もとにはたえず微笑がただよい、いつもなごやかな心を失わないあの年ごろを、ときに名残り惜しく思いかえさない者があろうか。どうしてあなたがたは、この小さな純粋無垢な者たち（petits innocents）がたちまちに過ぎさる短い時を楽しむことをさまたげ、かれらがむだにつかうはずのない貴重な財産をつかうのをさまたげようとするのか。」（IV 302／訳, 上 101-102）

　しかし、ルソーに言わせれば、純粋無垢な子どもたちは、やがて社会に入る

と、大人たちの悪に染まっていく。大人たちの悪とは、文明が生み出した悪に他ならない。それは、他人を出し抜いて成功しようとする功名心や虚栄心であり、パリのような大都市の貴族や知識人は、こうした道徳的腐敗を体現している。彼に言わせれば、こうした堕落は、人間が「自然本来の姿」を見失ってしまったところで始まったという。

　では、人間の「自然本来の姿」、ルソーのいう「自然人」とは何者か。文明に染まっていない未開人のような存在、あるいは都会の悪に染まっていない田舎の素朴な人々である。そして、なによりもまだ社会に出ていない子どもたちである。子どもたちは、文明社会の自然人なのである。それゆえルソーは、都会から遠いところで、自然にしたがった教育を行えば、子どもたちも人間本来の姿を失うことなく、人間らしい人間に成長し、人間らしい社会が生まれるはずだと考えた。『エミール』は、こうした考え方を展開したものである。

　この考え方にしたがえば、子どもは「無邪気な＝罪のない（innocent）」存在なのであって、子どもを悪くしたのは、大人たちの社会である。とすると、いじめの原因は、大人社会の悪しき影響に求めるべきであり、いじめの最終的な加害者は、いじめっ子ではなく、いじめっ子を生みだした大人社会、とりわけその支配層の人間たちである。いささか乱暴ではあるが、本書では、こうした見方を「ルソー主義」と呼ぶ。それは、ルソーだけでなく、彼から直接・間接に影響を受けた人々の人間観、さらに思想的起源が別でもこれに類似した人間観を指す。

　無邪気な存在としての子ども——日本の教育界では、今なおこうした子ども観が想像以上に根強い。『エミール』が読まれることは圧倒的に少なくなったものの（教育大学に勤務する筆者はこれを痛感している）、幼児・初等教育の現場ではさまざまな形態のルソー主義的人間観や教育論に出会うことがある。何を隠そう筆者もまた、高校時代にルソーを読んで感激して以来、隠れルソー主義者であり、今なお完全に脱しきれてはいない。

　なぜ人は、ルソーに惹かれるのだろうか？　筆者の場合、ルソー主義が、自分を説明するのに都合がよく、かつ自分の利害とも一致していたからである。もし子どもが善いものであれば、自分も自然的（本来的）には善い存在である。とすると、自分の悪は、もともと自分の内にあったものではなく、外から来た

ものである。悪をもたらしたのは世間や社会であり、自分に内在する悪の問題などを考えなくても済む。

　さらに、今の社会がいかに腐敗し、自分自身も社会の悪に手を染めざるをえないにしても、新たに生まれてくる子どもたちが「善い存在」であるかぎり、未来に希望がもてる。そして過去を振り返れば、悪に染まっていない子ども時代がある。もちろん、自分の子ども時代の悪事はよく憶えているし、過去の自分の「善さ」は事実としては否定されるのだが、理念のうえで「本来的に善い自分」の存在が担保されているのは、有り難いことである。

　そう考えると、子どもは「無垢の存在」であってほしいという願望こそが、筆者をルソー主義につなぎとめていたように思える。だが、これを認めるのは、筆者にとって非常に辛いことである。これにより、ルソー主義者としての自分が否定されるからである。しかし、自分の認識における利害関係を率直に認めることが、自己理解、ひいてはいじめ理解の第一歩になると筆者は考える。

　というのも、フリードリヒ・ニーチェ（1844～1900 年）がしばしば強調しているように、私たちのあらゆる認識には、利害や関心が隠されているからである。意識的にせよ無意識的にせよ、私たちは物事を自己中心的に見る。一見客観的と思える認識もそうであり、認識主体としての人間が介在するかぎり、利害関心から完全に離れた客観的認識などありえない。私たちは、自分が受け入れられる（受け入れたい）事実を現実とみなし、見たくない事実には目をつぶる。

　とくに集団のなかで、利害や価値観を共有しているとき、こうした認識の歪みや偏りはなかなか見えてこない。それゆえ、集団内の誰もが同じ過ちを犯していても、全員がそれを正しいと信じていると、決して「過ち」とは認識されない。それは、全員が同じ欠点をもっているとしたら、それが集団内の誰からも「欠点」と認識されないのと同じである。ここで問題としているルソー主義的な子ども観も同じである。

　私たちの認識における利害やバイアスの問題は、第 1 章で紹介する人間の攻撃性をめぐる議論にもよくあてはまる。肉食動物や「残酷な人間」に攻撃性や暴力性をすすんで認める人も、自分のうちに同じような性質を認めるのは、なかなか難しい。筆者も自分に攻撃性を認めることには、大きな心理的抵抗を覚える。もしそれを認めれば、自分とは根本的に違うはずの「残酷な人間」との

区別がなくなってしまうからである。

　しかし、人々がなかなか認めたがらない現実を、あえて人々に示した哲学者や思想家もいた。彼らは人々の自尊心を傷つけたために、多くの人に忌み嫌われた。本書に登場するニッコロ・マキアヴェッリ、トマス・ホッブズ、バルーフ・デ・スピノザ、バーナード・マンデヴィル、チャールズ・ダーウィン、フリードリヒ・ニーチェ、ジークムント・フロイトがそうである。そして、アウシュヴィッツでのユダヤ人虐殺に関与したナチス高官の裁判と向き合い、人類史上最悪とも言える殺戮が、平凡な人間によって遂行された「凡庸な悪」にすぎなかったと指摘したハンナ・アーレントも激しい非難にさらされた。

　だが、たとえ不都合なことでも、それを自分たちの都合に合わせて歪めようとせず、ありのままに受け入れて理解しようとすることこそ、あるべき知性の姿なのではないだろうか。人間には美しい面や素晴らしい性質もあり、それらを否定する必要はまったくない。しかし、そうした面ばかりを強調して、人間の醜さや狡さに目をつぶるとしたら、公平あるいは誠実とは言えないだろう。筆者のルソー主義への批判は、まさにこの点にかかわる。

　第2章で詳しく検討するように、社会の仕組みが子どもを含めて人間に与える影響は非常に大きい。子どもたちがいじめをするのは、大人たちがいじめをするからだという主張にはたしかに説得力がある。しかし、ルソー主義は、自分のなかの悪の問題に目をつぶる。ソクラテスが座右の銘とした「汝自身を知れ」という格言を文字通り解するならば、自分を本当に知るためには、自分のなかの醜い部分をも直視する勇気をもつ必要がある。[7]

　いじめを適切に理解する手がかりは、人間の攻撃性や暴力性あるいは邪悪さや狡さを直視した哲学者との共闘によって得られる。本書では、いじめの原因をなによりも人間や社会の内部に求める。その最初の一歩は、子どもを純粋無垢とするルソー主義的な子ども観を放棄することである。[8]　そのためには子どもと大人、そして人間と動物との境界も取り払わざるをえない。こうした試みは、教育の専門家には、子どもの特性や発達段階を無視し、動物行動学や精神分析学をいじめ問題に安易に適用した素人の暴論に見えるかもしれない。

　しかし、いじめをなくすために、ありとあらゆる努力がなされるべきだとすれば、こうした無謀な試みも許されてよいはずである。被害者を不登校や自殺

に追い込むいじめを、筆者は「変えられない現実として甘受」すべきだと思わない。それは、いじめに苦しむ被害者に「どうしようもないことだから我慢しなさい」と言うのと同じぐらい残酷である。いじめが「悲しむべきこと」である以上、たとえ根絶できなくとも、少しでも減らすためにあらゆる努力をなすべきである。それは生きていれば避けて通れない病気や災害に備えるために、日頃から準備や努力を怠らないのと同じである。

　いじめが起こるのは、加害者がいるからであり、加害者をいじめへと突き動かす何かがあるからに他ならない。そしていじめがエスカレートするのは、加害者やいじめを黙認する子どもに、いじめを止められない何かがあるからである。いじめをなくすには、いじめを生み、エスカレートさせるこの「何か」を突き止めたうえで対策を講じる必要がある。よって本書は、加害や黙認のメカニズムの解明に努めることで、いじめ撲滅への道を探る。

　その出発点となるのは、私たちのいじめ理解の再検討である。あらゆる認識同様、いじめにおいても、当事者や関係者の利害関心から離れた認識など存在しない。それゆえ、私たちのいじめ理解が、私たちの利害やバイアスによって知らないうちに歪められていないか、あらためて検証してみる必要がある。

第2節　いじめの定義を再検証する

　「いじめ」とは何だろうか。国内外の代表的な論者による定義を見ながら考えてみよう。前節で紹介したオルヴェウスは、「ある生徒が、繰り返し、長期にわたって、一人または複数の生徒による否定的行為にさらされている場合、その生徒はいじめられている」（1993, 9／訳28）と定義している。なお、ここでいう否定的行為（negative actions）とは、「基本的には攻撃的行動（aggressive behavior）の定義に含意されている」ものであり、次のような形態がある。

　「この否定的行為には、脅迫したり、侮辱したり、強要したり、悪口を言ったりなど口頭によるものもあれば、殴ったり、押したり、蹴ったり、つねったり、監禁するなど、暴力を使うものもある。さらに、しかめ面をしてみせたり、卑わいなジェスチャーをしたり、意図的にだれかをグルー

プから締め出したり、友達との仲をさくなど、言葉も暴力も使わないもの
もある。」(1993, 9／訳 29)

　さらに、オルヴェウスは、「相手に対する比較的あからさまな攻撃」である
「直接的いじめ」と、「相手を社会的に孤立させたり、グループから意図的に締
め出すなどの遠まわしの攻撃」である「間接的いじめ」とを区別する。注目す
べきは、どちらのいじめも「攻撃的行動」に含まれるものと理解されている点
である。つまり、いじめは攻撃性の発現である。

　ただ、攻撃性の発現が、そのままいじめになるわけではない。「身体的また
は心理的に同程度の力をもった 2 人の生徒が戦ったり喧嘩したりする場合は、
いじめという言葉は使うべきではない……。いじめという言葉を使うためには、
力のアンバランス（非対称的な力関係）がなければならない。つまり、いじめの
場合、否定的行動にさらされている生徒は、相手から自分を守ることが難しく、
相手に対して無力な状態にあるのが特徴である。」(1993, 9f.／訳 29-30)

　日本におけるいじめの社会学的研究の第一人者である森田洋司は、いじめを
「同一集団内の相互作用過程において優位に立つ一方が、意識的に、あるいは
集合的に他方に対して精神的・身体的苦痛を与えること」(2010, 95) と定義し
ている。さらに、森田はいじめの構成要素として、以下の 3 点を挙げている。
① 力関係のアンバランスとその乱用（非対称的な力関係、優位－劣位関係）、② 被
害性（精神的・身体的苦痛）、③ 単発的な嫌がらせやいじわると区別される継続
性ないし反復性、である。

　オルヴェウスと森田を比較してみると、①と③が共通でありながら、②に
「被害性」が入っている。オルヴェウスの定義で②に該当するのは、加害者側
の「攻撃性」である。つまり、オルヴェウスが「攻撃性」を強調するのにたい
して、森田では、被害者側の「苦痛」や「被害性」が強調されている。さらに、
オルヴェウスでは、いじめが生徒間の個人的関係における攻撃として定義され
ているのにたいして、森田では「集団内の相互作用過程」とされている。

　こうした違いの背景には、森田自身 (2010, 26-37) が説明しているように、欧
米と日本の間のいじめ対策の違いやその背景にある考え方の相違がある。つま
り、欧米では、学校の安全と生徒の安寧の確保がいじめ対策の力点であるが、

日本においては「被害者の救済」が第一に考えられてきた。さらに、個人主義的な伝統の強い欧米では、たとえ子どもでも加害者の責任を厳しく問う一方、日本では被害者の心理的ケアに力が置かれてきた。

　森田は、欧米と日本の違いを意識しつつ、いじめを「攻撃行為」とするオルヴェウスの定義が、精神的な攻撃を軽視していると批判する。「“mobbing”という言葉が、もともと物理的な暴力の行使による攻撃行動を意味し、日常用語としてのイメージも身体的な力の行使に傾斜しているため、オルヴェウスの調査票〔彼が「いじめ防止プログラム」で用いた調査票〕でも攻撃行動の指す幅が狭い。精神的な攻撃をいじめの本質的な要素として捉えず、物理的な力による攻撃と並ぶサブカテゴリーと見ているからである。そのため、精神的な攻撃とその被害への目配りが薄く、表面的なものとならざるをえない。」(2010, 14-15)

　たしかに、森田の言うように、いじめを校内暴力の一形態と見なしがちな欧米の研究では、「精神的な攻撃とその被害への目配り」は不十分であるように思える。とりわけ、インターネット普及後にみられる「ネットいじめ」は、物理的な力を行使せずに「言葉の暴力」で相手を攻撃するものである。それゆえ森田の批判は正しい。また個人の暴力に焦点を当てているオルヴェウスの場合、第２章で詳しく見る社会的ないじめ、つまり「集団力学」によって生まれるいじめを適切に捉えられない。この点で、いじめの主体を明示せず、「集団内の相互作用」からいじめ発生をつかもうとする森田の定義はすぐれている。

　しかし、先に見たように、森田の定義では、いじめの核をなす「攻撃性」が後景に退いている。森田が「いじめの本質的な要素」とみなす「精神的な攻撃」も、「物理的な暴力」と同様、攻撃性の発現であることには変わりがない。なぜなら、意識的であれ、無意識的であれ、他者への攻撃がすべてのいじめに含まれているからである。それゆえ、本書は一貫して、いじめを人間の攻撃性との関連で考察する。

　攻撃性の詳しい検討は第１章に譲るとして、ここではまずオルヴェウスと森田がともに指摘している「アンバランスな力関係」から見ていきたい。森田の定義によれば、この関係が「乱用」されることでいじめが起こる。つまり、いじめは力の差がある人間関係において優位の者が力を乱用することによって起こる。だが、よく考えてみると、私たちの人間関係の多くは不平等な力関係に

もとづいている。

　パートナー関係、親子、兄弟姉妹、教師と児童・生徒、児童・生徒同士、いずれも完全に対等とは言えない[11]。優位の者が自己抑制せずに力を行使し、劣位の者が自分の被害を訴えられない場合、力の行使は簡単にいじめに発展しうる。そう考えると、どこでいじめが起こってもおかしくない。

　いじめは、加害者と被害者だけから成り立つわけではない。たいていの場合、これ以外にもいじめを知っている者がいる。森田は、いじめを被害者、加害者、観衆、傍観者という4のアクターから構成されていると考え、「いじめの4層構造」と名づけている（2010, 131-142）。観衆とは自分では手を下さないが、いじめを面白がって見ている者、傍観者とは見て見ぬふりをしている者である。一般的には加害者と被害者だけが、いじめの関係者だと考えられている。

　だが観衆は、いじめを面白がっているのだから、明らかにいじめの関係者である。被害者のことが嫌い、あるいはいじめを見るのが面白いなど、理由はさまざまだろうが、面白がる観客がいるからこそ、いじめは続き、エスカレートする。にもかかわらず、観客は自分が「観客」であることを認めようとしない。そうするのは、不都合だからである。いじめが明らかになって、「いじめを面白がっていた」などと認めると、叱責や非難の対象になってしまう。したがって、彼らの多くは「中立」の傍観者を装うのである。

　しかしながら、傍観者はいじめ問題の重要な関係者である。傍観者は、いじめを告発すれば、自分もいじめられるリスクがあるし、告発しなくても「いじめを知っていながら、何もしなくてもいいのか」という自責の念に駆られる。つまり傍観者は、いじめにたいして何もしない（できない）自分と向き合わなければならない。これに耐えられない者は、被害者にも悪いところがあるから「やむをえない」あるいは「当然の報い」だと考えて、黙認するようになる（これについては第2章第5節で詳しく分析する）。

　いじめがあることは、傍観者にも不都合である。したがって「見ない」ことにする。自分は「無関係」だという傍観者の自己認識は、いじめと無関係でありたいという願望に支えられている。とすると、傍観者がいじめを傍観（黙認）するのは、たいていの場合、保身という利害からである。このように「見て見ぬふり」をしている者を含めると、いじめの関係者というのは、実はかなり広

範である。

　いじめを発見・防止しなければならない教師も、いじめの重要な当事者になりうる。加害者にも被害者にもなる。１対１では明らかに教師の方が子どもより強いが、子どもたちも集団になれば、力関係で教師より優位に立てるからである。しかし、一番多いのは傍観者になるケースである。ただでさえ多忙な教育現場において、日常の業務に加えていじめ解決に取り組むのは大変である。いじめ対応には、相当な覚悟とエネルギー、そして時間が必要である。[12]だから、いじめが疑われる行為を見ても「見ない」ことにし、いじめの噂を聞いても「聞かない」ことにする方が、都合がよい。

　それは、いじめが問題化したときの関係者の対応によく表われている。マスコミ等の報道でいじめ問題が明らかになると、教師や学校、さらには教育委員会等の「関係者」からなされる代表的なコメントは、「いじめではなく、人間関係のトラブルと認識していた」である。いじめと認識されながら、学校でいじめが放置されていれば大問題であり、その責任を厳しく追及される。だから「いじめと認識したくない」のである。

　また教師とて人間であるから、好き嫌いがある。筆者もそうである。もし、いじめの被害者が、自分の「お気に入り」なら、問題解決に力を尽くすだろう。しかし、それが、日頃から手を焼いている「問題児」なら、どうだろう？　同じように力を尽くすだろうか？　それと正反対の事態も考えられる。いじめの加害者が自分の「お気に入り」で、被害者が「問題児」ならどうだろう？「いじめられる側も悪い」と考えないだろうか？

　教師として未熟な筆者は、これらの問いに自信をもって答えることができない。しかし、筆者にかぎらず、これは多くの教師に当てはまることではないだろうか。教師だって人間である。教師も、何からの先入観やバイアスをもって子どもを見ている。それゆえ教師の判断も決して客観的ではなく、自分の立場や利害を少なからず反映している。したがって教師も、意識しないうちにいじめの当事者や関係者になりうる。

　2019年10月、神戸市内の小学校で、「いじめはいけない」と指導する立場のベテラン教師たちが若い先生をいじめていたことが明らかになった。「まさか教師が」と呆れた人もいたであろうが、いじめに加わっていた教師たちは、

問題が発覚するまで、自分たちがやっていることは子どもたちに禁じているい・じ・め・とは違うと考えていたのではなかろうか。

　いじめにおいては、多くの者が関係者であることを否定しようとする。それが、まさに関係者の利害だからである。しかし、「関与の否定」は、観客や傍観者だけに当てはまるものではない。というのも、多くの場合、いじめを主導する加害者が、も・っ・と・も・当事者意識を欠いているからである。加害者は、自分のしていることを「いじめ」と認めようとしない。

　なぜなら、自分のやっていることをいじめと認識することは、加害者にとって都・合・が・悪・いからである。いじめと認定されると、いじめを続けることができなくなるばかりか、親や教師から厳しく叱責されるからである。だから、隠れていじめをするし、もし教師がいじめを黙認するなら、教師の前でも平気でいじめをする。

　被害者も、ときに被害者であることを隠そうとする。いじめられていることを告発しても、自分を守ってくれる人がいないかぎり、加害者の怒りを買って、いじめがエスカレートすることもあるからだ。かくして、第三者から見れば、明らかにいじめなのに、いじめと認めたがらない被害者もいる。いじめが問題化した場合に生じるリスクやコストを考えると、いじめと認めることがその子にとって都・合・が・悪・いからである。[13]

　いじめを人間関係における攻撃の一種と考えてみると、私たちは、職場や家庭、あるいは社会において、これと似た現象を日常的に目にしていないだろうか。筆者は、こうしたものをときに目にしてきたし、場合によっては当事者や関係者であった。小学校時代に教師から「あなたのやっていることはいじめに他ならない」と言われて大いに反省した経験もある。中学校時代にはそれほど深刻ではなかったが、自分がいじめられた経験もある。

　つまり筆者は、あるときは加害者であり、あるときは被害者であり、そして非常に多くの場合傍観者であった。傍観者もいじめの重要な関係者と考える本書の立場からすれば、いじめは、たんに加害者と被害者だけの問題ではなく、い・じ・め・が・起・こ・っ・て・い・る・場・で・生・き・て・い・る・す・べ・て・の・人・の・問・題である。したがって、あらゆるいじめ対策は、自分も当事者・関係者であること（当事者・関係者になりうること）の自覚から始まるべきである。

　森田が、『いじめとは何か』の副題を「教室の問題、社会の問題」とした意味を深く考えなければならない。子どもたちにとって「教室」が平日の大半を過ごす場であるように、「社会」は私たちが一生を過ごす場である。私たちは、好むと好まざるとにかかわらず、社会の中に生まれ、社会のなかで死んでいく。その意味で、「社会の問題」とは、私たちの日常的な生にかかわる問題に他ならない。そこで筆者は、いじめ問題を、あくまで自分の日常にかかわる問題とみなし、当事者としての自分が抱えるさまざまな利害や関心、そしてそれらが認識に与える歪みやバイアスの解明を通じて理解しようと努めた。[14)]

注

1）日本でほとんど知られていないエルベの論文（1994）は、小玉亮子の優れた論考「ドイツにおけるイジメ」（2000）を通じて知ることができた。記して感謝したい。また、海外に向けて日本のいじめ問題を発信している日本人研究者も同じように苦労しており、たとえば滝充は、日本的いじめを表現するために、Ijime bullying という造語を用いている（2005, 33-55）。

2）自発性（Spontaneität）とは自らの存在の原因と根拠を自己自身のうちにもつことを意味する。カントは思考（Denken）を自発的だと考えた（KA3, 85／訳, 上 141）。カント哲学に通じていたローレンツは、当然これを意識して使っていると思われる。

3）動物行動学とのつながりに否定的なオルヴェウス（Smith et al. 1999, 8／訳 92）は、ローレンツが『攻撃』で一度も使っていない mobbing を、訳者が勝手にスウェーデン語訳に持ち込んだという見解（Lagerspetz, Björkqvist, Berts and King, 1982）を紹介しているが、ローレンツは、『攻撃』のオリジナルで mobbing という言葉を使っている（L 32／訳 46）。

4）森田洋司（2010, 6-7）も、いじめ被害経験者が日本よりも多いオランダで、いじめが社会問題化していない実態を紹介し、「いじめはどこにでもあるといっても、社会問題として取り上げられるかは、国や社会、あるいは時代によって異なる」としている。

5）日本の伝統的な子ども観を長く規定してきたのは、日本人の考え方に大きな影響を与えてきた儒教の性善説だと思われる。孟子をはじめ儒教の伝統的な教えが性善説に立つ一方で、人間を罪深い存在とみなすキリスト教世界では、悪を人間に内在するものと考える傾向がある。

6）本書でルソーとルソー主義をあえて区別しているのは理由がある。ルソー本人の思想は、一般に思われているよりずっと複雑であり、その人間観察もリアルである。ルソーの思想の一面だけを一般化したのが、本書でいう「ルソー主義」である。

7）カントは、自分の心に巣くう悪と向き合う苦しみを「自己認識の地獄巡りだけが、神になる道を切り拓く」というハーマンの言葉で表現している（KA6, 441／訳 320）。

8）こうした立場からのすぐれたいじめ研究は、中井久夫（1997）である。精神科医で
あった中井は、「子どもの社会は権力社会である」「子どもは家族や社会の中で権力を持
てないだけ、いっそう権力に飢えている」という反ルソー主義的な立場から子どものい
じめを鋭利に分析している。

9）荻上チキ（2018, 29-30）は、物理的暴力の行使を「暴力系いじめ」と、「精神的な攻
撃」を「コミュニケーション操作系いじめ（非暴力系いじめ）」と呼んでいる。

10）もちろん、これによって森田が強調する「被害者の苦痛」を軽視するつもりはまったく
ない。本書が攻撃性を強調するのは、ルソー主義的な子ども観が根強い日本では、子ど
もに攻撃性を認めようとしない人が多いからである。したがって本書は、子どもに大人
と同種の攻撃性を認め、さらに人間に動物と同種の攻撃性を認めるところから出発する。

11）もちろん筆者を含めて、人間関係は原理的に対等であるべきだと考える人は多いだろ
う。だが、それはあくまで理念や理想であり、現実ではない。したがって双方（とりわ
け力において優位の者）の努力なくしては、その実現は難しい。

12）現場の教員が、いじめを含めた子どもたちの問題にじっくり向き合うことができるよ
うにするためにも、しばしば「ブラック」と呼ばれる教員の勤務実態を根本的に改善す
る必要があるだろう。

13）たとえば、加害者が被害者の親や教師、先輩や友人などで、被害者が加害者との人間
関係に依存している場合などである。周りがいじめ阻止に動くことで、加害者との人間
関係が壊れてしまうからである。被害者のこの心理を理解することは難しいが、ドメス
ティック・バイオレンスにおいて、パートナーによる暴力を被害者が「一種の愛情表
現」と思って耐えているケースを考えれば分かってくる。

14）筆者は、そうした当事者の１人であると自覚しながら本書を執筆した。その意味でこ
の本は、公平中立を標榜する研究者による理論的な研究ではなく、当事者による実践的
な研究、つまり一種の当事者研究と言える。

第1章　いじめは「人間的」か、それとも「非人間的」か？

> 「他人が苦悩するのをみるのは楽しいことである。他人に苦悩を与えることはさらに楽しいことである。——これは残酷な命題だ。しかし古く、力強く、人間的なあまりに人間的な根本命題なのだ。この命題なら猿でも同意することだろう。というのは猿はさまざまな奇妙で残酷な行為を考えだすことでは、人間の登場をすでに予告しており、同時に「前座」を演じているというからだ。」
>
> ——フリードリヒ・ニーチェ（VI 2, 318／訳117）

「人間とは何か」あるいは「人間の本性とは何か」という問いに答えるのは難しい。なぜなら、問いに答える者が問われている人間自身だからである。この問いが人間によって発せられるやいなや、「自分（たち）は何者か」という自己認識、あるいはアイデンティティをめぐる問いになってしまうからである。それゆえ、「人間とは何か」という問いは、人間にとっては、人間以外の生物や事物にかんする問い、たとえば「馬とは何か」「ペンとは何か」という問いとは、根本的に異なっている。

　しかし、この問いには次のような異論や疑問も想定される。まず予想されるのは、生得的もしくは固定的な「人間の本性」など存在しないのではないかという批判である。そして、かりにそのようなものがあるにしても、人間性をどう定義するのかという問いが続くだろう。また、人間の定義は生きる時代や環境によって違ってくるというもっともな反論もあるだろう。さらに、さまざまな性格や個性、あるいは文化的・民族的背景をもつ人々を「人間」として一括りにできないと考える人もいるだろう。だが、これらの異論や疑問に逐一答えることは本書の本来の目的ではない。[1]

　「人間とは何か」という問いにたいする哲学者のもっともオーソドックスな答えは、アリストテレスの「ロゴスをもつ唯一の動物」(Pol 1253a) である。ロゴスとは言葉や論理のことなので、簡単に言えば、人間だけが言語をもって思考する動物だという意味になる。この「ロゴスをもつ動物」という表現は「理性的動物 (animal rationale)」というラテン語に訳され、思考能力あるいは言語能力が、人間の特徴とされてきた。「理性的動物としての人間」というこの定義は、さまざまな批判や留保があるにしても、今なお多くの人々によって支持されているように思える。

　しかし、序章で見たように、人間が自己中心的に物事を認識する傾向がある以上、私たちは自分たちに都合のよいように考えていないか、よく検証する必要がある。つまり、この定義の背後にある人間の利害関心を考えてみる必要がある。人間を理性的動物と定義するメリットは何だろうか？　理性を人間の特権と考えれば、この定義によって、人間は他の動植物と区別される存在として際立つことができる。しかも、言語を用いて思考するのが人間の本質だとすれば、これをもっともよく行うことができるのは、知識人、それも哲学者である。つまり、この定義にしたがえば、哲学者（知的エリート）こそ、最も人間らしい人間ということになる。思考を生業とする哲学者には、こうした定義が自分にきわめて好都合であるだろう。

　こうした知性主義的な人間理解に反旗を翻し、人間のもつ別の能力、とりわけ「人間的な感情」の意義を強調した哲学者もいた。序章で触れたルソーである。ルソーは『エミール』で、人間たちにこう呼びかける。「人間よ、人間的 (humain) であれ。それがあなたがたの第一の義務だ。あらゆる階級の人にたいして、あらゆる年齢の人にたいして、人間に無縁でないすべてのものにたいして、人間的であれ。人間愛 (humanité) のないところにあなたがたにとってどんな知恵があるのか。」(Ⅳ 302／訳, 上 101)

　人間的な感情とは何か。それは同胞である他者への共感、とりわけ苦しんでいる人々への「憐れみの情」である。人々の虚栄心や利己心のおかげで社会が繁栄するのだから、私悪とは公益なのだと辛辣に風刺したバーナード・マンデヴィル (1670〜1733 年) を批判しながら、ルソーは『人間不平等起原論』で雄弁に語る。「自然が人間に理性の支柱として憐れみの情 (pitié) を与えなかったと

したら、人間はそのすべての徳性をもってしても、怪物にすぎなかったであろう……マンデヴィルはこの唯一の特性から、彼が人間に認めまいとするすべての社会的な美徳が生ずることを見なかった。実際、寛大、仁慈、人間愛というものは弱者、罪人あるいは人類一般に適用された憐れみの情でなくてなんだろうか。」（Ⅲ 155／訳 73）

ルソーに言わせれば、哲学者とは、こうした人間らしい感情を失ってしまった頭でっかちの怪物である。「哲学者（フィロゾフ）」と呼ばれた同時代の啓蒙主義者たちを念頭におきながら彼は言う。「人間を孤立させるのは哲学である。人間が悩んでいる人を見て、「お前は亡びたければ亡びてしまえ、私は安全だ」とひそかに言うのは、哲学のおかげなのだ」（Ⅲ 156／訳 74）。同じ人間が苦しんでいるにもかかわらず、助けようとしないのが哲学者であり、彼らは保身のためにあれこれ理屈をこねているにすぎないという。

「人間はロゴスをもつ動物である」と定義すると、何らかの理由で思考能力や言語能力に欠陥がある人は、生物学的にはヒトでありながら、「人間」とはみなされない可能性が出てきてしまう。たとえば、乳児や病気や事故で言葉や意識を失ってしまった人々がそうである。だがルソーのように同情や憐れみに「人間らしさ」を求めると、不幸な人に同情しない人々は、生物としてはヒトであっても、「非人間的」とみなされてしまう。彼が批判する「哲学者」とはそうした非人間的な存在である。

それゆえ私たちは、定義や規定というものが、否定や排除を前提としていることに自覚的である必要がある。そこで本書は、「人間は理性的（あるいは共感的）である」といった一般的定義から出発せず、これらの能力以外のすべてを含んだ多様な存在として人間を理解する。実際のところ、アリストテレスも感情を無視していたわけではなく、ルソーも理性を否定していたわけでもない（アリストテレスは、『弁論術』で人間のさまざまな感情を実に巧みに分析しているし、ルソーは理性の力を信じていた）。

「人間とは何か」という問いにかんする本書の立場は、古代ローマの喜劇作家テレンティウスに由来する有名な格言「私は人間である。およそ人間的なもので私に無縁なものは何もないと考える（Homo sum, humani nihil a me puto alienum.）」で説明できる。これは、ヒューマニズムを強調する際にしばしば用

いられる言葉であり、ルソーも先の「人間よ、人間的であれ。……」という引用文で念頭に置いている。

　ヒューマニストが「無縁」でいられないのは、貧困であれ、差別であれ、同じ人間の苦しみである。同じ人間の苦しみを分かち合い、改善しようというのが、ヒューマニストたちの目指すところである。それゆえ、苦しむ他者にたいして共感的な態度こそ「人間的」といえる。ルソーのいう「憐れみの情」は、まさにこの意味での「人間性」を代表している。

　しかし、私たち人間は、他者の苦しみに共感しないときもある。それどころか、いじめのように、他者を傷つけ、苦しめることすらある。こうした冷たい感情や残酷な行為は、「人間性からの逸脱」あるいは「非人間的なもの」として、「人間性」から除外すべきなのだろうか。私たちは、「非人間的」な人を、しばしば「人非人」あるいは「人でなし」などと呼ぶが、こうした表現は、少なくとも言葉のうえでは「人間であること」を否定している。

　本書は、どんなに「非人間的なもの」でも、それが人間によって考えられ、実行されているかぎり、「人間的なもの」とみなす。つまり、ヒューマニストが「人間的」と賛美する道徳的な感情や行為も、彼らが「非人間的」として非難する残酷で卑劣な行為も私たち人間に無縁ではない人間的なものと見なす。

　人間であるかぎり、「人間性」をできるだけよいものと考えたいのは「人情」である。だから、邪悪なものや卑劣なものは、できれば非人間的なものとして、「人間性」から除外したいのはよく分かる。しかし、自分にとって好ましい言動だけを「自分らしい」とみなし、そうでない行為を「自分らしくない」と否認する態度は、知的・道徳的に誠実と言えるだろうか。むしろ人間の攻撃性や暴力性、人間の邪悪さや狡さなどと真摯に向き合うことこそ、「汝自身を知れ」という古い格言に忠実なのではないか。

　よって本書は、非道徳的な感情や行為を「人間性」から「逸脱」した「非人間的なもの」ではなく、「人間的なもの」として、あくまで人間である自分に関係のあるものと考える。したがって、いじめを人間性の表現として理解する。そのために本章では、「人間は理性的である」あるいは「人間は共感的である」といった人間に都合のよい定義を見直し、いじめを人間的な行為と捉えることからはじめる。

第1節　いじめは「楽しい」？

　なぜ人は人をいじめるのかという問いから始めたい。「いじめはいけない」
ことは、ほとんどの人が知っている。「〇〇はいけない」というのは、禁止命
令である。「授業中おしゃべりしてはいけない」「浮気はいけない」等々、似た
ような禁止命令は私たちの周りにあふれている。禁止されていることのほとん
どは、私たちがついついやってしまうことである。なぜやってしまうか。それ
が「楽しい」からであり、それを「やりたい」からである。

　同じような言い方に、「勉強しなさい」「仕事しなさい」等々、「〇〇しなさ
い」という命令がある。命令されていることは、たいてい「やりたくない」こ
とである。だから、私たちの多くは、言われないとやらない。言われなくとも
やってしまうこと、つまりやって楽しいことはすすんでやるので、強制される
必要はない。だから「もっと遊びなさい」とか「もっと浮気しなさい」とか言
われることはまずない。反対に、やりたくないことを禁止されることもない。
筆者も「勉強しなさい」とはずいぶん言われたが、「もう勉強しなくてもよい」
と言われたことは残念ながら一度もない。

　つまり禁止命令は欲望に向けられている。同じ行為でも、時と場合によって、
禁止されたり、推奨されたりする。たとえば、授業中居眠りをしている学生に
は「眠ってはいけない」と言うし、夜更かしをしてゲームをしている子どもに
は「早く寝なさい」と言う。学生にとっては、筆者のつまらない授業を聴くよ
り眠る方が楽しいが、子どもにとっては眠るよりゲームをしている方が楽しい
からである。

　禁止命令が欲望に向けられているのであれば、「いじめはいけない」という
命令が存在するのは、いじめが楽しいからやりたいという欲望が隠れているか
らではないか。「差別はいけない」なども同様である。とはいえ、「楽しいから
いじめた」あるいは「面白いから差別した」などと言ったら、不謹慎かつ非道
徳的に聞こえる。

　しかしニーチェは、本章の冒頭に掲げた言葉のように、人を苦しめて喜ぶの
が人間だと言って憚らない。そう思えないのは、私たちがそれを認めようとし

ないからである。私たちは、ルソーのように、思いやりのある態度や行為を「人間的」という言葉で形容することが多い。「人間的」な人とは、ロボットや機械と違って、相手の気持ちを理解できる共感的な人である。だとすると、他人が苦悩しているのを見るのは辛いことであり、苦悩している人と苦しみをともにする態度こそ「人間的」であろう。しかし、ニーチェによれば、人が苦しんでいるのを見て喜び、人を苦しめて楽しむことこそ「人間的」だという。これは、どういうことだろう？

　他人の不幸や失敗を喜ぶ気持ちを表すドイツ語に Schadenfreude という言葉がある。誰かが失敗して「ざまあみろ」「いい気味だ」と思う意地悪な喜びのことである。「他人の不幸は蜜の味」とも言うが、こうした邪悪な喜びを一度も感じたことのない人はいるだろうか？　トマス・ホッブズ（1588〜1679年）は、『人間論』のなかで、次のように語る。「他人の不幸を見ることは快い。なぜなら、他人の不幸は不幸としてではなく、他人事として人を喜ばせるからである。……同様に、他人の幸福を見るのは不快である。ただしそれは幸福として不快なのではなく、他人の幸福として不快なのである。」（LW2, 100／訳154）

　利己主義の擁護者ホッブズならこう言いかねないなどと思う読者のために、ルソーの『エミール』に感動して日課の散歩を忘れてしまったというエピソードをもつカントの見解も紹介しておこう。『人倫の形而上学』において彼は、先に引用したテレンティウスの言葉の独訳「私は人間である。ゆえに、人間の身に起こるすべてのことは、私にもかかわる」を引きながら、他人の不幸を喜ぶ気持ち（Schadenfreude）が、この言葉に示された同情（Teilnahme）の原理にもとづく義務に反すると主張している。しかし、この邪悪な喜びが、復讐欲と結びつくと「もっとも甘美」にもなることも指摘しつつ、嫉妬や忘恩といった悪徳と同様に、客観的に見れば「非人間的」でありながら、「経験が我々人類に教えるところでは人間的である」（KA6, 460／訳347-348）と語っている[3]。

　私たちは自分の不幸を悲しむ。それは不幸の当事者だからである。しかし、他人の不幸はどうだろう。自分と利害を共にする人、あるいは幸福になってもらいたいと願っている人の不幸なら、おそらく一緒になって悲しむだろう。しかし、自分の嫌いな人や憎んでいる人が不幸になっても同じように同情するだろうか？　人間として未熟な筆者の場合、正直に答えれば、否である。

　だが、筆者を含めて、私たちのほとんどは、他人の不幸や失敗を見たとき、内心どう感じているかは別として、慰めの言葉をかけて同情のポーズを示す。そうしないと、「冷たい」と言われるし、自分が失敗したときに同情してもらえないからである。また、他人が成功したときにも、内心では妬ましいと感じながら、「おめでとう。私もうれしい」と祝福の言葉をかける。なぜなら、「あなたばかり成功してずるい」などと面白くない顔をしていると、成功の喜びにひたる相手には面白くないからである。

　その点、子どもは正直である。筆者には、2人の小さな子どもがいるが、彼女らは、親の失敗を見て笑い、親を困らせては喜んでいる。しかも困っている親を見るのが大好きである。私たちの育て方が悪いからかと悩んだ時期もあったが、保育園の送迎時などによそのお子さんを観察してみると、うちの子だけが例外ではないようである。とはいえ、子どもたちのそんな姿を見て、ニーチェの命題に賛同する人は少ないだろう。小さい子どもがダダをこねて親を困らせている姿は、第三者として見ているかぎり、つまり自分に害が及ばないかぎり、微笑ましいからである。

　しかしながら、困るのが自分だと話はまったく別である。少なくとも筆者の子どもは、もてる力を振り絞って、親を困らせようとする。そうなると、ニーチェの言葉が、がぜん説得力をもってくる。社会的ルールをまだ身に着けていない子どもの方が、社会の一員として生きている大人よりも自然本来の姿に近いと考えると、ニーチェの命題は決して的外れとは言えない。だとすると、ニーチェにならって「いじめを見ることは楽しい。いじめをすることはさらに楽しい」という命題を立ててみる必要があるのではないか。

　なぜ、いじめは楽しいのか。人間の残酷さを自明なものと考えているニーチェは、この命題に説明の必要性すら感じていないようである。それでは納得できないという読者のために、1つの事例を紹介しておこう。ずいぶん昔になるが、毎日無言電話がかかってきて困るという相談を受けたことがある。ナンバーディスプレイや着信拒否といった便利なサービスがなかった時代の話である。そうした時代に、無言電話は、加害者が特定されずに、嫌がらせをする際の常套手段であった。

　被害者は憎みを買うような人ではないので、加害者になりそうな人は思い当

たらない。被害者の悩みは深まるばかりで、精神的に追いつめられていくのが、傍目にも分かった。そこで、警察に相談し、逆探知してもらったところ、被害者の苦しみを身近で見ていた人が加害者だと判明して驚いた。加害者は、そのようなことをする人には見えなかったので、問い詰めたところ、被害者にたいして個人的な恨みや憎しみはなかったが、遊びのつもりでかけた無言電話を被害者が真に受けて困っているのが面白くてやめられなくなったという。

　面白いからやったというのは無責任極まりない弁明だが、いじめがなくならないのは、いじめる子がいるからである。では、なぜいじめるのか？　あっけらかんと「楽しいから」と答える加害者はまずいない。「楽しい」からいじめている子も、「いじめはいけない」という禁止命令によって、その喜びの「邪悪さ」に気づいているからである。それは「なぜ浮気したのか」と問われて、「楽しいから」と答える人がいないのと同様である。

　他人を苦しめて喜ぶなど、あまりに歪んでいると切り捨てるのはたやすい。学校や家庭で「思いやりの心」をきちんと育てれば、こんな人間が生まれるはずはないと反論することもたやすい。さらに、ニーチェを使っていじめを正当化するのかと憤ることもたやすい。しかし、いじめがなくならないのは、いじめることに「喜び」を感じる人間がいるからではないのか。それがいかに唾棄すべき「邪悪な喜び」だとしても、その残酷さから目をそらしてはいけないのではないか。ニーチェは言う。

　「生そのものは本質において、他者や弱者をわがものとして、傷つけ、制圧することである。抑圧すること、過酷になることであり、自分の形式を［他者に］強要することであり、［他者を］自己に同化させることであり、少なくとも、穏やかに表現しても、他者を搾取すること（Ausbeutung）である。……「搾取」というのは、退廃した社会や不完全で素朴な社会において行われるものではない。それは、有機体の根本的な機能として、生の本質そのものなのである。ほんらいの力への意志（Wille zur Macht）から生まれたもの、生の意志そのものなのである。」（VI2, 217f./訳409-411）

　自分はそんなに残酷ではないと多くの人は思うかもしれない。筆者もそう思いたいが、人が生きていくために、毎日どれだけ動植物の命を奪っているか考

えてみれば、私たちの残酷さは否定できない。それどころか私たちは、食べる
楽しみ（グルメ）のために、さまざまな動物の殺戮を平然とくり返している。
もし食用に飼育されている牛や豚、鶏などがロゴスをもっていたら、「人間と
はなんと身勝手で野蛮かつ残酷な動物なのだ」と言わないだろうか[6]。

　もちろん、人間は他の生物の命を犠牲にすることによってしか、自分たちの
命を維持できない。だから、それは仕方がないことだし、「（命を）いただきま
す」といって感謝しながら生きていくしかないと反論できる。しかし、私たち
が他の生物の犠牲にどれだけ感謝したとしても、私たちが残酷であることには
少しも変わりがない。だから、自らの残酷さを自覚し常に謙虚になる必要があ
る。「いただきます」という言葉は、このためにあるべきだ。

　生には、他者の支配や搾取がともなう。これは人間同士でも同じである。人
類の歴史を振り返ってみたとき、暴力や争い、抑圧や支配のない時代を探すの
が不可能なぐらい残酷さに満ち溢れている。ヘーゲルは、『歴史哲学講義』に
おいて、世界史を見るのもおぞましい「屠殺台（Schlachtbank）」（HW12, 35／訳,
上 45）に例えているが、それは決して誇張ではない。現代においても、世界中
でどれだけの人々が、戦争や内乱、犯罪やテロなど、さまざまな形態の暴力に
よって日々傷つき命を落としているかと考えると、ニーチェの主張は無視でき
るものではない。

　革命と内乱の時代のイギリスに生きたホッブズは、「自然状態においては、
傷つけようとする意志（voluntas laedendi）がすべての人に内在している」（LW2,
162／訳 38）と考えた[7]。そして、古代ローマの喜劇作家プラウトゥスの言葉を引
用しながら、「人は人に対して狼である（homo homini lupus）」（LW2, 135／訳 4）
と語った。こうした人間観ゆえにホッブズは、人間の本性を邪悪とみなす「性
悪説」を唱えたとして厳しく批判されてきた。だが彼は、「ロゴスをもつ動物」
としての人間を特別視せず、人間を動物の一種、ひいては自然の一部として理
解しようと努めただけである。彼の主張が性悪説に行き着くという同時代人の
非難にたいして、こう反論している。

　　「人々は本性上、ということはつまり生まれつきそのものからして、動物
　　として生まれているというこのことのせいで、自分の気に入ったものはす

べて直ちに欲しがり、その代価としてこうむる害悪の方は、それを恐れて逃げたり怒って撃退したりするためにできるかぎりのことをする、といったところがあるとはいえ、それだからといって常に邪悪とみなされるわけではないからである。というのは、動物的本性に由来する心の感情がそれ自体邪悪なのではなく、そこから生じる行為が時として、すなわち有害であったり義務に反していたりする場合にかぎって、邪悪なのだからである。」(LW2, 147／訳20)

　ホッブズにとって、人間が「自分にとってよいことを欲し、自分にとって悪いこと、わけても死という自然の諸悪のうちの最大の悪を逃れるように」駆り立てられているのは、「自然の必然性」によるものであり、それは、石が上から下に落ちるときの必然性と何ら変わらない。自然界の物体が自然法則に、動物が自然の掟にしたがっているのと同様に、人間もそうした自然的存在なのであり、そこに非難すべきものは何もないと彼は考える（LW2, 163／訳40）。

　ホッブズによれば、人間もまた自然界の物体と同じように理解しなければならない。他の物体同様に、人間の本性は運動であり、行動が目に見える形で起こる前に運動は始まっている。私たちが好きなものに引きつけられ、嫌いなものから離れるというのは、目に見えない運動＝努力（endeavour）の働きである。前者が欲求や欲望と呼ばれるもので、後者は、嫌悪と呼ばれる（EW3, 38f.／訳 I 97-98）。自然にしたがっているかぎり、この運動自体は非難されるべきものではなく、この運動の結果が時に邪悪になるだけである。たとえば、複数の人間が同じものを欲し、争って互いを傷つけるような場合である。

　人間たちは、互いに平等だと考えているがゆえに、他の人と同じように自分も目的を実現できるはずだという「希望の平等」をもってしまう。つまり、私たちは、他人が手に入れられるものは自分も手に入れられるはずだと考えてしまうのだ。そのため、他人と同じもの（快楽であれ、名誉であれ）を望みながら、それが手に入らない場合、相手を屈服させるか、滅ぼすかして、何としてでも手に入れようとする。したがって法律による強制がなく、人間がやりたいことを自由にできる状態（＝自然状態）では、「万人の万人にたいする闘い」という全面的な戦争状態に陥る（EW3, 110ff.／訳 I 207頁以下）。

　ニーチェ、あるいはホッブズの描いた人間像は、はたして「人間の本性」を適切に捉えていると言えるだろうか？　ルソーが言うように、これらは、人間の堕落した姿ではないのか？　この問いに答えるために、フロイトを手がかりに次節で「人間の本性」とは何か、もう一度考えてみよう。

第2節　人間は「狼」なのか？

　第1節で「いじめはいけない」という禁止命令には、人を苦しめて喜ぶという人間の邪悪な欲求が隠れていることを見た。この「あまりに人間的な命題」は、ひょっとしたら根本的に間違っているかもしれない。しかし、私たちに不都合なものから目を逸らさないという本書の立場からすると、この「残酷な命題」をさらに突き詰めてみる必要がある。

　ホッブズは、すべての人間には「傷つけようとする意志」が内在しているとみなした。では、いったいなぜ人は人を傷つけようとするのか？　人が苦しむのを見て、あるいは人を苦しめて喜ぶのだろうか？　人を苦しめて喜ぶのはサディストだけで、ふつうの人はそうではないという答えが返ってきそうである。サディズムやマゾヒズムというのは、特殊な性的嗜好をもつ人にのみ当てはまるのであって、自分とは無関係だと考える読者もいるだろう。

　しかし、サディズムとマゾヒズムという現象の分析から、人間のうちには攻撃や破壊に向かう根源的な欲動があると考えた学者もいた。精神分析学という新しい学問分野を開拓したジークムント・フロイト（1856〜1939年）である。フロイトが想定した「無意識」は、古代ギリシャ以来の「理性的存在」という人間理解を根本から揺るがすものであった。[8]

　古代の哲学者アリストテレスは、人間と動物を隔てるものを「ロゴス」に求めたが、近代の哲学において、両者の区別は「意識」あるいは「自己意識」に求められた。自己意識とは、簡単に言えば、私が私であることを意識している、すなわち自分が何者であるか知っている、ということである。近代の多くの哲学者が、「自己意識」あるいは自己意識の主体である「自我」を人間の本質とみなした。

　こうした人間観を疑ったのが、先に見たニーチェやフロイトである。フロイ

トは、臨床医として神経症患者と接するうちに、自分が認めたくない欲望や受け入れがたい感情を、無意識的に「抑圧（Verdrängung）」していることに着目した⁹⁾。そして、私たちが「自我」や「意識」と呼んでいるものは、私たちの心の一部にすぎず、意識できない領域（無意識）の存在を想定した。

　私たちは、理由も分からず変な夢を見たり、長らく忘れていた人や出来事をふとした拍子に思い出したりする。私たちが自覚している「意識」だけに心の働きを限定したら、こうした現象はうまく説明できない。ところが、「無意識」の存在を想定すると、私たちがコントロールできない夢や記憶、失錯、強迫観念などのような心理現象をうまく説明できるという。

　では、人間が認めたがらない欲求とは何か？　フロイトに言わせれば、性的な願望や欲求である。日本でも公の場で性について語ることはタブーとされてきた。今日では、ずいぶん状況が変わっているが、それでも性的なテーマは、教育現場で用心深く避けられている。だが、私たちが性的な問題に興味や関心をもっていないかというと、まったく逆である。「××してはいけない」という禁止命令の多くが、性にかかわるものであることからもそれは明らかである。フロイトに言わせれば、性欲は「あらゆる欲動の中でもっとも制御しがたい」（GW5, 60／訳70）ものであり、私たちの強い欲望を抑えるために、さまざまな禁止命令が存在しているわけである。

　性欲は、私たちの生命の源でありながら、満たされないと大きな苦しみをもたらす「悩みの種」でもある。だから性欲を含めた欲望一般からの解放を理想とする人々（禁欲主義者たち）が現れてくる。人々が貞操を美徳とし、貞潔な人を道徳的に賞賛するのは、それが非常に困難だからである。だがこうした理想や願望が、人間の自己理解を歪めていないかよく考えてみる必要がある。

　性の問題を考えるにあたって、フロイトがまず疑ったのは「性欲は幼児には存在せず、性的な成熟にともなって思春期の頃に初めて発生する」（GW5, 33／訳26-27）という一般的な見方である。序章で見たように、ルソーは子どもを「無邪気な＝罪のない」存在と考えた。フランス語の innocent には、「性的にけがれのない、純潔な」という意味もある。ルソーは『エミール』の第4編冒頭において、子どもから大人への移り変わりを次のような有名な一節で巧みに描いている。

「わたしたちは、いわば、2回この世に生まれる。1回目は存在するため
に、2回目は生きるために。はじめは人間に生まれ、つぎには男性か女性
に生まれる。……暴風雨に先だってはやくから海が荒れさわぐように、こ
の危険な変化は、あらわれはじめた情念のつぶやきによって予告される。
にぶい音をたてて醗酵しているものが危険の近づきつつあることを警告す
る。気分の変化、たびたびの興奮、たえまない精神の動揺が子どもをほと
んど手におえなくする。まえには素直に従っていた人の声も子どもには聞
こえなくなる。それは熱病にかかったライオンのようなものだ。子どもは
指導者をみとめず、指導されることを欲しなくなる。……これがわたしの
いう第二の誕生である。ここで人間はほんとうに人生に生まれてきて、人
間的ななにものもかれにとって無縁のものではなくなる。」（Ⅳ 489f.／訳, 中
5-7。傍点は引用者による）

　ルソーによれば、子どもは性的なものとは無縁の、いわば中性的な存在であ
り、思春期において人間ははじめて性的な存在になるのである。生物としての
誕生である第一の誕生にたいして、ルソーはそれを「第二の誕生」と呼ぶ。ル
ソーのこの見解は、多くの人の経験と実感に裏づけられているように思える。
というのも、筆者を含めて、思春期に性を意識し始めたと記憶している人が多
いからである。[10]
　だが、フロイトはこうした一般的な見方を「性生活の基本的な状況について
の無知から生まれた」誤解と見なす（GW5, 73／訳 89）。彼によれば、新生児や
幼児にも性的な活動は容易に確認できるからである。にもかかわらず、幼児の
性行為については、例外的な事例、あるいは「早期の堕落」などとみなされ、
幼児に性欲動が存在することを明確に主張する学者が出てこなかった。学者た
ちもまた、「幼児には性欲が存在しない」という伝統的な見方に囚われてきた
のである。
　こうした誤りが生まれたのは、性欲動が極めて限定的に理解されてきたため
でもある。一般的に性欲が目指すものは、「性的な交わり、ないしその途上の
行動」とされているが、性的なものが、「性的な交わり」に限定されれば、新
生児や幼児が1人で行う性活動（自体愛）は、性的なものとはみなされなくな

る。フロイトは、マスターベーションだけでなく、おしゃぶりや排泄行為も、性的な快感に結びついたものとみなす。性的なものをこのように広く理解すると、子ども達の日常的な行動も違って見えてくる。

　ある年齢までの子どもは、性にたいする羞恥心がまったくないように思える。子育てを経験した人なら、小さな子どもたちが「裸んぼだ〜い、裸んぼだ〜い」などと叫びながら裸で喜んで走り回る光景を一度は目にしているはずである。フロイトが指摘しているように、子どもたちは自分の身体を露出することに喜びを感じているように思える（GW5, 92／訳 120）。また、排泄行為を人に見られるのを恥ずかしいと思わないし、人の排泄行為を見たがる（GW5, 93／訳 121）。筆者も子どもたちがよくトイレまでついてきて困った経験がある。

　しかし、子どもの性的なものへの欲望や関心は、やがて潜在化する。それが、身体の変化とともに明確な形で再来するのが思春期であり、思春期こそ性の目覚めとされてきた。フロイトによれば、性的なものの潜在化には、心的な力の発展がかかわっている。つまり、子どもは、社会的規範や道徳を身に着けていくにつれて、性的なものにたいして嫌悪感や羞恥心を抱くようになる。さらには美的・道徳的な理想といったものが、性欲にたいして「堤防」のように働くようになる（GW5, 78／訳 97）。

　露出症もトイレのぞきも、子どもなら微笑ましいかもしれないが、大人がやると「変態」あるいは「変質者」とみなされる。他人に自分の裸や排泄行為を見られるのは恥ずかしいことだし、性的な器官や行為に嫌悪感を抱く人もいる。これは「反動形成（Reaktionsbildung）」と呼ばれるメカニズムで、本来の欲望と反対の感情、つまり性的なものへの羞恥心や嫌悪感によって性欲が抑制されているという。

　これにたいして性欲のもつ力を、性的な目標から逸らして別の目的に向けることは、「昇華（Sublimierung）」と呼ばれる。フロイトによれば、文化や芸術といった高尚なものは、性的なエネルギーを活用することで発展してきたという。個人の発達においても、同じプロセスが作動しており、性の潜在期とともに、昇華のプロセスも始まるという。

　フロイトにしたがえば、性的なものは人間にとって根源的で、私たちは生まれたときから死ぬまで性的な存在であり続ける。それゆえ、人間ははじめから

「性」をもった存在としてこの世に誕生するのである。そう思えないのは、私たちが、性的なものを抑圧しているからに他ならない。

　では、欲求を抑圧しているのは誰か。自我である。私たちは、人間には確固とした自我があって、「主人」としての自我が、自分の欲動や本能を制御していると考えがちである。だが、本来「主人」であるべき自我が、欲望に負けてしまうことは少なくない。筆者などは欲望に負けてばかりなので、いったいどちらが主人なのか、分からなくなることが多い。

　フロイトによれば、こうした伝統的な見方が誤りで、本当の「主人」は欲動であって、自我は欲動と現実を調停するために生まれてきたにすぎないという。彼は、欲動が支配する無意識の領域に「エス」という名を与える。そして現実が自我にとって「外なる外国（äußeres Ausland）」であるとすれば、エスは自我にとって「内なる外国（inneres Ausland）」（GW15, 62／訳74）だと言う。つまり、自我の支配権は、私たちの外にある現実世界だけでなく、私たちの内なるエスにも及ばないのである。このエスとはいったい何だろうか？

　ドイツ語のエス（es）とは、3人称中性形の代名詞であり、英語のitに相当する。日本語で言えば「それ」である。私たちが、直接表現できない（したくない）ものを言うときに、「それ」や「あれ」と言うのと同様に、ドイツ語でも、はっきりとは表現できない（したくない）ものを表現するときに使うのがエスである。エスにおいて作用しているのが性欲動を中心とする欲動であり、欲望を意味するラテン語「リビドー（Libido）」で表現される。「下半身に人格はない」という下世話な言い方があるが、エスとはまさにこうした非人称の主体なのである。

　フロイトは、エスを欲動が渦巻く「カオス」あるいは「煮えたぎる興奮の坩堝」に喩えている（GW15, 80／訳96）。いつ噴火してもおかしくない火山のマグマのようなものをイメージすれば分かりやすいかもしれない。もし、エスが「カオス」や「興奮の坩堝」のようなものであるとすれば、それをコントロールするのは、困難を極めることが予想される。

　だが、自我が仕えているのは、エスだけではない。社会生活に適応していくために、人は社会的規範や道徳も身につけなければはならない。私たちは、小さいころから親や周りの大人に「○○しなさい」「××はダメ」と繰り返し命

令される。こうした教育によって、子どもの心には、社会的規範が植えつけられることになるが、フロイトによれば、これこそ私たちが良心（道徳）と呼ぶものである。彼は、親や教師に代わって、私たちの自我を監督したり罰したりする良心を「超自我」と呼ぶ。

このように自我は、欲動充足を求めるエスとそれを禁じる超自我の間で板挟みの状態にある。近代哲学において自律的な主体と考えられた自我は、フロイトに言わせれば、2人の相反する主人に仕える下僕、現代的に言えば、異なった命令を下す2人の上司にしたがわざるをえない部下のような存在にすぎない。それゆえ自我は、自分を守るためにさまざまな工夫や努力をしなければならない。つまり攻撃欲動や性欲動、そしてそこから生じる好ましくない感情を、受け入れ可能な形に加工して処理する一方で、処理できないものについては、否認したり外部に転嫁したりする。

自我のこうしたメカニズムは、防衛メカニズム（Abwehrmechanismen）と呼ばれる。本節で取り上げた抑圧、反動形成、昇華は、いずれもこのメカニズムに属する。フロイトの実娘で、児童精神分析の開拓者になったアンナ・フロイト（1895～1982年）は『自我と防衛メカニズム』において、抑圧、退行、反動形成、分離、打ち消し、投影、取り入れ、自己自身への向けかえ、逆転、欲動目的の昇華ないし置き換え、という10のメカニズムを紹介している（1977, 36）。

人間の自己中心主義は、この防衛メカニズムによってさらに強化される。自我は自分の悪しき欲動や動機を、自ら隠蔽し否認するだけではなく、他人に転化して他人を加害者に仕立てあげる。しかも、このメカニズムは無意識的に行われるため、自分自身の認識の歪みは私たちには見えてこない。この実例については、第2章で詳しく見ていくことにして、ここでは欲動の話に戻ろう。

フロイトは、エスで渦巻く欲動として、「エロス（性欲動）」と「タナトス（死の欲動）」という2種類の欲動を想定している。前者は、生命を維持・統合するように作用し、後者は、生命を攻撃・破壊するように作用するが、両者は対立しながら、しばしば一緒に作用するという。この2つの欲動は、「愛と憎」として古代より知られてきたものである（GW16, 20f.／訳24-25）。相互に対立する欲動や感情の並存を、フロイトはヨーゼフ・ブロイアー（1842～1925年）にならってアンビヴァレンツと呼び、愛憎相半ばする心的状況を説明するために、

次のような話を持ち出す（GW13, 110／訳169）。

> 「やまあらしの一群が、冷たい冬のある日、おたがいの体温で凍えること
> をふせぐために、ぴったりくっつきあった。だが、まもなくおたがいに棘
> の痛いのが感じられて、また分かれた。温まる必要からまた寄り添うと、
> 第二の禍が繰り返されるのだった。こうして彼らは2つの難儀のあいだに、
> あちらへ投げられこちらへ投げられしているうちに、ついにほどほどの間
> 隔を置くことを工夫したのであって、これでいちばんうまくやっていける
> ようになったのである。」（Bd. 5, 359f.／訳306）

　これは哲学者アルトゥル・ショーペンハウアー（1788〜1860年）の『パレル
ガ・ウント・パラリポーメナ（付録と補遺）』の最後に登場する寓話であるが、
フロイトによれば、人間同士の関係にはこの有名な比喩がよくあてはまるとい
う。愛憎は別々のものではなく、表裏一体であり、いかなる人間関係もこうし
た二面性（ぬくもりと棘）を内包している。仲良し夫婦がときに激しく争うのは、
憎悪の感情が突然生まれてきたからではなく、それまで互いに抑圧していた敵
対感情が噴出するからにすぎない。「骨肉の争い」「骨肉相食む」という言葉の
ように、人間関係が親密になればなるほど、争いが激化する危険も増すわけで
ある。
　最も親密な愛情関係でも容赦なく働く攻撃性は、多くの人が日常的に経験し
ていることなのに、これを理論として提示するや、猛烈な反対にぶつかるとフ
ロイトは講義のなかでこぼしている。「何をばかな、人間というものは生まれ
つき善良であるはずだし、少なくとも温厚ではあるはずだ、といった声が挙が
ります。人間は、ときには野蛮で暴力的で残酷になることもあるが、それは、
感情生活の一次的な乱れのせいであって、たいていは挑発されて出てきたもの
であるし、もしかしたら、人間自身が作り上げてきた不合理な社会秩序の結果
にすぎないのだ、というわけです。」（GW15, 110／訳134）
　なぜ、私たちは、人間のうちに攻撃欲動を認めようとしないのか？　序章で
触れたように、自分に攻撃欲動があることを認めるのは、辛いことである。獰
猛あるいは残虐とされる動物と自分が何ら変わらないと認めることに他ならな
いからである。しかし、フロイトに言わせれば、その辛さは、サディズムに通

じた精神分析学者たちも同じである。だから彼のような専門家でさえ、攻撃欲動の存在を承認するために長い時間を要したのである。攻撃欲動の拒絶は、理論的な問題ではなく、私たちの感情の問題なのである。

これにたいして、人間は生まれつき善良で、人間の攻撃性を「社会の産物」とみなす考え方は、受け入れられやすい。ルソー主義は、私たちを安心させるからである。しかし、「人間の本性は善良だ」などという考えは、そう信じたい人々の「信仰」にすぎず、しかも害悪をもたらす「悪しき錯覚」にすぎないとフロイトは断ずる。なぜなら、この種の信仰は、「生を美化し楽にしてくれると人間たちに期待させる」が、その期待はつねに裏切られる運命にあるからだ（GW15, 110f.／訳134）。

攻撃欲動は、たいてい抑圧されているので、普段は現れてこない。だが、抑圧された欲望は、自我による抑制が失われたときに現れてくる。たとえば、素面では穏やかなのに、酒が入ると暴れる人がいる。いわゆる酒乱の人である。一般に「酒を飲むと人が変わる」などと言うが、真相は異なる。酒がその人を変えたのではなく、隠れていた本性が明らかになっただけである。

攻撃欲動にたいする歯止めは、集団的に失われることもある。戦争や内乱がそうである。戦争状態では、「汝殺すなかれ」という禁止命令が解かれ、敵を多く殺した兵士が英雄と称えられる。つまり、自分が生きている共同体のなかで抑圧している攻撃欲動を、何ら咎められることなく、敵（共同体の外部）に向かって放出することができる。戦争や内乱において、戦闘行為だけでなく、さまざまな残虐行為（略奪やレイプなど）が行われるのは、そのためである。

しかし、こうした残虐行為は、残酷な人間や民族、あるいは極限的な状況におかれた人々だけがするもので、自分とは無関係だと考える人もいるだろう。フロイトは、そうした思い込みを批判する。私たちは、日常生活で不愉快な思いをさせた人に、しばしば「お前を殺す」とか「あいつは生かしておかない」などとつぶやくが、こうした「冗談」の背後には、本当に殺したいという衝動が隠されているという。

フロイトは言う。「わたしたちは無意識の働きのうちでは、自分の邪魔になる者や、自分を侮辱し、傷つけた者をすべて、日々刻々のように殺している」（GW10, 351／訳90）。つまり、私たちは、想像のなかで理不尽な上司や自分勝手

な配偶者を殺したり、いたぶったりしているわけである。フロイトは、こうい
う心のなかの現実を過小評価してはならないという。法律や道徳の禁止命令が
解除され、実際に人を殺しても許される状況になったら、私たちは本当にやり
かねないからである。

　法律や道徳が確立していなかった原始時代はまさにそうした状況であったで
あろうし、法律や道徳が一時的に機能しなくなる戦争や内乱においてもそうで
ある。フロイトは言う。「他の動物は、同じ種の生き物を殺し、これを食い尽
くすことは避ける本能をそなえているが、人間にはこのような本能はなかった
のである。だから人間の原史は殺害に満ちた歴史だった。現在でも子供たちが
学校で学ぶ世界史は、本質的に民族の殺害が連続する歴史である。」(GW10, 345
／訳78-79)

　人間以外の他の動物は、本能のおかげで、同種の生き物を殺すことはない。
しかし、このような本能をもっていない人間は、互いに殺し合う。それゆえ戦
争はなくならない——フロイトはこう考える。果たしてこの見解は、正しいの
か。この問いに答えるには、動物の世界に目を向けてみる必要があるだろう。
出発点は、フロイトの欲動論を批判的に継承しながら、動物の攻撃性を論じた
動物行動学者コンラート・ローレンツである。

　序章で触れたように、いじめを表す言葉 mobbing は、動物行動学に由来す
る。また、近年よく使われる「マウントを取る」という表現も、動物行動学で
使われてきた「マウンティング（mounting）」に由来している。マウンティング
とは、動物が交尾のときに、雄が雌に馬乗りになることで、サルなどでは、優
位に立つ個体が劣位にある個体に自らの優位を確認するために行うこともある。
これが人間関係にも適用されて、自分の優位を示そうとする行為を「マウント
を取る」などと言うようになった。

　これ以外にも、動物行動学や霊長類研究の成果は、人間を理解するために幅
広く活用されてきた。発達心理学において重要な愛着理論や心の理論なども、
動物行動学や霊長類研究の影響を受けて生まれてきたものである。それならば、
いじめ問題の解明にあたっても、その成果を参照してしかるべきであろう。い
じめ研究において、動物と人間との違いを強調して、動物行動学との連携に否
定的な向きがあるのは、筆者も承知している。しかし、いじめ撲滅のためにあ

らゆる努力をすべきならば、いじめ理解に役立ちそうな科学的知見は、偏見に囚われずに積極的に活用すべきであろう。

　アリストテレスは、人間を「ロゴスをもつ動物」と定義した。つまり、人間は「ロゴスをもつ」にしても、神や天使ではなく、動物の一種にすぎない。動物に攻撃欲動があるとしたら、それは同種の生物にも向けられるはずである。フロイトが言うように、同種の生物の殺害を回避する本能が動物に備わっているとしたら、動物はどのようにして攻撃性を抑制しているのか。こうした問題に取り組んだのがローレンツの有名な『攻撃』である。

第3節　人間は「いじめをする動物」か？

　私たちが動物の攻撃性について考えるとき、まず頭に浮かぶのは、ライオンのような肉食動物が、シマウマのような草食動物を捕食する際の獰猛さだろう。私たちはこうした捕食行為を「残酷」と形容しても、非道徳的とは考えない。[11]なぜなら、肉食動物は、草食動物を捕食しなければ生きていけないし、それは「自然の掟」だからである。

　だが、動物の攻撃性は、獲物を捕食するときに、あるいは獲物にされる動物が自分や群れを守るときにだけに発揮されるものではない。攻撃性は同種の個体にも向けられる。ローレンツは、この点について注意を促している。

　　「ふつう門外漢は……ダーウィンの「生存競争」という言葉に出会うと、たいていの場合、誤って、異なった種の間に起こる闘争のことだと思ってしまう。だがじつは、ダーウィンの考えた進化を推し進める「闘争」というのは、何よりもまず、近縁な仲間どうしの競争のことなのだ。」(L 30／訳 42)

　ローレンツは、水槽内にさまざまな種類の魚を集めて観察し、同種の仲間にたいしては、異種の相手にたいするより何倍も攻撃的であるという仮説を裏づける結果を得た。つまり動物においては異種にたいする攻撃より同種にたいする攻撃が圧倒的に多く、同種内の攻撃こそ本来の意味での攻撃である。人間の場合、歴史上絶え間なく繰り返される戦争や紛争、殺人や暴力は、まぎれもな

く同種内攻撃である。本書の対象である「いじめ」もまた同種内攻撃の１つの形態に他ならない。だとしたら、同種の個体を攻撃する人間は「いじめをする動物」と定義できるのではないか。

　なぜ同種の動物は互いに争うのか。まず餌になる食物が同じだからである。食物が豊富にあるなら問題ないが、自然界でそうした状況は例外的である。そうなると、限られた餌をめぐる争いは、同種内でもっとも激しくなる。自らは餌食にならず、餌を多く獲得できる個体、つまり環境にもっともよく適応できる個体こそが、この争いに勝ち残ることができる。このメカニズムは、「自然選択（淘汰）」と呼ばれる。

　さらに生き延びて子孫を残すには、生殖に成功しなければならず、配偶相手をめぐる争いが生じる。進化論の提唱者チャールズ・ダーウィン（1809〜1882年）は、『人間の由来』のなかで、これを次のように説明している。「性的な闘争には２つの種類がある。１つは同性の個体間で、競争者を追い出したり殺したりする闘争であり、たいていは雄どうしの間で闘われる。これに関して、雌は受動的にとどまっている。もう一方の闘いは、これも同性の個体間で闘われるものだが、異性、たいていは雌を、興奮させたり魅了したりするための闘争である。ここでは雌は、もはや受動的にとどまってはおらず、よりよい配偶相手を積極的に選ぶ。」（DM2, 398／訳, 下 484）

　ダーウィンは、同種内の雄と雌の違いに着目し、これが配偶相手をめぐる争いに関係していると考えた。たとえば雄鹿の角が発達しているのは、雌をめぐる争いに勝つためであり、クジャクの雌が地味なのに、雄が派手なのは、外見の美しい雄が配偶相手として雌に選ばれるからである。配偶相手をめぐる闘いは「性淘汰」と呼ばれ、同種の雄同士の闘いに勝ったものが、配偶相手を獲得し、より多くの子孫を残すことができる。

　種内攻撃の大部分は、「資源をめぐる競争」と「性的な競争」に起因するが、ローレンツは、それが「種の維持にとって不可欠」だと考える（以下で見るように、「種の維持」という考え方は、現代の生物学ではもはや通用しないのであるが、本節では彼にしたがう）。彼によれば、「攻撃行動の働きには、同種の生物を生活圏内に分布させること、ライバル闘争による淘汰、子孫の防衛の３つがある」（L 49／訳 71）という。

　最初の働きは、「縄張り争い」にかかわることである。ローレンツは、実験用水槽で互いに争っている同種の魚たちの攻撃が、実際の海ではそこまでエスカレートしないことを指摘している[12]。つまり広い海では、同種の個体同士がなわばり争いをするので、空間的にできるだけ均等に分散しながら共存できるようになる。それゆえ「ある所では同種の動物の密度が高すぎて食物の源がすべて食い尽くされ、みなが飢えに悩まされているのに、他のところは手もつけられずにいる」（L 37／訳53-54）という不幸な事態を避けることができる。

　2つ目と3つ目の働きは相互に関連している。つまり、雄同士の闘争により強い者が父になることで、優れた子孫を残すことができるだけでなく、外敵にたいして家族や群れを守る際の防衛力が強化されるという。雌をめぐる争いで激しい闘いをして勝ち残った「闘士」たちは、「一族が危ういとみると、群れの弱い仲間をかこんで、勇敢にもみずから防壁となるのである」（L 45／訳66）。

　ローレンツが言うように、種内攻撃は種の維持にとって必要なものであるが、あまりにエスカレートすれば、種の存続自体が危ぶまれる。それゆえ、多くの動物においては、種内攻撃を回避する仕組みが発展してきた。これらは、動物にもともと備わっていたものではなく、進化の過程で、いわば新しい本能としてつけ加わったものである。その代表例が、個体間の「順位制」と攻撃の「儀式化」である。

　同種の個体同士で一種の社会を作って生きている動物の場合、個体間に上下関係が見出される（L 50／訳72-73）。有名なのは、鶏のつつき合いから「つつきの順位」を発見したノルウェーの動物学者トルライフ・シェルデラップ＝エッベ（1894〜1976年）の研究である。これによると、鶏のつつき合いには序列があり、順位において上位の鶏は下位の鶏をつつくが、その逆はない[13]。個体間の序列を示す行為としては、先に触れた霊長類のマウンティングが知られているが、なぜこうした「順位制」が、攻撃回避に役立つのであろうか。

　先に見たように、同種の動物たちは、生存と生殖をめぐって互いに争うライバルでありながら、外敵から身を守るために集団を作って協力する仲間でもある。それゆえ日々闘争を繰り返すなら集団は維持できないが、個体間の優劣がはっきりしていれば、闘争を避けることができる。そのため「順位制は直接に弱者を保護する」もので、上位の個体が、下位の個体同士のけんかを仲裁する

とたいていうまくという（L 51／訳 74）。その意味で順位制は、同種間の闘争を避けて集団を維持する秩序とも言える。

　他方「儀式化（Ritualization）」とは、ジュリアン・ハクスリー（1887〜1975 年）が鳥類の求愛行動を表すのに用いた言葉である。鳥類は繁殖期に、雄が雌にたいして羽を広げたりダンスのように踊ったりすることが知られている。求愛が儀式化することで、配偶相手をめぐる闘争を避けることができる。さらに、攻撃自体も儀式化されることにより、競争相手を直接攻撃することなく、何らかの方法で互いに力試しをして勝敗を決するようになる。

　儀式化された闘争は、弱い方に勝つ見込みのない闘争から撤退する機会を与える。つまり、弱い方は、その場から逃げるか、相手に恭順あるいは和平の身ぶりを示して闘争を回避する。つまり、人間が相手に降参するときに示すように、「もっとも危険なやり方で自分を無防備にし、それどころか多くの場合、自分を攻撃しようと思えばできる相手に、自分のもっとも傷つきやすい箇所をさらけ出す」（L 132／訳 188）のである。

　ローレンツは、同種の仲間をなだめ落ち着かせようとする和平の身ぶりの大部分が、「闘争を引き起こす行動機構がつくりだした淘汰圧の下で生じた」（L 131／訳 186）と考える。つまり、生物に備わる攻撃性こそが攻撃回避の仕組みを生み出したというのである。これにより「より強いものを選ぶという機能は、個体の命を犠牲にするどころか、傷つけることすらもなく遂行される。流血の決着に至るのは、対戦者の戦力がまったく伯仲しているまれな場合だけである。」（L 113／訳 159）

　「種の維持」のためには、餌や配偶相手をめぐる闘いのライバルだけでなく、自分の子どもにたいして攻撃を抑制することも必要である。「動物の母親たちが、自分の子、ことに生まれたばかりの子とか卵からかえったばかりのひなに対して攻撃的にならぬよう、特殊な抑制作用によって防がれなくてはならないということは、「過ちを知らぬ」本能の「全能」を信じている人には、まったく矛盾したことに思われるだろう。事実、攻撃を抑制するこうした特殊な抑制作用がぜひとも必要なわけは、ひなを育てている動物の親が、ちょうど小さな子をもっている時にこそ、他のどんな生物に対しても攻撃的でなければならないからだ。」（L 116／訳 163）

　また、雄は雌に攻撃性を向けることを抑制し、集団を作って生活している動物なら、集団内の仲間への攻撃を抑制しなければならない[14]。では抑制された攻撃性を、雄はどこに向けるのか。配偶相手の雌ではなく、他の個体である。ローレンツは、シクリッドの雄と雌が、お互いに攻撃し合いながら、やがて番（夫婦）となり、雄（夫）が、雌（妻）の挑発によって引き起こされた攻撃を、雌ではなく、縄張りの隣人（別の個体）へとすり替える様子を、生き生きと描写している（L 166／訳240）。

　このように怒りを引き起こした当の相手ではなく、別の相手に向かって怒りをぶつける行為は、動物行動学では「再定位動作（redirected activity）」と呼ばれている。これは精神分析においては、「置き換え（Verschiebung）」と呼ばれる自我の防衛メカニズムであり、私たちになじみの言葉で言えば、「やつあたり」のことである。人間社会において見られる「置き換え」は第2章第8節で再び取り上げる。

　ローレンツによれば、動物の個体同士に見られる愛や友情も、こうした攻撃抑制の仕組みとして生まれてきたという。愛や友情は、それが特定の相手に向けられるかぎり、個体を識別する能力をもつ動物においてのみ成立しうる。そして、こうした関係は、ある個体が、別の個体にとって、他の任意の個体によって代替できない存在、つまり「かけがえのない存在」であることを前提とする。

　　「個体と個体とのつながりが大きな進化の過程のどのような時点で生じたのかというと、それは、もともと攻撃性をもつ動物が種を保つという目的で、たぶん子を育てるためのことが多いと思うが、2匹かそれ以上の個体が協力することがどうしても必要になったときであることは疑いない。愛という個体の結びつきが、多くの場合種内攻撃から、いくつかのよく知られている場合でいうと、攻撃とか威嚇を再定位して儀式化するというやり方で生じたことは明らかである。……種内攻撃の歴史は、個体間の友情や愛よりも数百万年は古い。……したがって、種内攻撃は、たしかにそれと対をなす愛を伴わない場合があるが、逆に攻撃性のない愛は存在しない。」
（L 205／訳 300-301）

　愛や友情は、攻撃や敵対の反対であり、攻撃や敵対がないところで愛や友情が成り立つと考えがちな私たちには、なかなか理解できない考え方である。だが、こう考えてみてはどうだろう。私たちは、愛する人（パートナーであれ、自分の子であれ）を「食べてしまいたいぐらい好きだ」などと言うことがある。しかし、本当に食べてしまっていては、大切な配偶相手を失い、子孫を残すことができない。それゆえ、進化の過程で、攻撃性自身によって、攻撃を抑止する仕組みが生み出された。そのもっとも美しいものが、愛なのである。

　これは友情にも当てはまる。群れを作る魚には、個体の相互の結びつきが生じない。それは「無名の群れ」であって、群れにいる個体同士は、見知らぬ人々の集団のなかにいる人間と同じで、特定の個体と特別な関係があるわけではない。これにたいして、個体認知から生まれる個体同士の結びつきは、人間の友情のようなものであり、攻撃的な動物種においてこそ育まれるという。

　　「個体と個体の結びつき、個体間の友情が見られるのは、種内攻撃の高度
　　に発達した動物の場合だけであり、それどころか、このような結びつきは
　　攻撃的な種類ほど堅いのである。シクリッドの類ほど攻撃的な魚はまず他
　　にないし、ガンの類ほど攻撃的な鳥はまず他にない。ダンテが「平和なき
　　けもの」と呼び、諺では哺乳類においてもっとも攻撃的とみなされている
　　オオカミは、友にたいしてもっとも忠実なのである。」(L 204／訳299-300)

　攻撃性と友情、あるいは攻撃性と愛は、いわばコインの裏表のような関係である。愛や友情が失われたとき、それらの核となる攻撃性が前面に出てくるのである。「私の思うには、真実の愛にはみな、潜在的な、連帯によってかくされた攻撃性が大量にひそんでいるので、このきずながいったんちぎれてしまうと、わたしたちが憎しみといっているあの恐ろしい現象が表面に出てくるのである。攻撃性を含まぬ愛はないが、また愛なき憎しみも存在しないのだ。」(L 203／訳297)

　しかしながら、同種内の競争は、順位制、儀式化、あるいは愛や友情など、「種の保存」という目的に役立つ攻撃抑制メカニズムを生み出す一方で、本来の目的に反する方向にも発展しうる。クジャクの雄が雌に比べて派手で美しいことに触れたが、特定の形質をもつ雌もしくは雄が配偶相手として好んで選択

されることにより、自然淘汰にとってむしろ不利な形質をもった個体が増えてしまうこともある。

　たとえば、キジ科のセイランの雄は、雌を引きつけるその大きな翼のためにうまく飛べなくなってしまい、捕食者に食われるリスクも増大してしまう。にもかかわらず、性淘汰のメカニズムによって、一度雄の尾が長くなりはじめると、もはや止めることができず、制御不能（ランナウェイ）になってしまう。ローレンツは、同種内の競争が種外の世界と一切かかわりをもたずに行われるときに、こうした「暴走」が起こりうると指摘する。そして、その悪しき例として人類をもち出す。

> 「人間は、人間以前のいかなる生物にもまして、自分たちの外の環境のあらゆる敵対勢力を支配するに至った。熊と狼を絶滅した人間にとって、今や「人間は人間にとって狼である」というラテン語の諺のように、本当の敵は人間自身なのだ。……人間が武器で身を固め、衣服をまとい、社会を組織することによって、外から人間を脅かす飢えや、寒さや、大きな捕食獣につかまるという危険をどうやら取り払い、その結果これらの危険がもはや人間を淘汰する重要な要因とならなくなったとき、まさにそのときに悪しき種内淘汰が始まったに違いない。今や淘汰を行う要因は戦争である……。」（L 48／訳 68-69）

　人類における攻撃性の発展は、種外の環境との関係を失っている点で、セイランの尾と同様に進化の「暴走」なのである。つまり人類が、同胞の殺戮を行うようになったのは、「悪しき種内淘汰」の結果なのである。しかしながら、人間以外の動物においては、種内闘争も相手の殺戮には至らないという。「不幸にもたまたま縄張り争いやライバルとの闘いで角が相手の目にはいったり、歯が頸動脈に突き刺さったりすることはありえても……同じ種類の仲間を滅ぼすという目的をもつ攻撃を我々は一度も見なかった」（L 53／訳 77-78）。つまり、種内間での殺戮は、自然の状態ではありえず、檻や水槽といった不自然な環境でのみ、攻撃的行動が破滅的な結果を招くのだという。

　ローレンツによれば、動物に見られる攻撃性は、決して悪ではなく、むしろ生物を善へと導く生命の原理なのである。[15]つまり、攻撃性は、フロイトが考え

たような、死や破壊をもたらす否定的原理ではなく、生命を維持・発展させる建設的原理なのだ。フロイトが生命の原理とみなしたエロス（愛）も、この攻撃性から派生したものであり、攻撃性の進化こそが生命の歴史である。かくして第2節で見たフロイトの二元論（エロスとタナトス）は、攻撃性の原理によって一元化される。

ローレンツの主張は、生物に生得的に備わる攻撃性とその自発性を認める点で、ルソー主義の対極に位置しているように思える。彼によれば、自然界の野生動物は同種内で互いを攻撃するが、決して相手を滅ぼすことはない。同種の相手を滅ぼすのは、他の生物への支配権を確立し、同種の仲間のみが競争相手となった人間、つまり生物としてのヒトではなく、文明社会の人間である。攻撃性によって調和的な体系へと進化してきた自然界を乱しているのは——ローレンツの晩年の著作のタイトル『文明化した人間の八つの大罪』が示しているように——人類の文明である。これは、自然を善、文明を悪とみなしたルソー主義の生物学的変種に他ならない。

ローレンツによれば、動物における攻撃は「種の維持」に役立っており、文明化された人間だけが「種の維持」と無関係の攻撃、つまり破壊的な攻撃を行う哺乳類として描かれている。だとすると、「人が苦しんでいるのを見るのは楽しい。人を苦しめることはさらに楽しい」という「残酷な命題」を「あまりに人間的」と考えたニーチェとともに、人間だけが「いじめをする動物」だと定義できるだろう。だが本当に人間だけが、同種の個体の殺戮を目指した攻撃をするのだろうか？

これにたいして社会生物学者のエドワード・オズボーン・ウィルソン（1929〜2021年）は、大著『社会生物学』において「哺乳類や他の脊椎動物での殺害や共食いの証拠は十分出そろっており……事実は、まったく逆で、〔種内の〕殺害はきわめて普遍的であり、それゆえ人間よりもむしろ脊椎動物で「正常」な現象なのである」（1975, 247f.／訳534）と反論している。ウィルソンのいう「証拠」の1つは、1960年代半ばから続々と発表されたサルの「子殺し」に関する報告である。

その先駆けとなった杉山幸丸の報告（1980）によれば、インドのダルワールにおけるハヌマンラングーンの一夫多妻の群れでは、頻繁に「子殺し」が起

こっていたという。子殺しが起こったのは、一夫多妻の群れを率いる雄のリーダーが、別の雄によって追放されたときで、殺されたのは、追放された雄の乳飲み子だという。新しくリーダーになった雄は、群れの乳飲み子を殺すことで、雌たちを早く発情させ、自分の子を産ませたという。[16]

　雄の子殺しを「種の存続」という論理（集団選択説あるいは群選択説）で説明することは非常に難しい。それは、自分自身の利益（繁殖）のためであって、群れや種のためではないからである。ちょうどこの頃、自然選択の単位を群（集団）ではなく、ダーウィンが本来考えていた個体あるいは遺伝子から明快に説明する「血縁選択説」が登場した。ウィリアム・ドナルド・ハミルトン（1936〜2000年）の画期的論文が発表されたのは、ローレンツの『攻撃』刊行の翌年、1964年である。これにより、進化生物学は新たな段階に突入する。

第4節　サルも「いじめ」をする？

　ニーチェの描くツァラトゥストラは、人間を乗り越える「超人」について教えるべく、民衆に次のように語りかける。「人間から見れば、猿は何だろう？嘲笑の種か、あるいは恥辱の痛みを覚えさせるものだ。超人から見たとき、人間はまさにそうしたものになるはずだ。嘲笑の種か、あるいは恥辱の痛みに。あなたがたは虫から人間への道をたどってきた。そしてあなたがたのなかの多くのものはまだ虫だ。かつてあなたがたは猿であった。だが、いまもなお人間は、どんな猿以上に猿である。」（Ⅵ1, 8／訳, 上15）

　ダーウィンの「進化の木」が示すように、あらゆる生物は共通の祖先をもっている。つまり、人間も虫も共通の祖先をもちながら、それぞれ異なった進化の道を歩んで現在にいたっている。とすると、ダーウィンの進化論を念頭に置きながらニーチェが語っているように、私たちは虫やサルと無縁ではなく、これらと共通の祖先をもつ存在である。したがって、「生物とは何か」「生物はどのように生きているか」という問いは、生物である人間にとって、自分たちのアイデンティティにかかわる問題でもある。

　テレンティウスの言葉をもじっていえば、「私は生物である。およそ生物にかかわることで私に無縁なものは何もないと考える」と言えるだろう。筆者は、

　これこそ生物学研究のモットーになるべき言葉だと思うが、生物学は生物一般の理解を通じて、人間という生物種の解明、すなわち私たちの科学的な自己理解を目指しているとも言える。しかし、その成果は、ともすれば私たちの伝統的な自己理解を脅かしかねない。ダーウィンが進化論を発表して 150 年以上経ちながら、いまだに進化論にたいする拒否反応が根強い理由は、まさにこの点にある。そこで本節は、私たち人間と同じ祖先をもつ生物、とりわけ人間にもっとも近い類人猿の行動を参考にしながら、いじめ問題を考えていく。

　第 3 節の終わりで触れたように、進化生物学は 1960 年代半ばに大きな転換を遂げた。群（集団）選択説が長く支持されてきたのは、生物の利他行為をうまく説明できるように思われたからである。アリやハチのような社会性昆虫には、自らは生殖しないのに、巣の発展や防衛に貢献するワーカー（いわゆる「働きアリ」や「働きバチ」）が存在する。自分の子を残さないワーカーたちが、淘汰されないのはなぜか。自然選択は、個体ではなく、集団に働くのではないか。この問題は、「進化論の父」ダーウィンをも悩ませた謎でもあった。かくして1960 年代半ばまで群（集団）選択説が支持されてきたのである。

　これにたいしてハミルトンは、ある個体のもつ性質に関与する遺伝子が、その個体だけではなく、それと血縁関係にある別の個体ももっていることに着目した。そして、繁殖成功度（適応度）を、自分の子だけではなく、血縁関係にある個体にまで拡張してみると（これを「包括適応度」という）、たとえ自分の子を残さなくても、自分と同じ親から生まれた兄弟姉妹の子がたくさん増えれば、自分と同じ遺伝子をより多く残すことができる。つまり、自分の適応度を犠牲にしても、血縁者の適応度が増大すれば、包括適応度は増えるわけである。

　社会性昆虫の巣は、たいてい 1 匹の雌とその子から形成されているので、ワーカーは、赤の他人ではなく、血縁者を助けているのである。このように、自然選択は、自分の子だけではなく、血縁者の子という回り道をつうじても作用している。このメカニズムを、ジョン・メイナード＝スミス（1920〜2004 年）は、「血縁選択（kin selection）」と呼んだ。新しく登場したこの理論によって、生物の利他行為——自分と同じ遺伝子を残すための協力・貢献なので、純粋な利他行為とは呼べないのだが——が、説明できるようになった。

　だが生物間の協力は、血縁関係に限定されず、同種間の個体同士や異種間で

も確認されている。有名なのは、生き血を一定時間吸わないと死んでしまうチスイコウモリである。チスイコウモリは、夜になると牛や馬の血を吸いに行くが、少なからぬ個体（とりわけ未熟な若い個体）が、血を吸えずに戻ってくる。そうすると血を吸った個体が吐き戻して、血を吸えなかった個体に与える。そして血をもらった個体は、自分が血を吸えたときに、血をくれた個体にお返しをするという。まさにギブ・アンド・テイクの関係である。

　ハミルトンの「血縁選択説」の影響を受けたロバート・トリヴァース（1943年〜）は、これを「互恵的利他行為」と呼び、血縁関係のない個体間でどのように協力が成立するのか、理論的に説明しようと試みた（1985, 361-394／訳 444-485）。彼の説明はきわめて常識的なもので、協力する側は、コストを負担するものの、相手からお返しをしてもらえれば、コストを上回る利益が手に入るというものである。チスイコウモリの例で言えば、血を吸ったコウモリが、飢えている個体に血を分け与えると、比較的少ないコストで、相手に大きな恩を売ることができ、高い頻度でお返ししてもらえるというのである。

　では、お返しをしてもらえない場合は、どうだろうか。助けてあげた方は損をして、助けてもらったのにお返しをしない個体、つまり「フリーライダー」だけが得をすることになる。これは、助ける側にとって割に合わない関係である。したがって、持続的に協力関係が成り立つためには、お返しをしてくれる個体にのみ協力し、お返しをしない個体（裏切り者）には協力を拒否しなければならない。トリヴァースは、協力の進化とともに、裏切り者を見破る能力も身についたはずだと考える。

　これをゲーム理論によって検証したのが、先述のハミルトンと政治学者のロバート・アクセルロッド（1943年〜）である。彼らは、ゲーム理論で有名な「囚人のジレンマ」を利用して、1回かぎりなら「裏切り戦略」が有利なゲームを繰り返してやると、協力する相手には協力し、裏切る相手には裏切り返すという「しっぺ返し戦略」がもっとも有効だという結論を得た（Axelrod 1984, 27ff.／訳 26 頁以下）。「協力者には協力、裏切り者には裏切り」をする個体が生き残るというわけである。

　生物の世界では、裏切り者にたいしてたんに協力しないだけではなく、積極的に懲罰を与えたり、制裁したりする事例が確認されている。大槻久（2014,

60-76）は、バクテリアとウイルス、植物と細菌、花と蛾といった異なる生物間やアリやミーアキャットのような同種の個体間において、協力関係や上下関係を無視して行動した個体にたいして、損をした側から懲罰や制裁が加えられることを分かりやすく紹介している。

　たとえば、大型魚の寄生虫を食べて掃除することで知られるホンソメワケベラは、掃除をさぼると、寄生虫を食べてもらう大型魚だけでなく、同業者の仲間からも攻撃されるという。またアリの仲間では、一般に女王アリだけが卵を産み、ワーカーは子育てに専念するのであるが、実験的にワーカーの雌に卵を産ませると、女王アリはその卵を食べてしまい、その雌も他のワーカーたちによって捕まえられて自由を奪われたという。

　協力関係のルールを守らなかった者に懲罰や制裁を加えるのは、人間社会にも一般的に見られる。「村八分」という名で知られる「仲間はずれ」は、その典型である。「仲間はずれ」は「いじめ」の代表でもある。生物の世界の懲罰や制裁と人間社会のいじめを直ちに同一視するのは勇み足であるが、社会生活を営む生物において、人間と似たような制裁メカニズムがあることは、注目に値する。

　生物学的に人間にもっとも近い類人猿の場合はどうだろうか。1980年代の前半に、チンパンジーの行動を観察し、その社会生活を見事に描いた著作が登場し、世界的な注目を集めた。著者は、動物行動学研究が盛んなオランダの霊長類学者フランス・ドゥ・ヴァール。彼は、オランダのアーネムにあるブルゲリス動物園で、学生たちとともに、6年にわたって二十数頭からなるチンパンジーの群れを詳細に観察した。

　この動物園は、動物を檻に閉じ込めて見世物にするのではなく、生息地に近い環境を再現した「生態展示」を行ってきたことで有名である。檻の中の動物の場合、観察は容易ではあるが、自然の中とは違った行動をするので、その観察結果は一般化できない。他方フィールドワークは、野生動物の実態を知ることができるものの、野生動物を追って観察するのは非常に難しく、断片的あるいは不十分にならざるをえない。そこで彼は、自然に近い状態で飼育されている動物の行動から、その実態に迫ろうとした。

　ドゥ・ヴァールの研究の特色は、観察の多角的なアングルである。西洋の研

究者たちは、エッベの「つつきの順序」の発見以来、もっぱら社会的順位の序
列（hierarchy）に着目してきた。これにたいして、日本のサル研究は血縁や友
情に関心を示し、社会関係をネットワークとして捉えた。ドゥ・ヴァールは、
双方の視角からチンパンジーの社会関係に迫る（2007, 137／訳190-191）。

　その際、彼がとくに注意するのは、霊長類における「三者関係の認識
（triadic awareness）」能力である（2007, 175／訳243）。階層的な秩序は、「個体認識
（individual recognition）」を前提としているが、霊長類においては「三者関係の
認識」能力も際立っているという。これにより個体Aは、自分と個体B、個体
Cとの関係を認識・考慮するだけではなく、BとCとの関係をも認識・考慮す
ることができる。同盟を組んだり、引き離したり、仲直りさせたりする力は、
この力に依拠している。つまり、チンパンジーは、自分以外の仲間の行動や関
係を見ながら、自分の行動の仕方を決めるのである。

　このような視角から、ドゥ・ヴァールらは、チンパンジーの群れのボス争い
を中心に、個体間の関係を観察した。雄たちのボス争いとは、簡単に言えば、
雌にたいする支配権争いである。この群れでは、権力奪取が行われた。最初の
ボスは、雄で年長のイエルーン。2代目のボスは、力で優位に立ったラウト。
3代目のボスは、ラウトより力の弱いニッキーであった。そして、ママと名づ
けられた最年長の雌は、一貫して雌グループのボスであり、隠然とした影響力
をもった。

　力の弱いニッキーがボスになれたのは、イエルーンと同盟を組んで、ラウト
をボスの座から引きずり下したからである。ニッキーは、イエルーンなしにボ
スの座を維持できないため、ボスになった年、イエルーンの方が、ニッキーよ
り交尾の回数が多かった。つまり、イエルーンは、ニッキーをボスに祭り上げ
ることで、雌にたいする実質的な支配権を手にしたわけだ。ラウトが2代目の
ボスであった時期でも、ラウトはイエルーンを押さえつけるためにニッキーを
必要としていたので、ニッキーの交尾回数は、ラウトに並んでいた。これは、
同盟のパートナーに利権を配分するようなものである。

　雌たちも雄同士の権力争いに直接・間接に関与する。ある雄がボスであり続
けるためには、雌たちの支援を必要とする。両者の関係は互恵的で、ボスの雄
が他の雄と争っているときには、雌たちはボスを助け、ボスの雄は、雌同士が

争っているときに、中立的な立場から仲裁に入る。たいてい劣勢な雌の方に加勢して争いを収めるが、ボスがこうした調停役になるかぎりで、雌の支持を得ることができる。実際、3代目ボスのニッキーが調停をしない時期は、その役目をイエルーンが果たし、雌たちの支持を得て、ニッキーよりも多く交尾できたのである。

　権力をめぐるこうした戦略的行動は、人間の世界では、「政治的」駆け引きと呼ばれる。地位をまもるために、あるいは権力を握るために、友を陥れ、仇敵と手を組む。政治の世界では、決して珍しくない光景である。そこで彼は、この研究プロジェクトの中間報告を、『チンパンジーの政治——サルのあいだの権力と性——』（邦題は『政治をするサル——チンパンジーの権力と性——』）と題して1982年に公刊した。結論部で彼はこう語っている。

　　「もし、政治を、影響力のある地位を獲得し、維持する社会的操作、というように広く定義するなら、政治は、すべての人びとと関係がある。……家族のなかでも、学校でも仕事でも会合でも、私たちはこの現象に出会う。……しかし、これらの日常的な政治への手だしは、かならずしも、そういったものとして認識されているわけではない。というのは、人間は、自分自身の意図を隠蔽することにかけては名人だからだ……。

　　　私たちは、ゲームを演じていることに、たいてい気がついていない。そして私たちは、自らの動機を他人からかくそうとするだけでなく、こういった動機が私たち自身の行動におよぼす大きな影響について、過小評価している、と言ってしまおう。他方、チンパンジーは、根本的な動機を、騒々しくばらしてしまう。チンパンジーの権力にたいする関心は、人間のそれより強くはない。たんに、もっと赤裸々なだけである。」(2007, 208／訳287-288)

　ここで思い出されるのが、つぎの第2章で取り上げる「人間は政治（ポリス）的動物である」というアリストテレスの有名な定義 (Pol 1253a) である。ドゥ・ヴァールは言う。「アリストテレスが人間を〈政治的動物〉と呼んだとき、彼は、自分がどれほど正解の近くにいたかをよく知らなかったにちがいない。いまや、私たちの政治的な行動は、私たちの近い親類と共有する、進化史

的遺産の一部であったように思われる。私がアーネムで仕事をはじめるまえに、誰かがこんなことを言ったら、私はそれを、うますぎる類推話として、しりぞけていたことだろう。しかし、アーネムでの仕事が私に教えたことは、政治の根は人間性よりふるいということである。」(2007, 207／訳286-287)

　トリヴァースの説明にしたがえば、私たちが「道徳的」と考える利他行為は、生物の進化にその基礎をもつ。ドゥ・ヴァールによると、私たちの政治的な行動も進化の産物として理解できる。マキアヴェッリを連想させる権力政治が、チンパンジーの集団に力の均衡を作り、それが個体間の競争と衝突を制限している。まさにこうした権力政治こそが、群れの平和的共存を可能にしているのだ[17]。そしてドゥ・ヴァールが強調するのは、権力をめぐって争う雄たちの和解の力である。

　彼の観察によると、権力争いが激しくなるにしたがって、争う雄同士が、友好的な接触をくり返し、長時間互いに毛づくろいし合っていたという。私たちは、暴力を伴う衝突に目を奪われがちであるが、雄たちは権力争いをする一方で、平和を維持するために莫大な時間とエネルギーを費やして、攻撃性を抑制していたのである。攻撃力の優った雄は、攻撃も激しく回数も多いが、その分だけ攻撃抑制の能力も発達しているというわけだ。

　しかし、こうした平和的共存のイメージは、悲劇的な出来事によって打ち砕かれることになる。ドゥ・ヴァールが、『チンパンジーの政治』を1979年に執筆した後、権力をめぐって争っていた雄の3頭の関係が、変化したのである。つまり、3代目のボスになったニッキーが、自分より多く交尾するイエルーンに不満をもち、次第にラウトと組むようになったのである。これにより、ニッキーの地位は強化され、ラウトの交尾回数が増えた反面で、イエルーンはこの2匹に雌との交尾を邪魔され、欲求不満を募らせていったのである。

　そしてついに、イエルーンはニッキーに奇襲攻撃をかけたのである。2日後、3頭の間で激しい闘いがあり、ニッキーが重傷を負い、イエルーンも噛まれて怪我をした一方で、ラウトはかすり傷であった。同盟関係が崩れると、もっとも力の強いラウトが、再びボスになったが、悲劇はその後しばらくして起こった。ある朝、檻の中でラウトが血まみれの状態で発見されたのである。体のあちこちに深い切り傷があり、足のいくつかの指が噛みちぎられていて、睾丸は

　2つともなくなっていたという。状況からみて、おそらくイエルーンとニッキーが協力してラウトに攻撃を仕掛け、1対1なら最も強いラウトを死に至らしめたのである。

　ドゥ・ヴァールは語る。「ラウトの死とともに、アーネム計画は新しい段階に入った。それまでのロマンチックな観念が捨てられたのである。おりしも、野外研究者も類人猿の性質の暗黒面を見いだしつつあるときであった」(1990, 69／訳85)。野外研究のパイオニア的存在であるジェーン・グドールの調査地であるタンザニアのゴンベ、あるいは日本の霊長類研究者たちが継続的に研究をしてきたマハレ山塊で、チンパンジーの異なる集団の雄同士による殺し合いや赤ん坊殺しなどが確認されたのである。

　かつてチンパンジーは、草食の平和な動物と考えられてきた。しかし、ヒヒやイノシシのような動物を狩って食べる雑食性であり、さらに殺戮にいたる闘争もすることが分かってきた。つまり人間に非常によく似ているのである。問題はこれをどう評価するかである。動物の攻撃性が「本能的」であるならば、人間の攻撃性も「本能的」とみなすべきなのか。それとも人間の攻撃性は「文化的」であり、文化の力でなくすことができるのか。ドゥ・ヴァールは、こうした「本能か、文化か」、あるいは「遺伝子か、環境と学習か」という二者択一に疑問を投げかける。

　　「文化と本能を分けてしまう考え方は間違っている。これは、闘犬用のブル・テリアがとりわけ危険なのは、その生まれつきのどう猛さのためか、イヌの飼い主の育て方によるのか、決めようとするようなものである。……遺伝子と訓練の両方がそれぞれの役割を果たしているのは明らかだ。ゴールデン・レトリーバーよりブル・テリアを殺人機械に変える方が、ずっとたやすいということなのである。

　　同じような理屈が人間の攻撃性にもあてはまる。子供は、それぞれ攻撃行動を発達させる潜在能力をもって生まれてくる。そしてこの潜在能力は、子供によって強い弱いがあるだろう。しかし、その結果がどうなるかは、子供の育つ環境に依存するのである。だから、動物行動学者が人間は攻撃的な性質をもつと主張したとしても、それはヒトという種のメンバーはき

わめて容易に攻撃行動を学習できるというということを意味するのにすぎない。これは、暴力や戦争は、私たちの調節のきかないところで起こるというのとはちがっているのだ。文化が影響を及ぼす余地がいくらもある。暴力と非暴力のどちらも教え込むことができる。」(1990 75f./訳 92)

　子どもが大人の攻撃行動を模倣することはよく知られている。たとえば、子どもが遊ぶ人形を大人が乱暴に扱うと、子どもも同じように乱暴に扱うことが実験で明らかにされている。[18] チンパンジーも攻撃行為を模倣することが、ラウトの死以降に明らかになったという。檻の中での雄たちの暴力的な闘争を見ることをできた雌が、別の雄の局部を咬もうとしたり、雌の腹部に雄の犬歯によると思われる傷が見つかったりしたという。

　しかし、こうした暴力を過大に評価し、チンパンジーはもともと残酷な動物なのだと決めつけるのは危険であろう。6 年に及ぶ観察期間で、こうした激しい闘争が起こったのは、雄同士の同盟関係が崩れて、階層的秩序による安定が失われたときだけだからである。かといって、こうした暴力を本来はありえないはずの「例外」として無視するのも同じように危険である。ドゥ・ヴァールが言うように、「暴力は、この類人猿の社会生活の常態ではない」。つまり、いわば 99％ の時間、彼らは平和的な共存ができている。しかし、暴力は「常に底流にある脅威」でもあって、何らかの拍子に頭をもたげてくることがあるのだ（1990, 78f./訳 95）。

　社会生物学者ウィルソンは、ローレンツを批判しながら、人間集団における殺害行為は、観察された野生動物の事例に比べて頻度がはるかに少ないと推測している（1975, 248/訳 534）。その主張が正しいのであれば、それは人間が生み出した文化の成果といえるかもしれない。文化には人間の攻撃性を抑制する機能があるのだろうか。[19] それともルソーが言うように、文化が人間の攻撃性を助長するのだろうか。続く第 2 章において、その点を詳細に検討してみよう。

注

1) これらの異論や疑問にたいする説得力のある回答としてスティーブン・ピンカーの話題作（2002）を挙げておく。進化心理学の立場から彼は、人間の心を「何も書かれていない石版（tabula rasa）」のように考える人間観を批判している。

2）ルソーのこうした問題提起を真剣に受け止めたのが、カントである。彼は、自著への書き込みで、次のように告白している。「私はみずから好んで研究者となっている者である。私は知識へのつよい渇望を感じ、知識を先へ進めたいという欲望のせいで落着きがなく、少しでも進歩があれば満足を感ずる。そしてこのことが人間性の栄誉を成しうるかに考えた時期があった。私は物を知らない庶民を軽蔑した。しかしルソーが私を正してくれた。このまやかしの優越性は消えてなくなり、私は人間を尊敬することを学ぶ。」(KA20, 44／訳186。ただし訳文は、野田又夫（1979, 30）に依拠)

3）ルソーに感動し人間への尊敬を学んだカントであったが、現実の人間理解においては、徹底したリアリストであり続けた。私たちは、中島義道（2005）にしたがって、「人間の邪悪さや狡さ」を直視した哲学者にカントも加えることができるだろう。

4）ルソーは、生涯のパートナーであるテレーズとの間に5人の子どもをもうけたが、すべての子を孤児院に預け、自ら子育てをすることはなかった。彼が実際に子育てを経験していたら、彼の子ども観は変わっただろうと筆者は推測している。筆者の場合、育児の苦しみを通じてルソー主義的な子ども観に根本的な懐疑を抱くようになった。

5）「快感獲得」という観点からいじめを論じたものとして、いじめを嗜癖（addiction）から解明した岸本朗らの研究（2015）や中野信子による脳科学的な解説（2017）がある。

6）ピーター・シンガー（1946年〜）は、功利主義的な立場から、動物も人間と同じように苦痛を感じる存在であるため、動物を倫理的配慮の対象にすべきだと主張し、動物実験や工業畜産を厳しく批判している（1979, 48ff.／訳63頁以下）。

7）『リヴァイアサン』においてホッブズは、意志（Will）を「熟慮における最後の欲求」と定義している。熟慮とは、あることを欲望したり、嫌悪したり、望んだり、恐れたりすることを繰り返すことで、これらのうちで最終的に行為を決定づけた欲求が、意志とされる（EW3, 47ff.／訳，Ⅰ109頁以下）。ホッブズは、野獣も熟慮し、意志をもつと考えていたので、ここでいう意志とは、スコラ的伝統で考えられていたような理性的欲求ではなく、情動的欲求である。

8）とはいえ、フロイト以前にも無意識的なものに着目していた哲学者もいた。たとえば、動物に理性や精神を認めず、精神と身体を峻別したルネ・デカルト（1596〜1650年）にたいして、ゴットフリート・ライプニッツ（1646〜1716年）は、『モナド論』第14節（Bd. 6, 608f.／訳210）で人間と動物や植物との連続性を重視して、無意識的な知覚を認めていた。

9）ニーチェやフロイトに影響を与えたショーペンハウアーは、意志の自由を論じた著作のなかで、フロイトの「抑圧」概念を先取りしている。「人間は、自分の行為の動因をしばしば、自分以外のすべての人の前で、否、ときには自分自身に対してすら隠すものである。つまり、あれをしようか、これをしようかと心を動かすものがそもそも何であるかを認識することに、人間がためらいを感じるような場合である。」(Bd. 3, 399／訳100。傍点は引用者による)

10）フロイトが指摘しているとおり（GW5, 94／訳122）、ルソー自身は、『告白』第1巻

において、少年時代の性的な体験（とりわけ折檻によるマゾヒステッィクな快感）を生々しく語っているが、『エミール』の描写には、彼自身のこうした体験は反映されていない。

11）人間も他の動物を捕食する点では同じように残酷であるのだが、それを「残酷」と考える人々は少ない。20世紀に入って、自然界の動植物を倫理的配慮の対象とみなす「環境倫理」や「動物倫理」の登場によって、動物の福利をまったく考慮しない生産や消費のあり方が「非道徳的」と批判されるようになったが、こうした見方は、社会全体に十分に浸透しているとは言えない。

12）「自然の海では、「類は友を呼ばない」という原理が、血を見ることなく実現している。海中では敗者は勝者の縄張りから逃れ、勝者もそれを深追いしないからである。ところが水槽の中では逃げ場がないから、勝者は弱者をしばしば手っとり早く殺してしまう」（L 23／訳30）。ちなみに水槽の事例は、学校という閉鎖的かつ密集した空間を考えるうえで示唆的である。内藤朝雄（2007, 209）は、「学級制度は、小さな水槽の中にアメリカザリガニを何匹も押し込めるようなもの」で、これをやるとザリガニでも喧嘩や共食いを始めると言う。ウィルソン（1975, 250／訳540-541）によると、密度の増大によって、一般的には攻撃的な相互行為は指数級数的に高まっていくが、いくつかの種では、密度と攻撃との相関性はもっと複雑で、中密度までは攻撃が増加するが、高密度になると攻撃が減少するという。たとえば、ザリガニの一種では、中密度までは縄張りを形成して争うが、極端な高密度では、縄張りをくずして集合し、互いに攻撃しなくなるという。人間の場合も、人口密度の高い都市における生活（たとえば混雑した通勤列車の車内）では、互いに無関心になって心理的な距離を取ることで、衝突を回避しているわけである。

13）小田晋（1999, 42-47）は、いじめの3つのパターンの第一のものとして、上下関係にもとづく「ニワトリのつつき順位制型いじめ」を挙げている。残りの2つは、集団内の異分子を排除する「みにくいアヒルの子型いじめ」と暴行を加えたり金品を要求したりする「非行型いじめ」である。なお、動物の「順位制」や「マウンティング」から、教室における「スクールカースト」を連想する読者もいるかもしれない。スクールカーストといじめとの関係については、森口朗（2007）や堀裕嗣（2015）がそれぞれ現場での経験をふまえて自説を展開している。

14）ローレンツによれば、同種の動物にたいする攻撃抑制能力は、オオカミやライオンのような殺傷力が強い動物においてよく発達している（L 129／訳183-184）。攻撃抑制能力においては、平和の象徴とされるハトやおとなしいウサギよりも、残酷さの象徴であるオオカミの方がはるかにまさっているという。核兵器をはじめ、自分の身体能力をはるかに超えた強力な武器をもってしまった人類は、進化の過程で獲得した本能だけではとても攻撃を抑制できないとローレンツは悲観的に見ている（1964, 147ff.／訳213頁以下）。

15）ローレンツは言う。「種の内部のものどうしの攻撃は、決して悪魔とか、破滅の原理

とか、まして「つねに悪を欲しながら善を生み出す力の一部」などではなく、それどころか明らかに、あらゆる生物の体系と生命を保つ営みの一部であることがはっきりしてくる。生物はすべて、この世のものがみなそうであるように、機能錯誤に陥って生命をだめにすることがあるにせよ、やはり有機的な発展という大きな事象によって善へ向かうように定められているのだ。」(L 54／訳78-79)

16) 人間の場合もそうであるが、授乳中の雌は排卵しないので、次の子を産むことができない。だが乳飲み子を殺すことによって、雌は発情し繁殖可能になる。したがって、すでに乳離れしている子は、リーダーの雄の繁殖を邪魔しないため殺されることはない。もちろんわが子を殺される雌たちは、あの手この手でそれを阻止しようとする。これについてはトリヴァース（1985, 71-77／訳87-94）を参照のこと。

17) もっとも、アリストテレスのいう政治とは、ドゥ・ヴァールが考えているようなマキアヴェッリ流の権謀術数（権力掌握・維持のための非道徳的な手練手管）ではない。アリストテレスにとって政治とは、自己の権勢拡大ではなく、ポリス（政治共同体）の維持と繁栄のための実践（プラクシス）であり、倫理の延長であった。ここに、プラトンとアリストテレスに代表される古典政治学と近代政治学との根本的相違が存する。これについては、さしあたりハーバマス（1978, 48ff.／訳11頁以下）等を参照のこと。

18) 子どもの性格形成に決定的な要因は「生まれか育ちか（nature versus nurture）」という論争はいまだ決着がついていない。この問題に深入りできないが、近年の注目すべき問題提起として、親の育て方が子どもに決定的影響を与えるという「子育て神話（nurture assumption）」を厳しく批判したハリス（1998）を挙げておきたい。

19) スティーブン・ピンカー（2011）は、膨大なデータにもとづいて、人類の歴史とともに暴力は減少しているという主張を展開し、暴力減少を可能にした文明化と啓蒙の力を強調している。

第2章　いじめは「社会的」か、それとも「反社会的」か？

「私が7歳の時、学校での、私も関係した集団暴行の件で、母親から
きつく叱られたことがある。7歳の仲間が6歳の子をいじめたのだっ
た。母親がいうには「いつもそうなんだから。一人のときは決してや
らないことを、大勢となるとやるんだから。」これは、忘れることの
できない、私の受けた教育の一つである。人間のつくる組織の世界を
ながめると、全体責任というものは、常に倫理の水準を低下させる。
軍隊という組織は、その最たるもので、これは、正気の人間が単独で
は決してやろうとしないことを、集団でやらせようとして、特に用意
された組織である。」

——フリーマン・ダイソン（1984, 7／訳8）

　私たち人間は、相互にかかわりなく生きているわけではなく、社会をつくり
社会のなかで生きている。つまり人は社会のなかで生まれ、社会のなかで死ん
でいく。その意味で、私たちは社会的存在である。もし人間が1人で生きてい
けるなら、誰かをいじめたり、誰かにいじめられたりすることはない。もっと
も自虐のように、自分で自分をいじめることはできるが、それは本書で扱って
いるいじめの対象ではない。いじめが対人関係から生まれるかぎり、他者との
かかわり、つまり人間関係を考察する必要がある。
　「人間は社会的動物である」という有名な定義も、第1章で見たアリストテ
レスに由来している。これは『政治学』（Pol 1253a）の「ゾーオン・ポリティコ
ン（ポリス的動物）」に起源をもっている。アリストテレスの定義は、もともと
人間はポリス（都市国家）の一員として政治的に活動することで、市民（ポリテ
ース）として道徳的に陶冶されるという意味をもっていた。しかし古代ギリ

シャのポリスが崩壊した後、「ポリス的動物」は「社会的動物（animal sociale）」というラテン語に訳され、人間の社会的性格を表すために用いられた。[1]

　そしてこの言葉は「人間は社会生活に適した動物である」という意味で理解され、この定義にもとづいて多くの国家論や社会理論が構築されてきた。だが、人間が社会生活に適した存在であれば、なぜ強盗や殺人、あるいは抑圧や差別、ひいてはいじめが起こるのだろうか。そこでホッブズは、「人間は社会的動物である」という命題を否定し、「人間は社会に適するように生まれついてはいない」、つまり人間は反社会的であるという真逆の命題から出発した（LW2, 158-161／訳31-36）。

　第1章でみたように、ホッブズは、すべての人間に「傷つけようとする意志」が内在していると考えた。彼は言う。「人々が互いに傷つけ合おうとすることの最もよくある原因は、多数の人々が同時に同じものを欲しがるのに、そういうものは非常に多くの場合、共同で利用することも分け合うこともできない、ということから生まれる。この結果、そういうものはより強い者に与えられるべきだということになるが、しかし誰がより強い者であるかは、闘い（pugna）によって判断されなければならない。」（LW2, 163／訳39-40）

　このように『市民論』では、欲望の対象を分け合うことができないことが、傷つけ合う理由とされている。一方『リヴァイアサン』では、力そのものが欲望の対象だという。彼は言う。「私は、全人類の一般的性向として、力への欲望（desire of power）をあげる。つぎからつぎへと力をもとめるこの欲望は、永続的で、休むことなく、死によってのみ消滅しうるものである」（EW3, 85f.／訳169）。『法の原理』の定義にしたがうと、力とは「ある人の他の人に対する力の超過」（EL 34＝EW4, 38／訳78）である。つまり力は相対的なものであり、力のある人とは他者と比べて力が優越している人を意味する。そして「力の承認（acknowledgement of power）が、名誉（HONOUR）と呼ばれているものである。」（ibid.）

　他者にたいする力の優越を得るために、また自分の優越を他者に認めさせるために、人間は力をもとめる。また自分の力を確証するために、打ち負かす他者を必要とする。第2節で見るヘーゲルの「承認をめぐる闘い」は、まさにこの前提から出発する。人間は自分を他人に認めさせるために、危害を加えられ

るリスクがありながら、他人との関係に入らざるをえない。人間のこうした矛盾した性質を、カントは「非社交的社交性（ungesellige Geselligkeit）」（KA8, 20／訳30）と呼んでいる。

　ホッブズのこの前提が正しいとすれば、社会とは、人が自然に集まってできるものではなく、闘いを人為的に終結させることによって生まれる。彼によれば、「市民社会とは、単なる寄り集まりではなく同盟関係なのであって、これを作り成すには信約と約定が必要である」（LW2, 158／訳36）。それゆえ、人間たちは、自然状態において各人がもつ自然権（自分の好きなように行動し、欲しいものを手に入れる自由）を放棄して、互いに契約（いわゆる社会契約）を結ぶことによって、社会を設立するのである。

　ホッブズは、社会契約の必要性を、人間の相互的な恐怖に見る。彼は言う。人間たちが互いを愛し信頼しているのであれば、なぜ戸締りをして眠るのか。国々は国境を防衛するのか。他人や他国に不信を抱き、起こりうる害悪（窃盗や侵略）に備えているのではないか。人々は、相互に信頼していないことを行動で示しながら、ただそれを認めないだけである（LW2, 146f.／訳19）。

　このように社会や国家は、「相互不信の産物」に他ならないが、社会や国家が設立されることによって、人間の本性自体が変わるわけではない。『リヴァイアサン』の訳者の水田洋が邦訳第2巻への序文（1992, Ⅱ4）で適切に指摘しているように、「自然状態は、国家の成立によって消滅するのではなく、潜在化する」にすぎない。つまり、人間の自然的本性（「傷つけようとする意志」）は社会に生きる人間にも内在している。

　それゆえ、もともと社会に適しているわけではない人間は、「訓練（disciplina）」によって、社会に適するようにしなければならない（LW2, 158／訳36）。動物が家畜やペットになるために、しつけられなければならないように、社会生活を送るためには、人間も訓育されなければならないのである。社会的存在への訓育は、人間の恐怖心に訴えるのがもっとも有効だとホッブズは考えた。

　かくして社会状態においても、人間の自然的本性（利己心や攻撃性）を抑え込むために、人々に恐怖心を抱かせる圧倒的な権力、つまり万人を服従させる絶対的権力をもった国家が必要だと結論づける。そして彼は、この国家を旧約聖書の『ヨブ記』に登場する海の怪物にちなんで「リヴァイアサン」と名づけた。

　この主張にたいしては、今日までさまざまな批判がなされてきた。しかし、どれほど厳しく批判されても、ホッブズの政治理論の影響力は決して衰えなかった。その意味で近代の政治思想史は、ホッブズの影響史、あるいは彼にたいする毀誉褒貶の歴史と言っても過言でない。そこで本章は、彼の問題提起から出発した理論家たちの議論を紹介しながら、いじめの社会的要因を考察する。

第1節　「社会のせい」でいじめが起こる？

　ホッブズの主張を真剣に受け止めつつ、それに正面から異を唱えたのがルソーである。ルソーは、ディジョンのアカデミーの懸賞論文の「人々の間における不平等の起源は何か。そしてそれは自然法によって是認されるか」という問いに答えるべく、『人間不平等起原論』（以下『不平等論』と略記）を執筆した。この論文のなかで彼は、堕落した文明人にたいして、自然人＝未開人を理想的に描いている。彼の描く未開人は、「野蛮人＝残酷」という一般的イメージへのアンチ・テーゼとして登場した「高貴な野蛮人」の典型である。

　非ヨーロッパ世界の「未開社会」の人々について伝える旅行記等を参考にしながらルソーが膨らませたイメージは、虚栄を知らず、つつましい知識と欲求にしたがって生きる素朴な人々であった。未開人は互いにかかわることも徒党を組むこともなく、それぞれが自立して生きていた。そして未開人は、決して大人になることはなく、いつまでも子どもでありつづける存在であった。[2]

　第1章第4節で見たように、人類と同じ祖先から派生した霊長類の生態と比較すると、ルソーの描く未開人はかなり空想的である（実際、彼は森の中に分け入って、原始時代の面影を求め、文明人と自然人を比較したと『告白』第8巻のなかで認めている）。とはいえ、ダーウィンより約1世紀早く生まれたルソーの空想に学ぶものは何もないと即断するならば、大きな誤りであろう。ルソーは『不平等論』で、人間を動物と比較しながら論じ、ローレンツが強調した攻撃性抑止能力が人間を含めた動物に本能的に備わっていると指摘しているからである。

　人間には「傷つける意志」が内在すると考えるホッブズにたいして、ルソーは、「ホッブズが少しも気づかなかったもう一つの原理」（Ⅲ 154／訳71）を提示する。それは「憐れみ（pitié）」であり、同胞（semblable）が苦しむのを見るこ

とを嫌う生得の感情である。[3]これによって人間の自尊心や自己保存への欲求は和らげられる。ここには他人の不幸を喜ぶホッブズやニーチェと正反対の人間観がある。

ルソーは、人間のうちに自己愛（自己保存への関心）と憐れみ（同胞の苦しみを見ることへの自然的嫌悪）という「理性に先立つ二つの原理」を認める。「憐れみ」は唯一の自然的な徳であり、寛大、仁慈、親切、友情といった人間の徳性は、すべてこれに由来しているという。法や倫理のない自然状態においても、この感情が法や倫理の代わりになって、種全体の保存を可能にするという。

ルソーは言う。「憐れみが１つの自然的感情であることは確実であり、それは各個人における自己愛の活動を調節し、種全体の相互保存に協力する。他人が苦しんでいるのを見てわれわれが、なんの反省もなく助けに行くのは、この憐れみのためである。また、自然状態において、法律、習俗、美徳のかわりをするものはこれであり、しかもその優しい声には誰も逆らおうとしないという長所がある。」（Ⅲ 156／訳 74-75）

ルソーによれば、憐れみは「あらゆる反省に先立つ、自然の純粋な衝動」（Ⅲ 155／訳 72）であり、動物も同種の感情をもっている。ゾウやイルカをはじめ、傷ついた仲間に寄り添う動物の共感行動については昔からよく知られてきた。第１章第４節で紹介した動物行動学者ドゥ・ヴァール（2010）は、霊長類についても数々の共感行動や協力行動を報告している。共感（empathy）は、動物としての人間に「本能」として備わっていると言える。

実は、進化論者ダーウィンも、共感（sympathy）について論じたヒュームやスミスの著作に言及しながら、社会性動物における共感の重要性を強調している。[4]彼によれば、共感は「たがいに助け合ったり守り合ったりするすべての動物にとって非常に重要な感情なので、自然淘汰によって強化されたであろう。つまり、最も共感的な個体を最も多く有する集団が最も栄え、より多くの子どもをあとに残したに違いないからである。」（DM1, 82／訳, 上111）

生存競争と対立するように思える共感やそれにもとづく協力行動は、むしろ厳しい生存競争において有利に働く。それは第１章第３節でみたチスイコウモリの事例にも見て取れる。ダーウィンは、共感を含めた道徳感覚や良心が、長い自然淘汰の過程で誕生し、発展したという立場を取る。「よく発達した社会

的本能を備えた動物ならば、どんな動物であれ、その知的能力が人間のそれに匹敵するほど発達すればすぐに、必然的に道徳感覚（moral sense）あるいは良心（conscience）を獲得するだろう」（DM1, 71f.／訳, 上 99）と語る。人間を含めて動物の共感行為あるいは利他行為は進化の産物なのである[5]。

　ルソーは、多くの哲学者たちと異なり、人間を「ロゴスをもつ動物」として特別視するのではなく、他の動物と同様に、他者の苦しみに共感できる感性的存在とみなす[6]。彼によれば、人間を動物と区別するのは知性ではなく、人間が自由な行為者（agent libre）である点にある（Ⅲ 141／訳 52）。動物は本能（自然が命じること）にしたがうだけであるが、人間は、自然にしたがうことも背くこともできる。つまり、動物は自分で自分を変えることはできないが、人間は自己を完成する能力（perfectibilité）をもっている（Ⅲ 141-142／訳 52）。

　実はここに過ちと不幸の可能性もある。意志の自由とともに、道徳的堕落の可能性も与えられているからである。あらゆる堕落のきっかけは、ルソーによれば、私有財産の発生とともに始まる文明社会の誕生である[7]。「人間がいつまでも子供のままであった」自然状態は、自己保存の欲求が他人を害することの最も少ない平和な状態で、人類にとってもっともふさわしいものであった（Ⅲ 153／訳 70）。しかし、子どもがやがて大人になるように、人類も進歩を遂げる。私有財産の発生と文明社会の成立は、人類にとって避けられない道であった。文明化とは、進歩であると同時に堕落でもある。

　「冶金と農業とは、その発明によってこの大きな革命を生み出した 2 つの技術であった。人間を文明化し、人類を堕落させたものは、詩人からみれば金と銀とであるが、哲学者からみれば鉄と小麦とである」（Ⅲ 171／訳 96-97）。そして新しい技術が生み出す物質的な豊かさとともに、それを求める争いが生じ、人間たちは互いに相争うようになり、自然的感情である憐れみは失われ、自己愛は自尊心へ、さらに利己心へと変化してしまう。

　自然のなかでバラバラに暮らし、自足していた人間たちも、社会の発展とともに、次第に接近し、やがて他者と離れては暮らせなくなる。人間たちは、互いを評価するようになり、「各人は他人に注目し、自分も注目されたいと思いはじめ、こうして公の尊敬を受けることが、1 つの価値をもつようになった。もっとも上手に歌い、または踊る者、もっとも美しい者、もっとも巧みな者、

あるいはもっとも雄弁な者が、もっとも重んじられる者となった。そしてこれが不平等への、また同時に悪徳への第一歩であった。この最初の選り好みから一方では虚栄と軽蔑とが、他方では恥辱と羨望とが生まれた。」（Ⅲ 169-170／訳93-94）

　文明社会においては、他人から認められること、つまり他者の承認が重要になる。富であれ、身体の美しさであれ、人々が評価するものをもっていなければ、もっているふりをすることが重要になる。つまり、「ありのままの自分とはちがったふうに見せること」が必要になってくる。かくして、社会状態では「存在（être）と見かけ（paroître）がまったくちがった２つのもの」（Ⅲ 174／訳101）となり、この区別から欺瞞的な策略やさまざまな悪徳が生まれてくるのである。

　ルソーに言わせれば、文明人にとっては、自分自身が実際にどういう人間であるかよりも、他人にどう見えるかが大事なのである。それゆえ、人々は、いつも他人の目を気にして、他人に評価されるように努める。「未開人は自分自身のなかで生きている。社会に生きる人は、常に自分の外にあり、他人の意見のなかでしか生きられない。そしていわばただ他人の判断だけから、彼は自分の存在の感情を引き出しているのである。」（Ⅲ 193／訳129）

　自然のなかに生きる未開人が、自由で独立であったのにたいして、社会で生きる文明人は、他人や世間の奴隷である。「以前は自由であり独立であった人間が、いまや、無数の新しい欲求のために、いわば、自然全体に、とりわけその同胞に屈従するようになり、彼はその同胞の主人となりながらも、ある意味ではその奴隷となっているのである。すなわち、富んでいれば同胞の奉仕を必要とし、貧しければその援助を必要とする。」（Ⅲ 174-175／訳101）

　人間たちは、誰しも他者なしでは生きていけない「奴隷」でありながら、他者の「主人」であろうとあの手この手を尽くす。そうして生まれたのが、虚栄や嫉妬、阿諛追従のような悪徳である。そして、ホッブズのいう「傷つけようとする意志」は、人間に自然的に備わっていたのではなく、文明社会の成立とともに生まれたのである。ルソーは力説する。

　「貪婪な野心、ほんとうの必要ではなくむしろ他人を見おろしたいた

めに自分の不十分な財産を増やそうとする熱心が、すべての人に、互いに
害しあうというよこしまな傾向を呼び醒まし、また、いっそう確実に成功
を収めるためにしばしば親切心の仮面（masque de la bienveillance）をつける
ことがあるだけになおさら危険な、ひそかな嫉妬心を呼び醒ます。要する
に、一方では競争と対抗意識と、他方では利害の対立と、つねに他人を犠
牲にして自分の利益を得ようというひそかな欲望。これらすべての悪が私
有の最初の効果であり、生まれたばかりの不平等と切り離すことのできな
い結果なのである。」（Ⅲ 175／訳 102）

「親切心の仮面」の下に隠された利己心と競争心。これが、文明人の本当の
姿である。文明が生み出した学問や芸術も、美しい外観をもちながら、内実を
伴わない偽善的なものである。処女作『学問芸術論』でルソーは、「文化人
（Peuples policés）」を「幸福な奴隷」と呼びながら、次のように批判している。
「学問、文学、芸術は、政府や法律ほど専制的ではありませんが、おそらく一
そう強力に、人間を縛っている鉄鎖を花輪でかざり、人生の目的と思われる人
間の生まれながらの自由の感情をおしころし、人間に隷従状態を好ませるよう
にし、いわゆる文化人を作り上げた。」（Ⅲ 7／訳 14）

　ルソーに言わせれば、ホッブズは原因と結果を取り違えている。ホッブズが
考えるような人間（競争心や名誉欲に突き動かされて他者を蹴落とす人間）は、人間本
来の姿ではなく、むしろ文明社会の産物にすぎない。ルソー主義的に考えれば、
いじめも、競争社会が生み出した悪である。文明社会の人間は、人間らしい感
情を失ってしまったからいじめをするのであり、誰かがいじめられているのに、
見て見ぬふりをするのは、打算や保身のためである。

　自分の損得だけを考えると、人は勇気をもって行動できなくなる。いじめを
やめさせるのは、損得で考えれば、あきらかに損である。自分がいじめのター
ゲットになるリスクがあるからだ。そうすると、ルソーの描く自然人や下層民
のように、憐れみから行動できる子どもを育てれば、いじめはなくなるはずで
ある。かくして、「相手の気持ちを考えよう」「思いやりをもとう」といった呼
びかけがいじめ防止のスローガンにされる。

　だが、こうしたスローガンがあちこちで繰り返し唱えられながら、いじめが

なくならないのはなぜだろうか。ルソー主義者なら、おそらく次のように答えるだろう。現在の教育制度や競争社会からは、ルソーが言うような自然人が生まれてくるはずはない。まずは、学校や社会のあり方を変えなければならない、と。ルソーは、『エミール』のなかで、人々を堕落させる都市ではなく、田舎での教育を、そして学校教育ではなく、個人教育を推奨している。

　では、人里離れた場所で、自然にしたがいながら、1 人ひとりの個性に合った教育を施せば、同情心にあふれた子どもが育ち、攻撃性が発現することもないのだろうか。ともあれ、現在の日本において、ルソーが『エミール』で描いたような教育をすべての子どもに施すことは、不可能であり、おそらくこれからも不可能であろう。そこで次に、ルソーと反対にホッブズの問題提起を肯定的に受けとめた哲学者の見解を見ていこう。

第 2 節　「認められたい」からいじめる?

　ルソーは、ホッブズが人間に生得的と見なした攻撃性やそれに由来する闘争を文明の産物と考えた。この点で両者の見解は正反対であるが、攻撃性や闘争を「反社会的」なものと捉えた点では共通である。これにたいして「反社会的」な攻撃性や闘争が、実は社会形成にとって建設的役割を果たしていると考えた哲学者がいた。ホッブズとルソーの双方から影響を受けたドイツの哲学者ゲオルク・ヴィルヘルム・フリードリヒ・ヘーゲル（1770〜1831 年）である。

　すでに見たように、ホッブズによれば、名誉とは力において優越していることを他者に認めさせることであり、人間たちは他者にたいする優越を求めて闘争する。ルソーによれば、自由で自立していた自然人と比べて、自分を認めてもらうために、周りに媚びを売り虚栄を張る文明人は「堕落」してしまったという。ヘーゲルは 2 人を評価しつつ、どちらの考え方も不十分だとみなす。

　ヘーゲルによれば、他者に認められることは、人間が人間になるうえで不可欠のプロセスである。少し難しい言い方になるが、私だけでは私になることはできず、私を認めてくれる他者がいてはじめて、私になることができる。私が私であることの意識を、近代の哲学者たちは「自己意識」と呼んだが、自己意識やアイデンティティの形成には、他者の存在が不可欠だというのである。

　この考え方はヘーゲルの独創ではなく、彼に大きな影響を与えたヨーハン・ゴットリーブ・フィヒテ（1762〜1814 年）に由来する。フィヒテによれば、人間は、自分とは異なる人間（他我）との関係を通じて、はじめて自我（私）というものを意識するのであり、自我と他我とが、「自由な人格」として互いを認め合うことによって共同体（社会）というものが成り立つと考えた。

　フィヒテは他者を、自分が自由であることの自覚へと私たちを促す（auffordern）存在だと考えた（1971, 33ff.／訳 47 頁以下）。なぜなら、自分以外に人間が存在しないなら、私は自分を「私」と呼ぶ必要はなく、自己意識も生まれないからである。私は他者との出会いによって私を意識し、私の自由を制限する他者と出会うことで、私の自由を認識する。

　私の自由を制限するのが、同じように自由に行動する人間である以上、私と他者の双方が、自分の自由を自ら制限しないかぎり、自由な存在としての共存は不可能になる。もし誰も自分の自由を制限しないなら、ホッブズのいう戦争状態に行きつくからである。したがって人間は、互いを自由な存在として承認し、互いに自分の自由を制限し合うことでのみ、自由な存在として共存しうる。

　フィヒテは言う。「自由な存在者相互の関係は、知性と自由をつうじた相互作用の関係である。双方が相互に承認することなしに、一方が他方を承認できないし、双方が互いを自由な存在として扱うことなしに、一方が他方をそのように扱うことはできない」（1971, 44／訳 60-61）。つまり社会とは、互いが互いを対等な存在として認め合う相互承認（gegenseitige Anerkennung）にもとづく共同体なのである。[8]

　ヘーゲルはこうした考え方を継承しながら、相互承認がフィヒテのいうような知性的プロセスではなく、ホッブズのように暴力を通じて成立すると考えた。つまり、人間は力で相手を打ち負かすことで、相手に自分の優越を認めさせようとする。ヘーゲルによれば、承認とは力ずくで他者から勝ち取るものであり、そのために命すら賭けるという。それゆえ承認をめぐる闘いは、「生死を賭けた闘い」とも呼ばれる。

　かくして、ヘーゲルは、自己意識の成立過程に、「闘争」という否定的契機を導入する。これがもっとも印象的な形で示されているのが、意識の形成と発展を論じた『精神現象学』における自己意識論である。この部分は、「意識の

自立性と非自立性、支配と隷属」という奇異なタイトルがつけられており、「主人と奴隷の弁証法（主奴の弁証法)」という名前で知られている。自己意識の成立が、「支配と隷属」という政治学的な用語で語られている点に、ホッブズの影響を見ることができる。

　ヘーゲルの著作は難解で知られているが、『精神現象学』はその典型である。自己意識論も極めて難解で、一般の読者には容易に近づけないものである。しかし、アレクサンドル・コジェーヴ（1902〜68年）が、「支配と隷属」の議論を、大胆かつ自由に解釈し、『精神現象学』ひいてはヘーゲル哲学の理解の主軸に据えることで、「承認をめぐる闘争」は、人文・社会科学のさまざまな領域で語られるようになった。ここでは、コジェーヴの解釈にしたがいながら、アイデンティティと承認をめぐる問題を考えてみたい。

　コジェーヴは、『精神現象学』における自己意識の成立を、動物としてのヒトが、社会的存在としての人間、つまり本来の意味での人間になっていく過程として解釈する。その過程の出発点は、欲望である。コジェーヴによれば、食欲や性欲といった欲望はまだ「動物的」であり、それによって自己感情をもつことはできても、自己意識には到達できない。「動物的欲望（Désir animal)」と区別された「人間的欲望（Désir humain)」とは、他者の欲望に向かう欲望であり、これによって自己意識が形成されるという。

　　「人間的欲望は他者の欲望に向かわなければならない。……社会は欲望として相互に他を欲し合う欲望の全体となって初めて人間的となる。したがって、人間的欲望、より正確に表現するならば、人間の生成をもたらす欲望……は、……他者の欲望に向かうという事実によって……動物的欲望と異なる。このようなわけで、例えば、男女間の関係においても、欲望は相互に相手の肉体ではなく、相手の欲望を望むのでないならば、また相手の欲望を欲望として捉え、この欲望を「占有」し、「同化」したいと望むのではないならば、すなわち、相互に「欲せられ」、「愛され」ること、あるいはまた自己の人間的価値、個人としての実在性において「承認され」ることを望むのではないならば、その欲望は人間的ではない。同様に、自然的対象に向かう欲望も、同一の対象に向かう他者の欲望によって「媒介

され」ていなければ人間的ではない。すなわち、他者が欲するものを他者が欲するものが故に欲することが、人間的なのである。」(1947, 13／訳14-15)

「他者の欲望を欲すること、これは、究極的には、私がそれである価値もしくは私が「代表」する価値が、この他者によって欲せられる価値でもあることを欲することになる。すなわち、私は他者が私の価値を彼の価値として「承認する」ことを欲するのであり、私は他者が私を自立した1つの価値として「承認する」ことを欲するのである。換言すれば、人間的欲望、人間の生成をもたらす欲望、自己意識……の生みの親としての欲望は、いかなるものであれ、終局的には、「承認」への欲望に基づいている。」(1947, 14／訳16)

　しかし、人間が欲望する承認は、簡単に得られるものではない。他者もまた同様に、自分の価値を認めさせようと欲するからである。かくして、人間たちは、互いに自分の価値を認めさせようとする。そして、相手が自分の価値を認めようとしないなら、力ずくで認めさせようとする。これが「承認をめぐる闘い」である。

　闘いにおいて双方が譲らなければ、敵対する双方または一方の死によって闘いは終結するが、相互承認は成立しない。なぜなら、たとえ闘いに勝っても、勝者に承認を与える敗者はすでに死んでおり、存在していないからである。しかし、死にたいする恐怖ゆえに、一方が闘いをやめて相手に服従するとき、勝利した側は主人となり、負けた側は奴隷になる。かくして主人と奴隷の関係が生じるが、コジェーヴは、これを人間関係の基本と見なす。[9]

　「人間になろうとしているとき、人間はただ単に人間であるわけではない。人間はつねに、必然的かつ本質的に、主であり、あるいは奴である。人間的実在性が社会的なものとしてでなければ生み出されえないならば、社会は——少なくともその起源においては——主であることの境地と奴であることの境地、「自立的」な現存在と「非自立的」な現存在とを含まなければ、人間的とはならない。自己意識の起源を語ること、これが必然的に

「自己意識の自立性と非自立性、主であることと奴であること」とを語ることになるのはそのためである。」(1947, 15／訳 18)

「承認をめぐる闘い」の結末として現れる主人と奴隷の関係は、一方的で不平等な承認関係である。つまり、主人が奴隷によって「自由な人格」として認められている一方、奴隷は、アリストテレスの『政治学』第 1 巻（Pol 1254a）において定義されているように、主人の「所有物」にすぎない。したがって、アリストテレスが人間を「政治的動物」と定義するとき、彼が念頭に置いているのは、自由民＝市民である成年男性だけであり、女性や奴隷は排除されている。

　アリストテレスの描写にしたがえば、対等な市民たちによって構成されている政治共同体（ポリス）と対照的なのが、主人による支配にもとづく家（オイコス）である。市民の相互承認にもとづくポリスにたいして、家は主人が支配する。ここでは、主人が自分の欲望を満たすために奴隷を働かせる一方で、奴隷は自分の欲望を抑制して、主人のために働かなければならない。

　自立的なのは主人で、奴隷は主人の命令に依存している存在である。しかし、ヘーゲルによれば、闘いにおける死の恐怖、主人への奉仕、欲望の抑止による物の形成といった否定的経験を積んだ奴隷こそが、自分自身の意味を再発見し、自分自身の意識に到達するという。つまり、主人に依存していた奴隷が自立的になる一方で、自立的な主人が依存的になるのである。どういうことだろうか。

　私たちは、すべて自分の思いどおりになるとき、あれこれ悩むことはない。ところが、物事が自分の思うように進まなくなると、自分のどこが間違っていたのか、自分に欠けていたのは何か深く考えて、自分を改善しようとする。「逆境は人を賢くする（Adversity makes a man wise.）」あるいは「艱難汝を玉にす」という諺のとおり、否定的な経験は、ときに人間を大きく成長させる。

　主人と奴隷にもこれが当てはまる。自分が支配する家で主人は、やりたいことをやれる。そうした存在は、考えたり悩んだりするのをやめ、他人が産みだしたものを享受するだけの存在、「無為徒食」になり下がるとコジェーヴは考える。勝手気ままが許される主人にたいして、奴隷は主人に服従し奉仕するために、わがままを克服しなければならない。

　こうした「奉仕と服従」こそ、人間が社会的存在になるためにホッブズが必要と考えた「訓練 (disciplina)」に相当するとヘーゲルは考え、それを「訓育 (Zucht)」と呼ぶ。さらに主人のために労働する奴隷は、労働を通じて自己と世界を作り上げる (bilden)。奴隷は、この「訓育」と「形成 (Bildung)」という２つの契機によって、自由な自己意識に到達しうるのである (HW3, 153-155／訳, 上 315-319)。ここから、コジェーヴは、「刻苦精励する奴」こそが、「人間的、社会的、歴史的な進歩すべての源泉であり、歴史とは労働する奴の歴史である」(1947, 26／訳 32) という歴史観を引き出す。

　人間関係の原型は支配関係であるというヘーゲル－コジェーヴの議論は、いじめ理解にとって非常に示唆的である。序章で見た森田の定義にしたがえば、いじめは力関係のアンバランスとその乱用 (非対称的な力関係、優位－劣位関係) によって起こる。対等であるべき関係、たとえばパートナーシップ、友人、クラスメートなどには「力関係のアンバランス」が存在している。したがって、異なる人間相互の対等な関係は、自然にできてくるものではなく、相互承認を通じて人為的に作り上げられなければならない。

　他者の承認が自己意識の形成に不可欠である以上、承認の拒絶は、人格の否定を意味し、自分が１人の人間として否定されたように感じる。それゆえ私たちは、承認を拒絶されると、自分のアイデンティティが否定されたと感じ、承認を得るために、ときとして命すら賭けるのである。歴史的に見ても、近代の市民革命、植民地の独立、公民権運動、女性解放など、コジェーヴの言うように人類の歴史は「承認をめぐる闘い」の歴史である。[10]

　「一寸の虫にも五分の魂」という諺のように、どんな人間にも意地があり、不当に侮られたときは、負けると分かっていても強い相手に立ち向かうことがある。かつての武士のように、屈辱のなかで生きるより、名誉ある死を選ぶとまではいかなくても、私たちもときに自分のプライドやアイデンティティを守るために犠牲を覚悟で闘うことがある。そう考えると、私たちの人生も程度の差こそあれ、「承認をめぐる闘い」と言えるかもしれない。

　とはいえ、あらゆる形の「承認をめぐる闘い」が、道徳的に正当化されるわけではない。ルソーが指摘したように、私たちは他人に認められるために虚栄を張ったり、阿諛追従して他者の承認欲求を満たすことで、その見返りを得よ

うとしたりする。ヘーゲルも、そうした中身のない名誉や空しい名声への固執を批判している（HW10, 226／訳, 下58）が、他者に認められたいという私たちの承認欲求は身勝手で、ときに病的ですらありうる[11]。

　たとえば私たちは、好きな人に恋愛対象として認められたいために、相手の前でいい格好をしたり、おべっかを使ったりする。そしてあらゆる手を尽くしても認められないとき、私たちは傷つき、辱められたと感じる。相手が自分と同じような自由な存在であるならば、相手の意志を尊重し、受け入れなければならないが、「自分を振った相手が悪い」と逆恨みをして、悪口を言ったり嫌がらせしたりしてしまうこともある。

　極端な場合、「承認をめぐる闘い」は、ヘーゲル－コジェーヴが考えたように、相手の殺害で終わる。かつての交際相手に執拗につきまい、拒絶されて殺害したといった事件を、ニュースでもしばしば目にする。ホッブズが考えた自然状態（法律や道徳が存在しない仮想の世界）ならともかく、現実の世界では、「闘い」もルールにしたがって行われなければならない。社会的・道徳的規範をそれなりに身に着けている大人も強い情動に突き動かされると、こうした犯罪にいたるとすれば、大人より自然に近い子どもが、社会的なルールを無視したとしても不思議ではない。

　「承認をめぐる闘い」は当然いじめに発展しうる。承認をめぐるいじめには、さまざまな形が考えられるが、いずれも他者の承認の拒絶を目指す。それは、相手に自分を認めさせようとして、相手を暴力的に否認する形態（ホッブズやヘーゲルが想定する物理的排除）と、相手から承認を剥奪する形態（「仲間はずれ」のような社会的排除）の2つに大まかに区分できよう。

　後者の典型は、「シカト（無視）」である。無視が辛いのは、物理的には存在しているのに、社会的存在としての自分が、仲間（クラス）から「存在しないもの」として扱われるからである。この形態は、ときに「葬式ごっこ」といういじめに発展する。教室に入ったところ、いじめられている子の机に花が手向けられ、「安らかにお眠りください」などという寄せ書きが飾られているというものである。加害者が「冗談のつもりだった」とどれだけ弁解しようが、被害者にとっては心理的殺害を意味している。

　しかし、相手に暴力をふるったり、精神的に貶めたりすることによって、攻

撃欲動は満たされるが、本来の目的である承認への欲求は、決して満たされることはない。承認欲求は、自分と対等もしくは自分より優れた者から認められることで、はじめて満たされるからである。「自分より劣っている」とみなしている者から承認されることで優越感や自尊心を得ようとする者は、ヘーゲルが言うように、「劣った」相手との関係にますます依存していかざるをえない。優越感をもち続けるためには、支配する相手が必要だからである。

「承認をめぐる闘い」がいじめに発展しうるとはいえ、こうした闘いをなくすことは不可能であり、不合理でもある。第1章第3節でみた動物間の順位を決める闘いは、人間たちの「承認をめぐる闘争」と似ているが、闘争によって実現した順位制は、攻撃の抑制や回避、平和的共存に役立っている面もある。にもかかわらず、順位制は支配関係の一種であり、人間なら不平等な承認関係である。

しかし、こうした不平等な関係を覆してきたのも、他ならぬ闘争である。人類の歴史を「階級闘争の歴史」と理解したカール・マルクス（1818〜83年）や闘争を「権利＝法（Recht）」の実現のための手段と捉えたルドルフ・フォン・イェーリング（1818〜92年）などは、よりよい社会が闘争（Kampf）を通じて実現すると考えた[12]。カントは、社会の合法的秩序を生み出すのは人間の「非社交的社交性」であり、人間の自然的な素質は「敵対関係（Antagonism）」を通じて発展すると考えた（KA8, 20ff.／訳 29-32）。

たしかに攻撃や闘争は、引力と斥力のように、人間相互を近づけたり遠ざけたりして、社会関係の成立・維持に役立つ。社会学者のゲオルク・ジンメル（1858〜1918年）の『社会学』（1908, 247ff.／訳, 上 262-349）やこれを展開させたルイス・コーザー（1913〜2003年）の『社会闘争の機能』（1957）は、社会闘争の建設的役割を解明している。とはいえ攻撃や闘争は、社会関係を破壊し、支配関係を再生産・強化することもある。人間が生み出した刀は、生活を豊かにする道具である反面、武器として使われると人を傷つけ殺すこともできる。闘争で現れる攻撃性もそうした諸刃の剣であり、私たちは攻撃性や闘争を建設的な方向へ導かなければならない。

第 3 節　いじめは欲求不満の「はけ口」か？

　ヘーゲル－コジェーヴの見解にしたがえば、一見「反社会的」にみえる欲望や闘争も、人間の自己意識や社会的な相互承認の形成に不可欠である。だとすれば、欲動や闘争をすべて排除することは、不可能であるだけではなく、非生産的でもある。私たちは、好むと好まざるとにかかわらず、攻撃性を社会生活と両立させなければならない。しかし、それが容易でないことは、いじめを含めたさまざまな形態の暴力問題の解決が、今なお私たちの大きな課題であることからも明らかである。

　社会生活は、人間に多くの恩恵をもたらしてくれるものの、ときに苦痛にもなる。フロイトはそれを認め、文明生活が私たちにとって「居心地が悪い（unbehagen）」ものだと考える。「居心地がよい」ところとは、気楽にくつろげる場所である。英語の「家にいる（at home）」という表現は「くつろいでいる」という意味もあるが、逆に「居心地が悪い」場所とは、くつろげないところである。文明社会とは、私たち文明人にとって、安心できる住処ではなく、居心地の悪い場所なのである。なぜだろうか。

　フロイトによれば、私たち人間は制御しがたい性欲動と攻撃欲動を抱えている。これをそのまま他者に向けるとしたら、他者との平和的共存は不可能である。したがって文明社会は、私たちに欲動の断念を要求する。フロイトによれば、文明とは禁止命令の導入によって始められた「動物的な原始状態」からの離脱である。禁止されたのは、インセスト、食人、殺人という最古の欲動である（GW14, 331／訳 21）。

　人間がサルの祖先から進化したと考えるダーウィンの著作に親しんでいたフロイトは、原始的な人類が、類人猿のように雌を性的に独占する一頭の強い雄をボスとする一夫多妻の集団生活を送っていたと推測する。フロイトによれば、ボスの息子たちは、雌を独占しようとする父親のライバルになるため、集団から追放されるが、息子たちは共謀して父親を殺害し、欲望と権力を互いに制限する組織を作り上げたという（GW9, 152f, 169ff.／訳 161-162, 180 頁以下）。

　この有名な「父親殺し」仮説の妥当性はともかくとして、欲動を阻止するた

めの禁止命令が社会の端緒であるという主張は傾聴に値する。20世紀の著名な文化人類学者であるクロード・レヴィ＝ストロース（1908〜2009年）も、社会生活の端緒を「インセスト・タブー（近親婚の禁止）」に見た。彼によれば、近親婚の禁止は「自然から文化への移行が達成される根本的手続き」（1967, 29／訳93）であり、文化とは欲望を禁止する規則の体系に他ならない。

　そうすると、人間たちを文化の禁止命令にしたがわせることが、社会がなすべき最初の課題になる。私たちが自力で欲望をコントロールできない場合、自分以外の力を借りて禁止命令にしたがうしかない。ホッブズは、禁止命令を強制する絶対的権力を創設すれば、恐怖心から命令にしたがうはずだと考えた。つまり「○○を犯した者には、××に処す」といった法律を作り、違反者を厳しく罰するようになれば、ルールは守られるというのである。

　しかし、経験が教えるように、人は逆上して我を忘れると、やってはいけないことをやってしまうことがある。また罰せられるのを覚悟のうえで罪を犯すこともある。したがって、攻撃性の行使を防ぐには、こうした外的・物理的強制だけでは不十分で、人間が反社会的な衝動を自ら断念・制御するように仕向ける内的・精神的強制が必要となる。フロイトに言わせれば、これこそ道徳と言われるものである。そして人間の精神の歴史とは、「外的な強制が次第に内面化されてきた歴史」（GW14, 332／訳23）に他ならない。

　つまり人間社会は、欲動の抑制を法や刑罰による外的強制から、良心（道徳）による内的強制へとシフトさせてきた。ダーウィンによれば、人間の道徳も、進化の長い過程の産物なのだから、道徳的規範の内面化は、文明化よりずっと以前に始まっていたと言える。その意味で、生物としての人間の本能の一部と言えるかもしれない。ルソーは、良心を人間の心のうちの「正義と美徳の生得的な原理」（Ⅳ 598／訳, 中169）とみなし、「魂の声」（Ⅳ 594／訳, 中164）あるいは「神聖な本能」（Ⅳ 600／訳, 中172）と呼んでいる。

　その意味で、良心は生まれながらにして人間に備わっている道徳的本能である。ルソーにしたがえば、人間は、正しく行動するためには、良心の声に耳を傾けさえすればよい。社会による積極的な道徳教育など不要である。しかし、フロイトはそうは考えない。私たちが欲動にブレーキをかけられるのは、私たちの心のなかに、小さいころから親によって規範意識（道徳心や良心）が植えつ

けられるからである。したがって、親や周りの大人の教育の産物である良心は、彼らに代わって私たちを監視する「超自我」である。

　フロイトによれば、道徳的規範の内面化によって、子どもは道徳的かつ社会的になり、人は文化の敵対者から文化の担い手になるという（GW14, 332／訳23）。つまり他者を傷つける攻撃欲動を制止するには、教育によって「超自我」を強める必要がある。欲動の制止を自我に命じるのは、「超自我」だからである。とすると、いじめ防止のために、道徳教育によってしっかり規範意識を教え込むべきだという主張は、理に適っているように思える。

　だが、良心とは外部（他人）に向かう攻撃欲動を自分の内部（自我）に向けたものに他ならない[13]。つまり、道徳的教化とは、超自我による自我の支配、いわば「道徳的マゾヒズム」である（GW13, 378ff.／訳284-292）。道徳は、人間の攻撃性を克服するものではなく、攻撃性の方向を外から内に転換したものにすぎないのである。それゆえ、道徳的教化は、個人から文化（集団）を守るための防衛策になりうるが、大きな危険を孕むものでもある。

　超自我によって断念を命じられた欲動は、自我によって抑圧されるものの、消失することなくとどまり続ける。満たされることなく蓄積した欲動は、超自我の監視が緩んだときに再び姿を現し、野蛮な形で爆発する可能性がある。かつてカントの厳格な道徳論を批判して、詩人で哲学者のフリードリヒ・シラー（1759～1805年）が述べたように「道徳的精神が暴力を用いるかぎり、自然衝動は力でそれに対抗しなければならない。打ち倒されただけの敵は、また立ち上がりうる」（Bd. 2, 406）のである。

　また超自我の監視や命令があまりに強力になると、自我がそれに耐えられなくなる。親や教師があまりに厳しいと、子どもが委縮するように、自我も超自我によって押しつぶされてしまう。アンナ・フロイトによれば、「超自我は、あらゆる神経症（ノイローゼ）の生みの親である。超自我は、自我と欲動が友好的に折り合うことを妨げる邪魔者である。超自我は、性欲を禁止し、攻撃を反社会的と宣言する理想を体現する。超自我は、もはや心理的健康を維持できなくなるほどまで性的な禁欲と攻撃の制限を要求する。」（1977, 44）

　精神を病むところまで欲動の断念を求める社会——そうした社会は、やはりどこかおかしいのではないか。かくして、病んだ文明社会から健全な自然への

回帰を求めるルソー主義的要求が頭をもたげてくる。文明社会を批判するルソー主義が、多くの人々に共感され、支持されるのは、社会が人間とって抑圧的であるからである。私たちは社会のなかでつねに疎外され、自分らしく生きることができないのだ。

　フロイトは、文化が「欲動の放棄を要求するものであり、その要求の圧力のために敵意を呼び起こすものである」（GW14, 335／訳30）ことを認めつつも、ルソー主義的な要求を断固として拒否する。なぜなら、文化による禁止命令の廃棄は、人間を自然状態へと突き落とすことになり、それは禁止命令の遵守よりもずっと過酷だからである。「この文化の命令が廃止されたらどうなるだろうか。……その後に残されるのは自然状態であり、これは文化の禁止命令よりもはるかに耐え難いものなのだ。自然は人間に欲動の制限など求めないし、人間を放任しておくのは事実だ。」（GW14, 335f.／訳30-31）

　「人が人にとって狼である」自然状態に逆戻りするのを望まないなら、反社会的になりがちな個人から社会（文化）を守らなければならない。しかし、それは超自我（道徳）による支配ではなく、文明のために捧げられた犠牲を償いながら、人間と文化を和解させる形で行われなければならない。つまり、社会生活のために人間が支払っている犠牲（欲動の断念）を十分考慮したものであるべきなのだ。

　第1章第2節で見たように、フロイトは、人間にエロスとタナトスという2つの欲動を想定した。前者が、社会生活に基礎になる「結合の欲動」であるとすれば、後者は、反社会的な「攻撃・破壊の欲動」である。とはいえ両者は、まったく別々のものではなく、愛憎のように、ときに協働して、ときに相反して作用する。よって、社会を維持していくためには、前者の力を活用して、後者の反社会的欲動を抑え込む必要がある。

　共同体の形成・維持に役立つのは、排他的になりがちな性愛ではなく、家族愛や同胞愛である。そこでよく用いられるのは、共同体への愛着（帰属意識）を高め、集団内の仲間にたいする攻撃を断念させることである。その場合、共同体内で抑圧された攻撃欲動は、しばしば共同体の「外部」へと向けられる。集団全体にとっての「敵」を作り、攻撃衝動をそこに向けさせれば、仲間としてまとまるからである。仲間意識の強い集団が、ときに閉鎖的かつ排外的にな

るのは、このためである。

> 「小さな文化圏においては、その文化圏に属しない人々を〈敵〉とみなす
> ことで、攻撃的な欲動をいわば〈迂回路〉を通って満たすことができるの
> であり、この利点を過小評価してはならない。多数の人々を、たがいに愛
> しながら結びつけることができるのは、攻撃欲の〈はけ口〉となるような
> 人々が外部に存在する場合にかぎられるのである。」(GW14, 473／訳 228)

　集団内で攻撃衝動を抑えるには、この攻撃欲の〈はけ口〉となるような「外
部」が必要となる。集団内で制止されている攻撃衝動が「外部」に向かって発
散されるのはよく見られることである。国家間、民族間の対立は、まさにその
典型である。外国を仮想敵にして敵愾心をあおることで、国内の敵対関係を見
えなくし、国内の結束を高めようというわけである。人気を得るために対外的
に強硬姿勢をとるのは、多くの政治家の常套手段である。
　しかし、集団が「外部」に攻撃性の〈はけ口〉を見出せない場合、攻撃性は
集団内の外部に向けられる。つまり集団内の一部を「敵」とみなして排除し、
攻撃性の〈はけ口〉にするのである。こうした〈はけ口〉は、しばしば「スケー
プゴート」と呼ばれるが、この言い回しは旧約聖書に由来するもので、もと
もとは「贖罪の日」に人々の罪を負わせて荒野に放した「身代わりの山羊」を
意味していた。
　現在ではこうした宗教的意味が薄れて、スケープゴートという言葉は、社会
的不満の〈はけ口〉にされる人や、災難の責任を押しつけられる人を指すこと
が多い。いじめでも、集団内の不満やストレスの〈はけ口〉にさせられる場合
がある。社会あるいは集団はなぜ「スケープゴート」を必要としているのだろ
うか？　次節はこの問題を考える。

第 4 節　いじめは「スケープゴート」か？

　「身代わりの山羊」については、フランス出身の批評家ルネ・ジラール (1923
～2015 年) が興味深い考察をしている[14]。ジラールは、文化と暴力が深く結びつ
いていること、そして人間社会が暴力によって創設され維持されていることを

強調する。彼によれば、ペストなどの疫病や自然災害などによって社会の秩序が危機に瀕したとき、人々は、無実の人間を犠牲者に仕立てあげて、その人間に集合的な暴力を加えることによって、秩序を回復するという。

ジラールが注目するのは、中世において繰り返されたユダヤ人迫害である[15]。ペスト蔓延の責任をユダヤ人に転嫁して、罪のないユダヤ人をいくら殺したところで、ペストは収まらないが、やり場のない怒りが具体的な対象に向けられ発散されることで、社会は落ち着きを取り戻したという[16]。ジラールによれば、危機に瀕した社会だけではなく、そもそも社会は、創設され存続するために集合的暴力を必要とするという。ジラールはそれを独自の欲望論によって説明している。

ジラールによれば、欲望は模倣（ミメーシス）にもとづく。作田啓一（1981, 14-73）が分かりやすく説明しているように、従来欲望は「私が〇〇を欲する」というように、主体（sujet）が客体＝対象（objet）を欲望するという個人主義的図式（S-O）で理解されてきた。これにたいしてジラールは、媒介者（médiateur）を加えた図式（S-M-O）こそ人間の欲望充足のパターンだと主張する。つまり、私たちは、「自分が欲しいもの」を欲するのではなく、「他人が欲しがるもの」を欲しがるのだという。

この欲望論は、「他者が欲するものを他者が欲するが故に欲する」点に「人間的欲望」をみるコジェーヴの議論に依拠しているが、ジラールは媒介のメカニズムに着目し、「内的媒介」と「外的媒介」とを区別する。前者は、嫉妬や羨望を感じるライバルで、ライバルが欲するものを、自分も欲する場合である。後者は、「自分もそうなりたい」というモデル（理想像）で、小説や映画のヒーローやヒロイン、あるいはアイドルを模倣する場合である。

前者のライバル関係を身近な例で説明すると、筆者の娘2人は対照的な性格で、おもちゃの好みもかなり異なっている。それゆえ奪い合いにはなりそうもないのに、おもちゃをめぐる争いが絶えない。1人では興味を示さないおもちゃで、もう一方が面白そうに遊んでいると、同じように欲しがるのである。その結果、一方があるおもちゃを欲しがると、他方も同じおもちゃを欲しがって奪い合いになる。だが、奪い合うのは、おもちゃだけではない。

いつもはママが大好きなのに、何かのきっかけでどちらかがパパに甘え始め

ると、もう 1 人も競い合うようにパパを求める。こうした模倣性は、大人たちにもしばしば見出される。誰かがある人を好きになると、別の人もその人を好きになるという三角関係を思い浮かべればよい。実のところジラールの欲望論は、文学作品に登場する三角関係の分析がベースになっている。[17)]

　人がそれぞれ違ったものを欲しがるとすれば、おそらく欲望をめぐって争うことはない。しかし、人間の欲望は模倣的であるため、人が欲しがるものを誰もが自分のものにしようとする。ジラールはこれを「占有の模倣」と呼ぶ。「占有の模倣」によって、すべての人が同じものを求めて争う全面的敵対関係、つまりホッブズ的な自然状態が生じる。

　ホッブズの場合、戦争状態を回避するために、自然権の放棄と社会契約が問題になるのだが、ジラールによれば、全面的な対立は、1 人対全員という対立に帰着するという。というのも、誰かがある人を欲しがると別の誰かもその人を欲しがるという模倣のメカニズムは、誰かと敵対する場合にも同じように作用するからである。つまり、誰かがある人を憎むと、他の人もその人を憎むという。違いは、占有の模倣が人々の間に不和をもたらすのにたいして、敵対は、むしろ結束をもたらす点である。

> 「占・有・の・模・倣・（mimésis d'appropriation）が、2 人あるいは数名を、みんなが自分のものにしたいと望む唯一の同一の対象に集束させつつ不和にするものであるとすれば、敵・対・者・の・模・倣・（mimésis de l'antagoniste）は、2 人あるいは数名を、みんなが打ち倒したいと望む同一の敵に集束させつつ結束させるのです。占有の模倣には伝染性があります。対象が 1 つの極に集中し、それを目ざす人の数が多くなればなるほど、共同体のメンバーでまだそれに巻き込まれていない人はますます前例にならおうとする傾向を示します。敵対者の模倣も、必然的にこれと同じ経過をたどります。何しろそこには同じ力がはたらいているのですから。」（G1, 35／訳 37-38）

　かくして全面的な対立は 1 つの対立に収束し、この対立こそ、共同体に再び連帯をもたらすのである。「個人対個人の対立のあとに、急にひとり対全員の対立が起こります。個々の人間どうしのてんでんばらばらな争いのあとに、とつぜん、1 つにまとまった形の敵対関係が生じます。つまり一方は共同体の全

員、他方は犠牲者という形に分かれます。こうした供犠による解決が何にもとづくのか、それを理解しようと思えばわけありません。共同体は、ひとりの人間を犠牲にすることによって、全体の連帯性をとりもどすのです。」(G1, 33／訳34)

　同じものをめぐって対立していた共同体のメンバーは、共通の敵をもつことで「一致団結」する。そして、犠牲者として選ばれた1人、すなわち「身代わりの山羊」に暴力を集中する。全員が団結して敵対してくるのだから、犠牲者はそれにたいして自分の身を守ることはできない。そして犠牲者の排除は「供犠」、つまり神聖な行為として行われる。ただし、それは紛れもなく暴力行為であり、ジラールに言わせれば、「究極の暴力行為」である (G1, 33／訳35)。

　では、この「供犠」の犠牲者にならなければならないのは、いったい誰なのか？　ジラールによれば、犠牲者は誰でもよい。「犠牲者はひとりだけで危機は解決されます。犠牲者はだれでもかまいません。なぜなら暴力の現象はすべて、模倣性のものなので、共同体の内部ではどこでも同一であり、同じように配分されているのですから。危機の原因を一つにしぼることは、だれにもできませんし、危機の責任を分担させるようなことも、だれにもできません。そして最後に、あの「身代わりの犠牲者」が必然的に姿をあらわして、共同体を和解させることになるのです。」(G1, 34／訳36)

　「犠牲者は誰でもよい」のであれば、すべての人が「身代わりの犠牲者」となる可能性がある。しかし、犠牲者は、くじ引きのように無作為に抽出されるわけではなく、「犠牲者選択の基準」があるという (G2, 29f.／訳28)。それは、「正常」とされる社会的平均から逸脱した「異常」な人々、つまり人種的・宗教的マイノリティ、病人、狂人、身体障がい者など、第9節で紹介するゴフマンの用語を使えば「スティグマをもつ人々」である。これらの人々は、マジョリティから不和の責任を押しつけられても、反抗できないからである。

　とはいえ加害者たちは、なぜある人が犠牲者として選ばれたのかを分かっていないし、また特定の人に敵意を集中することで人々が結束する「和解のメカニズム」も理解していない。人々は、犠牲者の排除によって共同体に連帯が戻ってくるのを見て、共同体の混乱の責任が犠牲者にあったと事後的に了解するのである。人々が和解できたのは、被害者に非があったからではなく、対立

の原因であった敵意を犠牲者に向けて発散したからにすぎない。

> 「共同体は、犠牲者を勝手に選び出したのに、犠牲者が自分の不運の特異
> の原因を理解しているものと信じて疑わず、犠牲者に対する怒りを満喫し
> ます。共同体にはそれから敵はいなくなってしまいます。少しまえまでは
> 敵に対して猛烈な怒りを示していたのに、敵意がすっかり浄化されてしま
> うのです。」(G1, 35／訳38)

　共同体のメンバーたちは、この犠牲に攻撃を集中することで、互いに和解す
る。ジラールはこれを、皮肉を込めて「効能（efficacité）」(G1, 37／訳40) と呼ぶ。
もちろんそれは共同体あるいは加害者にとっての「効能」であり、正当な理由
もなく「身代わりの山羊」に選ばれ、共同体の混乱の責任を押しつけられる被
害者には、たんなる理不尽である。

　ジラールによれば、文化や共同体の起源には、こうした「無実の犠牲者」に
たいする集合的暴力があるという。人々がそれを「暴力」とみなさないのは、
犠牲者の排除を一種の「聖なる供犠」と理解することで、その暴力性を巧みに
隠蔽するからである。「あらゆる共同体は原則としてきわめて破壊的な暴力を
出発点として創始され、また秩序づけられざるをえない」(G2, 135／訳152)。ま
た、「人類の文化は集合暴力のうちにその起源があり、しかもそのことをたえ
ず隠蔽しつづける運命にある。」(G2, 147／訳164)

　ここから明らかになるのは、暴力を禁止している社会や宗教自体が、実は暴
力によって基礎づけられているという逆説である。共同体と暴力との不可分の
関係を指摘したのは、ジラールが最初ではない。上で見たように、フロイトは、
「原父殺し」という暴力——強権的な父親の支配にたいする息子たちの集団的
反乱とその後の結束——に共同体の成立を見た。ジラールは、フロイトに批判
的なものの、暴力が社会にとって根源的であり、宗教的なものの基礎に暴力が
あることを強調する点では共通している。

　仲良しグループからナショナリズムにいたるまで、集団形成は、私たちに
とって「諸刃の剣」である。集団形成や社会統合は、集団や統合からの排除、
つまり「仲間はずれ」を暗黙のうちに前提しているからだ。言うまでもなく
「仲間はずれ」は、典型的ないじめである。社会的統合（つながり）を維持する

ための努力が、いじめを生み出すとすれば、いじめの根源はすぐれて社会的であると言えるかもしれない。

「みんな仲良くしよう」というフレーズは、しばしば学校・学級の目標にされることがある。クラスのみんなが無理せず自然に仲良くなれるなら、それはそれで素晴らしいことである。ただ実際には、子どもにも「好き／嫌い」や「合う／合わない」があるし、周りの子とどうしてもうまくやれない子もいるだろう。集団に溶け込めない子どもが外されることで、「みんなのつながり」が維持・強化されるとすれば、それは「いじめ」である。

仲良しグループは、グループ外の子を「内部」に入れないことで、結束力を高める。こうして仲良しグループが排他的・閉鎖的になるにつれて、攻撃する「外部」もなくなってしまう。そこで、今度はグループ内で攻撃性や敵意を向ける相手を探さなければならない。こう考えてみると、人間と同様に人間が作った共同体も、攻撃性を向ける対象をつねに必要としているのかもしれない。

攻撃目標にされる「身代わりの山羊」は、罪を押しつけられる無実の存在である。しかし、集団的暴力を行使する加害者は、犠牲者の排除によって共同体の結束が強まるがゆえに、被害者の罪を疑わない。たとえ被害者の罪に疑問があっても、被害者を除く全員が加害者であれば、共犯者としての意識が加害者たちを結束させる。なぜこうも簡単に被害者に責任が転嫁されてしてしまうのか？　次節でそのメカニズムに迫る。

第5節　いじめられる子が「悪い」のか？

「なぜいじめたのか？」「いじめをなぜ止めなかったのか？」と聞かれて、「いじめられる子も悪い」「いじめられる側にも問題がある」と答える子がいる。本当に被害者が悪いのだろうか？　まず問題にしたいのは、誰がそう考えるのかである。加害者が、被害者に非があると考えているとすれば、第三者には、責任転嫁に思われる[18]。だが加害者は、被害者に責任を転嫁していることを認めようとしない。責任転嫁を自覚しつつ否認しているのならまだしも、自覚すらしていない場合もある。

人は何かがうまく行かないと、まずは他人のせいにしたがる。筆者もそうで

ある。授業がうまくいかないと、自分の貧しい授業力や準備不足を棚に上げて、学生の理解力や学習意欲のせいにしがちである。「学生が授業中にもっとやる気を見せてくれれば、授業も面白くなるのに」といった具合である。そんな父親に似たのだろうか、筆者の子どもたちが失敗したときの常套句は、「パパのせいだよ」である。筆者が見ていれば「パパが見ていたからだよ」だし、見ていなければ「パパが見ていなかったからだよ」となる。

とはいえ娘たちも、こうやって筆者に責任を転嫁するとき、それにうすうす気づいていながら、自分の非を認めたくないだけのようである。だが、もし責任転嫁が無意識的に行われるとしたら、それはずっとたちが悪い。自覚がないので、責任転嫁を指摘されても、反省しようとしない。こうした無意識的な責任転嫁は、精神分析で「投影（Projektion）」と呼ばれる。第 1 章第 2 節で触れた防衛メカニズムの 1 つである。

「投影」は、自分で認めたくない欲求・願望（たとえば憎しみ）を無意識的に他人に転嫁するメカニズムである。たとえば相手の容姿や能力に嫉妬して、相手を憎む場合、自分の嫉妬心を素直に認めないかぎり、憎しみを受け入れるのは難しい。ところが、相手が自分を憎んでいると考えれば、自分が相手を憎むのは「やむをえない」と正当化できるのである。

投影は日常のさまざまな場面でみられる。たとえば、「ケチな人ほど、他人をケチ呼ばわりする」と言われる。筆者もケチなので心当たりがあるが、他人をケチ呼ばわりする人ほど、自分がケチと言われると怒り出す。あたかも自分がケチという性格と無縁であり、ケチと言われることが根拠のない中傷であるかのように反論するのである。

誰しも何らかの欠点をもっている。だが、それを受け入れるのはなかなか難しい。もし、そうした欠点を体現した人物・集団を見つけ出し、その人たちの属性に仕立てあげれば、自分自身の欠点と向き合う必要はなくなる。「うざい」「ださい」「きもい」「くさい」「のろい」といった否定的な言葉で形容されるのは、誰もが嫌である。

それゆえ人間は、投影によって自分の否定的・不純な部分を、外部の人間・集団に押しつけて、自分のアイデンティティを肯定的・純粋に保とうとする。歴史的には、ユダヤ人にたいする根深い偏見や憎悪がそうである。ユダヤ人に

たいする偏見は、たとえばウィリアム・シェイクスピア（1564〜1616 年）の
『ヴェニスの商人』に登場する高利貸しシャイロックの強欲で意地悪な性格に
リアルに映し出されている。「ユダヤ人だってキリスト教徒と同じ人間だ」と
いうシャイロックの叫びは、差別される側の苦悩を雄弁に物語っている。

　20 世紀において猛威を振るった反ユダヤ主義が、投影に由来していること
を明らかにしたのは、ユダヤ人哲学者ホルクハイマーとアドルノの共著『啓蒙
の弁証法』である。ナチスによるユダヤ人迫害は、自分たちを脅かすユダヤ人
からドイツを守るという名目でなされた。ユダヤ人経営の商店を破壊し、財産
を没収し、ユダヤ人を国外や強制収容所に追い立て、推計 600 万人のユダヤ人
を死に追い込んだ張本人は、「正当防衛」をしていると考えていたのである。

　ナチスのプロパガンダによれば、自分たちこそ被害者なのであり、ユダヤ人
への攻撃は、あくまで自衛である。どう考えても加害者であるナチスが、自分
を被害者とみなす転倒した事態は、「投影」によってうまく説明できる。ホル
クハイマーとアドルノは言う。「いつだって血に飢えた輩は、犠牲者のうちに
迫害者を見出し、それに対して自分たちは、せっぱつまってやむなく正当防衛
に立ち上がらざるをえないと考える。」(1987, 196／訳 294)

　ナチスの事例は、いじめ問題を考えるうえで非常に示唆的である。というの
も、周りにいじめられていると言う子自身が、周りの子をいじめている場合が
あるからである。つまり、実際には相手に自分の憎悪を投影し、攻撃している
のである。また「周りから無視されている」と被害を訴えてきた子がいたので、
聞き取りをしてみると、実はその子の方に問題があり、周りがその子を避ける
ようにしていたという話もよく聞く。

　責任を転嫁した加害者は、積極的に被害者の非を探し出して（あるいは捏造し
て）、それを周囲に宣伝することで自分たちの加害を正当化しようとする。つ
まり、「相手が悪いこと」を積極的に訴えて、それを広めるのである。ナチス
のプロパガンダがその典型で、新聞、ラジオ、映画といったマスメディアで政
治的・暴力的なレトリックを用いて自分たちの政策を正当化していった。

　中井久夫は、「いじめの政治学」(1997) において、子ども社会が政治化され
た権力社会であり、いじめの加害者は政治的に巧妙な作戦によって、被害者を
「孤立化」「無力化」「透明化」していくと語る。ナチスのプロパガンダと同様

に、いじめの加害者は「いじめられる者がいかにいじめられるに値するかという PR 作戦」を行う。これによって、周りの子どもたちや教師だけでなく、被害者自身をも「自分はいじめられてもしかたがない」と思わせてしまうという。

　だが PR が効力を失うと、いじめの正当化も難しくなる。多くのドイツ国民に受け入れられたナチスのプロパガンダも、体制の崩壊とともにその威力を失った。自称「被害者」であったナチスとナチス支持をしたドイツ国民は、実際には加害者だったわけである。しかし、加害の歴史はそれで終わらない。次に来るのは、実際になされたことの否定と忘却である。つまり加害者は加害の事実を否定し記憶から抹消しようとする。私たちの認識が自己中心的であるように記憶もまた自己中心的である。これに着目したのはニーチェである。

　　「忘れっぽさ（Vergesslichkeit）とは、浅薄な人々が考えているような、たんなる習慣の力ではない。これはむしろ能動的で、もっとも厳密な意味で積極的な抑止能力である。この能力のおかげで、わたしたちがこれまで体験し、経験し、自分のうちに取りいれたものが消化（Verdauung）されるまでは（「精神的に同化」されるまでは、と言い換えることもできるだろう）、意識にのぼらないですむのである。」（Ⅵ2, 307／訳 97）

　人間は忘却する能力があるからこそ、過去のいまいましい記憶の重荷に押しつぶされることなく、未来に向かって生きていける。忘却は睡眠に似ており、忘却できない人間は、いわば不眠の人間である。その意味で人間の記憶は、自分に都合の悪い事実の忘却のうえに成り立っている。もちろん忘れられるのは、嫌なことばかりではない。「忘恩は世の常」という言葉があるが、感謝すべき恩義も、それにふさわしいお返しができず、精神的な重荷になると都合よく忘れられてしまう。

　人は忘れることで幸せになれるとニーチェは言う。「最小の幸福においても最大の幸福においても、幸福をして幸福たらしめるものは常に１つである。それは忘却しうること（Vergessen-können）であり、あるいはより学者っぽく表現すれば、幸福が続く間、非歴史的に感覚する能力である。」（Ⅲ1, 246／訳 104）

　私たちは、くさいものに蓋をするように、嫌なことは忘れようとする。嫌なことを覚えていると、私たちは幸せになれないからだ。いじめた過去が後ろめ

たく思えるとき、私たちは忘れようとする。いじめられた過去は、さらに思い出したくないものである。だから、忘れようとする。しかし、忌々しい記憶は、忘れようとしても忘れられるものではない。被害者側の傷は、はるかに大きく深く、決して「忘却」されえないからである。

　これは、いじめにかぎらない。戦争が終わった後の「清算」にもあてはまる。被害者側が、繰り返し記憶を呼び戻そうとするのにたいして、加害者側は、なかったことにしようとする。なかったことにしないと、自分のアイデンティティに加害者性がつけ加わってしまうからである。これは、個人だけではなく、集団にも当てはまる。日本人としてのアイデンティティを進んで語ろうとする人は、日本人が誇れる過去や思い出したい出来事だけでなく、否定したい過去や忘れたい出来事にも目を向けなければならない。

　もし被害者側に非があるならば、いじめは「やってはいけない」非道徳的行為ではなく、「やむをえない」制裁として正当化される。しかしながら「被害者が悪い」と感じてしまう心理メカニズムは、責任を転嫁する加害者だけでなく、さしあたり利害関係のない第三者にも起こりうる。これをうまく説明してくれるのが、社会心理学者メルヴィン・ラーナー（1929 年～）が提唱した「公正世界仮説」である（1980）。

　「公正世界仮説」とは、私たちの生きる世界がその行いにたいして公正な結果を与える公正世界（just-world）だという信念、あるいは認知バイアスである。この仮説を信じる者は、「正義は勝つ」「頑張ればきっと報われる」というポジティブな考え方をする反面、失敗者や犯罪被害者等にたいしては「因果応報」「自業自得」などと冷たく突き放す傾向があると言われる。

　私たちの多くは、善い人が幸せになり悪い人が不幸になること（因果応報）を望んでいる。しかし、残念ながら現実はしばしば逆で、日ごろの行いがよい人が不幸に見舞われたり、行いが悪い人が幸せになったりして、私たちの期待はあっさり裏切られる。こうした非情な現実を見るのは辛い。だから私たちの多くは目を逸らそうとする。目を逸らせない場合はどうなるか。ラーナーは、1966 年に同僚とともに、無実の人への虐待にたいして第三者がどう反応するか調べるべく、ミルグラム実験（これについては本章第 8 節を参照）にならって、電気ショックを利用した一連の実験を実施した（Lerner and Simmons 1966）。

　実験で被験者は、共同被験者（実はサクラ）がさまざまな条件下で電気ショックを受ける様子を見せられた。被験者は「無実の犠牲者」が虐待される様子を目の当たりにして最初は動揺する。だが、自分が何もできないまま虐待を見続けると、次第に「無実の犠牲者」を蔑むようになったという。しかも犠牲者の苦痛が大きいほど、軽蔑の度合いは大きくなった。しかし、犠牲者が後で苦痛分の報酬を受け取ると聞かされると、被害者への軽蔑はなくなった。これをどう説明すればよいだろうか。

　非のない人が理不尽に苦しめられるのを見るのは耐え難い。だが、そうした理不尽な世界に自分が生きていることを認めることより、目の前で苦しんでいる人に何らかの非を認める方が容易である。したがって犠牲者が苦しまなければならないのは、本人に非があるからだと考えるようになる。これは実験室だけで起こることではない。「痴漢にあったのは、そもそも暗い夜道を1人で歩いていたからだ」、「リストラされたのは、能力や努力が足りなかったせいだ」などと、被害者や失敗者の落ち度を責める言葉を耳にしなかった人がいるだろうか。

　いじめも同様である。いじめられるべき理由もない子が、いじめられているという理不尽な現実を前に、私たちはどう反応するだろうか。自分でいじめを阻止できるようなら問題はない。積極的に介入していじめをやめさせるだろう。しかし、いじめを阻止できないとすると、「この子は何も悪くない」という認識と、「悪くないこの子がいじめられている」という現実が対立することになる。人は矛盾した2つの認識のあいだでどう判断するのか？

　社会心理学者レオン・フェスティンガー（1919〜1989年）は、2つの認識が調和しない場合、一方の認識を変化させることで、矛盾を除去ないし軽減するという「認知不協和理論」を唱え、それを確かめるために次のような実験を行った（Festinger and Carlsmith 1959）。被験者に異なる報酬を払って退屈な作業をさせた後で、次に参加する人に「面白い作業だった」と嘘を言わせ、作業にたいする印象を質問したのである。すると、報酬としてわずか1ドルしかもらえなかった参加者の方が、20ドルもらった人より、作業をより楽しく感じたことが明らかになった。

　20ドルよりも、1ドルのために嘘をつく方が、被験者にとって不協和は大

きくなる。なぜなら、報酬が高額になれば、人間は多少嫌なことも進んでやるが、たった1ドルのために嘘をつくのは、気が進まないからである。嘘をついた事実は変えることができないので、変えられるのは、自分の印象の方である。つまり、退屈に思えた作業も、それほど退屈ではなかったと考えることで、認識上の不協和を軽減させるのである。

　イソップ物語の「狐と葡萄」に登場する狐は、美味しそうなブドウを食べたくて仕方がない。しかし、手が届かないことが分かると、「あのブドウは酸っぱい」と考えるようになる。たとえば、誰かに恋をして、自分の思いが届かないのが分かると、「あの人は性格が悪いので、つき合わなくてよかった」と考えることにする。現実は変えられないが、私たちの見方は変えられる。

　人間は、合理的な判断にもとづいて行為するのではなく、行為の後にもっともな理由をつけてそれを合理化する。つまり、「人間は合理的動物ではなく、合理化する動物なのである」(小坂井 2013, 162)。だとしたら、いじめの場合も、加害や黙認の後で「いじめられる子が悪い」という合理化が事後的になされると言える。投影であれ、PR作戦であれ、認知不協和であれ、私たちの認識がいとも簡単に歪められることを熟知しておかないと、いじめを適切に把握できない[19]。

　人間は、周りの人間が自分と同じように考えていると、自分の見方を疑うことをしない。それどころか、次節で見るように、周りの見方に合わせて、自分の見方を修正すらしてしまう。中井のいうPR作戦はそれを狙っている。私たちが、自分で判断し、自分で行動するのをやめてしまうのは、どんな場合だろうか。私たちが集団に属し、個人としてではなく、集団内の一員として判断・行動する場合である。次にそれを詳しく見ていこう。

第6節　「みんながいじめる」からいじめる？

　多くの場合、いじめは集団でなされる。加害者が仲間を誘ったり、関係のなかった子が便乗したりして、学校内でのいじめは集団的になることが多い。なぜみんながいじめると人は同調あるいは黙認してしまうのか。ジラールの説明にしたがえば、欲望も敵対も模倣的であるので、誰かがある子をいじめたら、

みんながいじめるというわけである。

　集団における人間の心理を分析した古典的作品は、ギュスターヴ・ル・ボン（1841〜1931年）の『群衆心理』（1895年）である。彼は、群衆における人間の行動が、独立した個人の行動と全く異なることに着目し、集団化した個人は、それまでにそなえていなかった性質を示すと主張した。彼が「群衆心理」について語る際の「群衆（foule）」とは、たんに多くの人が物理的に集まってできた集団ではなく、「集団心理（âme collective）」をもつ「組織された群衆」、すなわち「心理的群衆」である。

> 「心理的の観点からすれば、群衆という語は、全く別の意味を帯びるのである。ある一定の状況において、かつこのような状況においてのみ、人間の集団は、それを構成する各個人の性質とは非常に異なる新たな性質を具える。すなわち、意識的な人格性（personnalité）が消え失せて、あらゆる個人の感情や観念が、同一の方向に向けられるのである。ひとつの集団心理が生まれるのであって、これは、恐らく一時的なものではあろうが、非常にはっきりした性質を示すのである。そのときこの集団は、ほかにもっと適当ないい方がないので、組織された群衆、いや何なら、心理的群衆とでも名づけよう。」（1895, 11-12／訳26）

　ル・ボンによれば、多種多様な個人が集まって「集団心理」が生まれてくるのは、「生命体の細胞が集まって新たな実体を作づくり、この新たな実体が、1つ1つの細胞の所有する性質とは非常に異なる性質を現わす」のに似ているという。あるいは、元素と元素が化合して別の物質が生じる「化学反応」にもたとえられる（1895, 15／訳30）。では、個人1人ひとりの性質と異なる群衆の性質が生じてくる要因はいったい何なのか。ル・ボンは、数の力（nombre）、伝染（contagion）、暗示されやすさ（suggestibilité）という3つを挙げている。以下、それぞれの要因を見てみよう。

> 「群衆中の個人は、数のうえで優位に立っているという事実だけで、打ち負かされない力を自分がもっていると感じるようになり、この感情ゆえに、本能に身をゆだね、個人が1人でなら必ず抑制しただろう欲動に溺れるこ

とを許すのだ。匿名で、それによって責任が問われない集団のなかでは、普通なら個人を抑制する責任の感情がすっかり消えてしまうだけに、いっそう容易に本能の負けてしまうのである。」(1895, 18／訳 32-33)

　人間でも動物でも群れると強い。「赤信号みんなで渡れば怖くない」といわれる。1人では渡れば危険だが、大勢で渡れば、車も止まらざるをえない。1匹では簡単に捕食されてしまう小さな魚も群れると、大きな魚でも手を出せなくなる。同様に、雇用主にたいして相対的に弱い被雇用者も集まれば強くなる。それゆえに労働組合が、ときに使用者と対等に渡り合うことができる。しかし「数の力」は、状況次第で抑圧的に働くこともある。

　教師と児童・生徒の関係も同じである。1対1では教師が圧倒的な優位に立っているので、力のアンバランスを乱用することも可能であり、「教師によるいじめ」がしばしば報告されている。しかし、子どもたちがクラス全体で教師に反抗したら、さすがの教師も手に負えなくなることがある。それは子どもたち同士でも同じである。1対1では手を出せない子にも、集団でいじめれば簡単である。

　こうした「数の力」の問題は、教室だけの問題ではない。私たちが生きる民主主義社会でも避けて通れない問題である。一般に民主主義社会では、多数派の意見が集団全体の意見とみなされる。しかしながら多数決原理は、大きな問題を孕んでいる。人々は多数派（マジョリティ）に属していると、自分の見解が多数の人々によって裏づけられた「正当な」意見であるという「錯覚」をもち、その正当性の根拠を問わなくなる。

　かくして多数派は、少数派にたいして専制的にふるまうことがある。若くしてアメリカに渡って民主主義を分析したフランスの政治哲学者アレクシ・ド・トクヴィル（1805～59 年）は、これを「多数派の圧政（tyrannie de la majorité）」と呼び、民主主義に内在する問題と捉えた。彼は、『アメリカのデモクラシー』第1巻第2部第7章で、多数派に最大の権力が委ねられる民主主義社会の新しい権力乱用の危険性にたいして警鐘を鳴らしている（1835, 142-144／訳, Ⅰ下 146-148）。

　トクヴィルの考え方に共鳴したイギリスの哲学者ジョン・スチュアート・ミ

ル（1806~73年）も、『自由論』において、社会の多数派が、自分たちの考え方や感じ方を社会全体に押しつける「社会的抑圧」の恐ろしさを次のように指摘している。

> 「社会が正しい命令の代わりにまちがった命令をだしたり、社会がそもそも干渉すべきでない事がらに何らかの命令をくだしたりした場合には、社会は多くの種類の政治的抑圧のよりさらに恐るべき社会的専制をなすことになる。なぜなら、社会的抑圧は、ふつう政治的抑圧の場合ほど重い刑罰によって支えられていないが、はるかに深く生活の細部に食いこんで、魂そのものを奴隷にしてしまい、これから逃れる手段をほとんど残さないからである。」（1989, 8／訳219）

ミルによれば、社会には、「法的刑罰以外の手段を用いて、その社会に固有の考え方や慣行を、それに同意しない人々に行動の規則として押しつけようとする傾向」や、「社会のやり方と調和しないいかなる個性の発達をも阻止し、できればその形成をも妨げ、すべての性格に社会自身を模範として自己を形成するように強いる傾向」があるという（ibid.）。簡単に言えば、これは、社会の多数派が少数派にたいして自分たちの考え方や感じ方を押しつける「同調圧力」である。それゆえ私たちは、こうした社会的専制に最大限警戒しなければならない。

　ここで社会について言われていることは、教室や職場にもあてはまる。クラスの多数派は、自分たちの考え方や感じ方を「ふつう」と思い、それを「ふつう」と思わない少数派のことを「変」と思いがちである。等質性が高いとされる日本の社会は、一般に同調圧力が強いと言われているが、学校のような集団生活の場では、さらに強くなる。しかし、個人主義が発達している国でも、事情はそれほど変わらないことを、社会心理学者ソロモン・アッシュ（1907~96年）の古典的研究（1955）が実証している。

　アッシュが行った実験では、8人の男子学生が呼ばれ、2つの図を見せられ、左側の図の線分と同じ長さをもつ線分を右側の図の3つの線分から1つ選ぶよう指示された。一見してどれが同じ長さの線分かは明らかなので、間違えそうにはないはずだが、アッシュは被験者の以外の残り7名をサクラ（おとり）に

して誤答をするように仕掛けていた。サクラ全員が同じ誤答をすると、本物の被験者は、サクラのいないときは間違えないのに、サクラがいると間違えることが多くなり、12回の試行で全体の75%が少なくとも1回はサクラと同じ回答をし、総数にたいする割合では、33%がサクラと同じ誤答を選んだという。

　数の力が生み出す問題はこれだけではない。ル・ボンが指摘するように、集団の中で個々人が匿名的になることで、個人として負うべき責任感から解放される点も重要である。1人でやったことは、1人で責任を負わなければならない。しかし、みんなでやったことの責任は、誰が負うのか。第二次世界大戦後の日本でも「一億総ざんげ」が唱えられた。連帯責任は責任の所在をあいまいにする。これは社会心理学では「責任の希釈」あるいは「責任の拡散」などと呼ばれる。

　赤信号で歩行者がみな青になるのを待っている状況を想像してみよう。しかし、誰か1人が渡ると、それに続く人が出てくる。最初に渡る人より、次の人の心理的抵抗は少なくなるからである。信号を無視したのは自分1人ではないからだ。また、道端に誰かが倒れている場合を考えてみよう。それを目撃した歩行者が自分1人で、救急車を呼ばずにその人が亡くなったとしたら、道義的責任を問われることになる。しかし、多くの人が目撃しているなら、「誰かが救急車を呼んでくれると思った」という言い訳が成立してしまう。

　いじめの場合も同様である。いじめの事実を知っているのが自分1人なら、黙認することで被害者は見殺しにされる。「いじめはいけない」と思うなら、これはかなりの心理的負担になるはずである。しかし、多くの者が知っているなら、道義的責任は自分1人で負うものではない。かくして、多くの人が知っていながらではなく、多くの人が知っているからこそ、いじめが黙認される。同じことは、加害側にも言える。1人より、集団でいじめる方が、加害への責任が希釈され、「悪いのは自分だけじゃない」という言い訳ができてしまう。

　集団内の個人がバラバラの個人と異なる第2の要因として、ル・ボンが挙げているのは伝染性である。「群衆においては、どんな感情もどんな行為も伝染しやすい。個人が集団の利益のためには自分の利益をも実に無造作に犠牲にしてしまうほど、伝染しやすいのである。これこそは、個人の本性に対立する能力なのであって、人が群衆の一員となるときでなければ、ほとんど不可能であ

る。」(1895, 18 ／訳 33)

　伝染作用により、集団ではみんながやることを自分もやり、みんなが感じるように自分も感じるようになる。ル・ボンの同時代人である社会学者ガブリエル・タルド（1843〜1904 年）は、これを「模倣（imitation）」と呼び、「社会とは模倣であり、模倣とは一種の催眠状態である」(Tarde 1895, 95 ／訳 138) と言い切っている。第 4 節で見たジラールは人間の欲望を模倣的と考えたが、誰もが他人をまねるなら社会は模倣的になる。

　しかし集団における伝染作用は、道徳性の低下だけでなく、道徳的教化をも促す。自分の利益のことしか考えない利己的な個人も、集団の一員として個人的欲求を断念することがある。たとえば、集団の利益のために、自分のことは後回しにして尽力したり、進んで寄付したりすることである。しかし、こうした非利他的行為が、伝染の結果であるかぎり、その道徳的効果を過大評価すべきではないだろう。なぜなら伝染作用によって個人 1 人ひとりの道徳性が向上したわけではないからである。

　ル・ボンによれば、伝染作用は「暗示」に由来するという。集団の中の個人は、あたかも催眠術のかかった人のように、暗示されやすいという。「一定期間活動的な群衆のうちにある個人は……あたかも催眠術師の掌中にある被術者の幻惑状態に非常に似た状態に陥る」(1895, 19 ／訳 34)。つまり、集団の中の個人は、催眠術をかけられた人のように、意識的な人格性を失い、思考や感情が暗示や伝染によって同一方向に誘導される「意志を欠いたロボット」(1895, 20 ／訳 35) になってしまうという。

　意識的な人格性を失った人間に現れてくるのは、無意識的な人格性である。それをル・ボンは、「本能的な人間」あるいは「野蛮人」と形容する。つまり、人間は、集団のなかに埋没するや、文明社会で身に着けた教養を失って、原始的野蛮へと回帰するという。「それゆえ、人間は組織された群衆の一員になるという事実だけで、文明の階段を幾つもくだってしまうのである。1 人ひとりとしてみれば、恐らく教養のある人であったろうが、群衆に加わると、1 人の野蛮人、いわば本能に従う人間と化してしまう。」(ibid.)

　ル・ボンは群衆の特性を、知性や判断力を欠いた子どもと比較する。「衝動的で、昂奮しやすく、推理する力のないこと、判断力および批判精神を欠いて

いること、感情の誇張的であることなど、その他こういう群衆の幾つかの特性は、野蛮人や小児のような進化程度の低い人間にもまた同様に観察されることである。」(1895, 24／訳40)

ル・ボンのこうした分析を、フロイトは『集団心理学と自我分析』において、精神分析学から批判的に検証している（GW13, 76-87／訳131-144）。フロイトは、集団心理学において好んで用いられる「群棲本能」や「集団の心」を問題にし、新しい欲動を呼び覚ますほど大きな意義を「数の力」に認めたル・ボンにたいして、根源的で分解不可能に思える社会的欲動も個人的欲動に還元可能だと考える。

フロイトに言わせれば、ル・ボンが見出した「新しい性質」は、集団内の個人に新たに付け加わったものではなく、むしろ人間が元来もっている「無意識の表現」に他ならない。つまり、群衆のなかで人々が一種の催眠状態におかれることで、1人ひとりの人間から心的上部構造（エスを抑制する自我や超自我）が取り払われ、土台にあったエスが露出してきたにすぎない。したがって集団のなかでは、自我とそれを監督する超自我が機能不全に陥っているがゆえに、集団によるいじめは発生しやすく、エスカレートしやすいというわけである。

またフロイトは、ル・ボンが、本来別の起源をもつ伝染と暗示（催眠）を区別していない点を批判する。フロイトによれば、「伝染」が集団内のメンバー間の相互的影響であるのにたいして、暗示（催眠）は、集団にとって催眠術師の代わりになる人物、すなわち指導者の呪縛的影響に他ならない。さらに、ル・ボンは「指導者の役割」を見誤っているという。ル・ボンによれば、群衆とは、主人なしに存在できないような群棲であり、主人を自称する人が登場すると、誰にでも本能的に屈服してしまうという。

だがフロイトによれば、集団において暗示や伝染が生じるためには、集団の指導者とメンバー、そしてメンバー相互が、情動的に拘束されている必要がある。そうした感情的拘束を説明するためにフロイトは、第1章第2節で触れたリビドーという概念を用いる。彼によれば、人間集団一般は愛（エロス）によって拘束されているという。ここで言われる愛とは、狭義の性欲動だけではなく、自己愛、家族愛、友情、人類愛、抽象的な理念への献身など、広義の愛に関連する欲動のエネルギーである。

フロイトに言わせれば、社会的欲動の形成は、もっと狭い範囲、すなわち集団心理学が度外視する家族関係のうちに見出されるという。集団における人間関係の基礎にあるのは、親子関係と兄弟姉妹関係であり、集団心理は親子間や兄弟間の心的なつながりによって説明できるという。次にこの点を掘り下げてみよう。

第7節　「妬ましい」からいじめる？

フロイトは、集団心理を説明するために、ル・ボンが考えていたような一時的に生成・消滅する集団ではなく、高度に組織化され持続的な集団である教会と軍隊を取り上げて分析する。なぜなら、人は一時的集団ではなく、持続的集団のなかで一生を過ごすのであり、「前者のタイプの集団は、後者のタイプの集団に、言うならば上からかぶせられるのであって、ちょうど、短いけれども高い波が、海の長いうねりの上にかぶさるのに似ている」（GW13, 90／訳147）からである。

フロイトによれば、軍隊と教会とは、同じ「幻想（Illusion）」によって成り立っている。それは、組織の長（前者はキリスト、後者は隊長）が、「集団のすべての個人を等しい愛情をもって愛しているというまやかし（幻想）である」（GW13, 102／訳160）。学校におけるつながりも、教会や軍隊に似ている。組織の長は、言うまでもなく教師である。クラスのすべての児童・生徒が担任の教師によって等しく愛されているという幻想が共有されることで、クラス内に心的なつながりが生まれる。フロイトは言う。

> 「キリストの前では皆が平等であり、皆が彼の愛の等分の分け前に与っているからである。……信者が互いをキリストにおける兄弟姉妹、すなわち、キリストが自分たちに抱く愛を通しての兄弟姉妹と呼び合うのも、深い理由がないわけではない。それぞれの個人がキリストに結びついていることが、彼ら相互の結びつきの原因でもあるという点については、疑いを入れない。類似のことが、軍隊にも当てはまる。隊長は自分の兵隊皆を等しく愛する父親であって、だからこそ、兵隊たちは互いに戦友なのである。大

　　尉の１人ひとりが、彼の部隊のいわば隊長にして父親であり、下士官１人
　　ひとりも、彼の小隊の隊長にして父親なのだ。」(GW13, 102／訳160-161)

　集団が愛によって維持されていることが明らかになるのは、愛の反対と考え
られている憎しみや敵意が現れてくるときである。宗教的集団がリビドーに
よって結びついて維持されているとき、集団の構成員のあいだに敵対関係が現
れることはない。敵意は集団の外部、つまり異なる宗教・宗派の人々、あるい
は無神論者に向けられるからである。ところが、集団内部の心的な結びつきが
失われると、外部に向けられていた攻撃性が内に向けられることになる。
　したがって、宗教的集団が解体した後で現れてくるのは、「他の人々に対す
る容赦のない敵対的衝動である。それは、その時点までは、キリストの平等の
愛のおかげで表面に現れることができなかったのだ。しかし、この結びつきの
外部には、キリストの国が続いていた間も、信仰の共同体に属さず、キリスト
を愛することもなく、キリストが愛することもなかった個人が身を置いてい
た。」(GW13, 107／訳166)
　集団の本質が心的な結びつきにあることは、集団におこるパニックからも理
解できる。軍隊では、たとえば予想外の敗北によって、兵士たちの間にパニッ
クが起こり、指揮・命令系統が機能不全に陥ることがある。「パニックは、
……集団が壊れてゆくときに起こる。その特色は、上官の命令にまったく耳が
傾けられなくなること、誰も他人など顧慮せず、自分しか気に掛けなくなるこ
とだ。互いの拘束が働かなくなり、巨大で正気を失った不安が解き放たれる」
(GW13, 104／訳163)。つまり、組織は、メンバー間の心的結びつきが失われた
ときに、組織としての崩壊が始まるわけである。[20]
　フロイトは集団内部に働く心的な結びつきの原型を、私たちにとってもっと
も基本的な人間関係である親子関係に見る。彼によると、人間の心的発達にお
いてもっとも初期に現れるのは、他の人格への「同一化」である。男の子の場
合なら「お父さんのようになりたい」「お父さんの代わりをつとめたい」とい
う願望であり、こうした模範や理想への同一化と並行して（あるいはそれに先
立って）、「お母さんを自分のものにしたい」という欲求が存在するという。
　男の子にとって、父親は模範や理想であるが、同時に母親との関係ではライ

バルでもある。この関係をフロイトは、「エディプス・コンプレックス」と呼ぶ。「男の子は、母親を得ようにも父親が邪魔していることに気づく。父親との同一化はいまや敵対的な色調を帯び始め、母親にたいする関係においても父親にとって代わりたいという欲望と１つになる。要するに、同一化は始めから両価的（アンビヴァレント）なのであって、情愛の表現に変わりうると同様、除去への欲望にも変わりうる。」（GW13, 115f.／訳173-174）

　フロイトのエディプス・コンプレックス説については、さまざまな立場から激しく批判されてきたが、ここではその是非には立ち入らず、同一化への願望が「両価的（アンビヴァレント）」だという指摘に注目しておこう。「可愛さ余って憎さ百倍」というが、私たちが誰かを愛しているとき、憎しみの感情が存在しないのではなく、それを「抑圧」しているにすぎない。だから、愛が失われたとき、憎しみが現れる。

　親子（父子）関係が、集団の指導者（キリスト、隊長、先生）とその構成員（信者、兵隊、生徒）の関係の原型であるとすれば、構成員相互の関係の原型をなすのは、兄弟姉妹関係である。前者がアンビヴァレントな結びつきである一方で、後者は相互への嫉妬にもとづく。というのも、兄弟姉妹は、親の愛情をめぐってライバルだからである。だが、まさにこの競争心から、一種の集団感情が生まれてくるという。

　　「子供にあっては、群棲本能、あるいは集団感情など何も認められない。そういうものが最初に形成されるのは、……両親に対する子供たちの関係の中からであって、それも年上の子供が年下の子供を受け入れるときに最初に感じる嫉妬心に対する反応としてなのだ。」（GW13, 132f.／訳192）

　自分より年長の子がいるのは、下の子にとって変更できない所与の事実である。したがって、親の愛を自分１人で独占することは、そもそも不可能である。だが１番上の子は、次の子が生まれるまで両親の愛を独占できたのである。それゆえ上の子は後から生まれてきた下の子を両親からできるかぎり遠ざけて、親の愛情を独占しようとする。

　しかし、すべての子に等しく愛情を注ぐよう心がけている親は、上の子のこうした態度を許さない。したがって上の子は、引き続き親から愛されるために、

下の子も両親に同じように愛されており、自分も下の子と変わらないという事実を受け入れざるをえない。このようにして上の子は、下の子と同一化することを強制され、自分がより多く愛されないなら、せめて同じように愛されるべきだという「平等への要求」をもつようになる。

　フロイトによれば、子ども部屋のなかで培われた「公正さ、すなわち全員に対する等しい取り扱いの要求」は、「学校の教室の中でさらなる展開を示す」という。「学校の中でこの要求がどれほど声高に、どれほど非妥協的に表明されるものかは、よく知られているところだ。自分はどうせ贔屓される立場にたつことができない。それなら、少なくともみんなの内の誰一人贔屓されるべきではない、というわけだ。」(GW13, 133／訳192-193)

　そして、子ども部屋や教室の中で生まれた嫉妬心から、社会における共同精神、団体精神が生まれるという。「誰一人目立とうと欲するべきではないし、各人が同じものであり、同じものをもつべきだ。人は自ら多くのものを諦め、そのことによって他の人々もまたそれを断念せねばならなくなるようにすること、あるいは同じことだが、それを要求できなくするということ、社会的正義が意味するのはこのことである。平等へのこの要求こそ、社会的良心と義務感情の根である。」(GW13, 134／訳194)

　集団感情の形成における「妬み」の役割に着目したのは、実はフロイトが最初ではない。ニーチェは、『道徳の系譜学』(Ⅵ2, 271ff.／訳31頁以下) において道徳の起源をたどりながら、今日私たちが一般的に「道徳」と考えているものが「ルサンチマン（怨恨）」に由来していると指摘している。彼によれば、もともと「よい (gut)」という言葉は、今日の私たちが考えるような利他的ないし非利己的行為を指していたわけではなかった。

　すぐれた古典文献学者でもあったニーチェによれば、古典語をはじめ多くの言語において、「よい」という言葉は出自の良さや能力の高さを表し、すぐれた者の自己評価を意味していた。つまり身分が高く優れた者が、自分たちのような高貴な者を「よい＝良い (gut)」と呼び、生まれの卑しく劣った者を、同情をこめて「わるい＝悪い (schlecht)」と呼んだというのだ。強者の自己礼賛をニーチェは「主人の道徳」と呼ぶ。

　ところが、キリスト教の登場によって、価値が逆転させられる。「貧しきも

のは幸いなるかな」という言葉のとおり、キリスト教においては、貧しく、病んで、卑しく、弱い者こそが、「よい」のであり、豊かで強い者は「わるい」とされた。つまり弱者は、自分たちの弱さを「よい＝善い（gut）」と考え、強者の誇る「よさ」を「わるい＝邪悪（böse）」と考えたのである。評価基準を「優劣」から「善悪」へと巧みにすり替えて、強者を否定する弱者の道徳は、「奴隷道徳」である。

　ニーチェによれば、キリスト教とは、現実の世界において力で反抗できない弱者が、強者にたいする敵意から企てた復讐に他ならない。キリスト教道徳、そしてそれにもとづく平等や正義への要求とは、自分たちを支配する者たちにたいする道徳的復讐だというのだ。この弱者の復讐は道徳的制裁の形をとるため、「復讐」と分かりにくい。それゆえ正義にかなったものだと思い込んでしまう。

　『マタイ福音書』第19章第23〜24節によれば、「金持ちが神の国に入るのは難しい」ことで、「ラクダが針の穴を通る方がまだ易しい」という。つまり、神の国で永遠の命を与えられるのは、金持ちや強者ではなく、貧しい者や弱者なのである。この世で主人に勝つことができない奴隷たちは、あの世において勝利する。したがってキリスト教とは、支配者に敵意を抱く奴隷による「観念上の復讐」である。

　キリスト教の歴史的発展は、ニーチェの説明を裏づけているようにみえる。キリスト教は、まずローマ帝国内の下層民や奴隷に広まり、度重なる迫害にもかかわらず多くの信者を獲得し、やがて支配階級にとって無視できない存在になっていった。そして皇帝によって公認され、さらに国教化され、最終的にはヨーロッパの支配的宗教になったのである。かくして「奴隷道徳」が「主人の道徳」に勝利したわけだ。

　奴隷道徳では、弱者へのいたわり、同情、親切などが道徳の本質とされる。弱者や貧者は、これらの徳目によって、精神的に結びつけられている。しかしニーチェは、こうした美徳が「ルサンチマン」、つまり優れた者にたいする嫉妬と恨みに由来していると考える。弱者の同情や思いやりは、強者への嫉妬の裏返しなのである。

　「出る杭は打たれる」という諺にあるように、弱者の同情はすぐれた人や恵

まれた人を自分と同じレベルまで引き下げるという「水平化」作用をもつ。メ
ディアやインターネットでよくお目にかかる有名人の不祥事にたいする道徳的
糾弾には、有名人を引きずりおろそうとする一般人の「復讐心」が隠れていな
いか、よく考えてみる必要がある。

　しかし、こうしたことを指摘したのはニーチェが最初ではない。プラトンの
対話篇『ゴルギアス』に登場するカリクレスは、これと同様の主張を実に雄弁
に語っている（482C 以下）。カリクレスは、強者の自然にしたがった行為が「不
正」とされるのは、あくまで人間が作った法律（ノモス）上のことであり、自
然（ピュシス）にしたがえば「正義とは、強者が弱者を支配し、そして弱者よ
りも多く持つことである」（384／訳 114）と言う。少々長くなるが、この主張に
いたる彼の説明を見てみよう。

　　「ぼくの思うに、法律の制定者というのは、……力の弱い者たち、すなわ
　　ち、世の大多数を占める人間どもなのである。だから彼らは、自分たちの
　　こと、自分たちの利益のことを考えにおいて、法律を制定しているのであ
　　り、またそれにもとづいて賞賛したり、非難したりしているわけだ。つま
　　り彼らは、人間たちの中でもより力の強い人たち、そしてより多く持つ能
　　力のある人たちをおどして、自分たちよりも多く持つことがないようにす
　　るために、余計に取ることは醜いことで、不正なことであると言い、また
　　不正を行なうとは、そのこと、つまり他の人よりも多く持とうと努めるこ
　　とだ、と言っているのだ。というのは、思うに、彼らは、自分たちが劣っ
　　ているものだから、平等に持ちさえすれば、それで満足するだろうからで
　　ある。

　　　かくて、以上のような理由で、法律習慣の上では、世の大多数の者たち
　　よりも多く持とうと努めるのが、不正なことであり、醜いことであると言
　　われているのであり、またそうすることを、人びとは不正行為と呼んでい
　　るのだ。だが、ぼくの思うに、自然そのものが直接に明らかにしているの
　　は、優秀な者は劣悪な者よりも、また有能な者は無能な者よりも、多く持
　　つのが正しいということである。そして、それがそのとおりであるという
　　ことは、自然はいたるところでこれを明示しているのだが、つまり、それ

は他の動物の場合でもそうだけれども、特にまた人間の場合においても、これを国家と国家の間とか、種族の間とかいう、全体の立場で考えてみるなら、そのとおりなのである。」(384／訳135-136)

　ニーチェは、正義や平等の源泉をルサンチマンに求めた。フロイトも同様に、平等への要求の背景に嫉妬心があることを認める。集団内では誰もが平等でなければならない。「出る杭」が打たれるのは、それが他のメンバーの嫉妬をかき立てるからだ。アリストテレスは、『弁論術』(1388a) において、人は自分と似たような者に嫉妬すると語っている。

　「ひとは、時や場所、年齢や地位において近い者に妬みを抱く。……自分たちの目から見て、あるいは世間の目から見て、こちらがはるかに劣っていると思われる相手、あるいはこちらがずっと凌駕していると思われる相手、こうした者たちを相手に、またこうした事柄に関して、その向こうを張る者はいない。また、ひとは競争相手や恋敵、総じて同じものを目指す者と評価を競うのであるから、こうした者たちにはことのほか嫉妬心を抱くのは必定である。」(238-240／訳166)

　ホッブズは、人々が互いに平等だと思うからこそ争いが起こると考えた。厳格な身分制にもとづく伝統的社会において、上位の身分が恵まれているのは「あたりまえ」であり、下位の身分に激しい嫉妬を引き起こすことはない。しかし現代では、すべての人は平等であり、誰もが同じものを得る権利や資格をもっていると信じられている。それゆえ、自分が得られなかったものを誰かが得ると苦しむことになる。

　それは教室においても同じである。クラスをまとめているのは、教師と生徒、ならびに生徒同士の心的なつながりである。教師がすべての生徒を平等に扱っているという「幻想」が教室を支配しているかぎり、クラス内のまとまりは維持される。親子でも同様で、すべての子どもが親から等しく愛されていると思っているかぎり、親子・兄弟姉妹関係はとりあえず安泰である。

　それゆえ誰もが平等であるべき教室において特別に愛される存在は、こうした「幻想」を崩壊させ、他の子の嫉妬をかき立てる。だから、教師の「お気に

入り」はときとして制裁の対象になりうる。だがクラスの和を乱すのは、「お気に入り」だけではない。教師と心的に同一化した子どもたちは、教師が嫌う子を同じように嫌い、そうした子を教師になり代わって攻撃・排除することがある。そして自分たちのしている「制裁」の正しさを疑わないかぎり、それがいじめに発展しても「いじめ」とは考えない。

このようにクラス内で同一化が進み、集団内の一体感が強くなればなるほど、「みんなと同じであるべきだ」という同調圧力が強くなる。そして集団の和を乱す者は、集団から排除され、社会的制裁という形をとった「いじめ」の対象になりやすい。その意味で学校は、いじめの温床と言えるかもしれない。そこで次に、いよいよ学校といじめとの関係に迫ってみたい。

第8節 「学校がある」からいじめが起こる？

学校という組織は、軍隊とよく似ている。とくに中学校の男子の制服・制帽は、どこか軍服・軍帽に似ていて、背嚢のようなスクールリュックや理不尽に思える厳しい校則なども軍隊を連想させる。かつて筆者が中学校に入学して教室でそう話したところ、社会科を担当していた担任の先生は、「そうだよ、同じだ。受験戦争という戦争にかり出されるのだから」と皮肉交じりに答えてくれた。

だが、類似点は服装だけではない。閉鎖的な階層組織という点でも、学校は軍隊とよく似ている。中井久夫（1997, 3）が指摘しているように、軍隊や学校には一種の「治外法権」が認められているという「錯覚」を多くの人が共有している。そのため、組織外では立派な犯罪になるいじめ（たとえば兵営における下級兵いじめ）が隠蔽され、もみ消されてしまう。これは学校や軍隊にかぎらず、閉鎖的な体質の企業や役所でも同じである。

第二次世界大戦までは日本にも徴兵制があったので、一定の年齢に達すると、男子は軍隊生活を経験しなければならなかった。現代の日本には徴兵制がなく、信仰の自由が認められているので、軍隊や宗教的組織に入る義務はない。したがって、こうした組織と無縁の生き方も可能である。しかし、学校は違う。好むと好まざるとにかかわらず学校には行かなければならない。人は学校から逃

れることはできない。ここに問題がある。学校でいじめられたら、不登校や転
校という選択肢もありえるが、被害者とその家族に大きな負担と不利益を強い
るものである。

　私たちにとって、一定の年齢に達すると学校に行くのは「あたりまえ」のこ
とである。だが歴史的にみると、義務教育制度というのはかなり独特のもので
ある。それを衝撃的な形で明らかにしたのは、フランスの哲学者ミシェル・フ
ーコー（1926〜84年）である。『監獄の誕生』（1975）において彼は、近代に誕生
した監獄、軍隊、学校、工場、病院を分析し、これらの制度に共通する「規律
的権力」を見出した。子どもが通う学校が、犯罪者を押し込めた監獄と同列に
扱われていることに大きな抵抗を感じる人もいるだろうが、まずは彼の説明に
耳を傾けてみよう。

　これまで権力は、「国家権力」「権力装置」などのように、人間にたいして外
部から働く強制力と理解されてきた。これにたいしてフーコーは、近代に誕生
した新しい権力を、「規律的権力」と呼び、人間を内側から動かし「主体」そ
のものを作り上げていく「ミクロな権力」として理解する。つまり、権力とは
無縁だと思っている私たち1人ひとりのうちにも、権力は働いているのである。

　フーコーは、フランス革命以前（アンシャンレジーム期）と革命以降の刑罰シ
ステムの変遷を追いかけながら、そこに権力の変容を見てとる。近代以前にお
いて処罰は、権力が自らを誇示するための政治的な儀礼であった。たとえば手
足を4頭の馬にひかせて四肢を引き裂くといった残酷な身体刑がなされた。こ
うした残酷な見世物を通じて、誰が権力をもっていて、それに逆らうとどうい
う目にあうか、人々は身をもって理解することができた。つまり、権力は人々
に見える権力であった。

　ところが、近代では処罰は身体ではなく、精神に加えられる。刑罰は身体刑
から、拘禁刑になり、監獄というシステムが誕生する。監獄は再犯防止を目的
とし、拘禁は懲罰だけではなく、矯正という意味をもつ。そして、矯正のため
の装置が「規律（discipline）」である。ここで権力は自分を不可視にして、服従
する者に服従していることを示すよう強制する。それは見えない権力である。
近代の受刑者たちは、「監獄」で規則正しい生活を送るよう強制された。そし
て、見えない権力にしたがう「従順な身体」を作り上げるために、さまざまな

規律の技術が編み出され、それは学校にも適用されていった。

　学校における規律の技術として最初に挙げられるのは、閉じ込めである。子どもたちは、「教室」に閉じ込められ、「碁盤割り」の原則にもとづいて、機能的に位置（座席）が決定される。子どもたちは、教室の決まった場所（自分の席）に座らされる。この座席は、成績などの序列にしたがって置き換え可能である。また、厳密な時間管理のもと、整列や行進の仕方、字の書き方など、「規格化」された行動が求められる。そして進度・到達度に合わせた段階的なクラス分け等によって成長過程も組織化される。そうした規格化や組織化によって、教師はすべての児童に一斉に教えることが可能となるのである。

　規律化は、視線による監視を前提としている。先生がすべての子どもの行動を監視できないとき、「優等生」や小グループの班長が、教師の補助をすれば、教室全体に教師の「目」が行き届く。つまり、規律化は教師を頂点とした「階層秩序的な監視」を通じて実現できる。そして、規格から逸脱した行為、つまり遅刻、欠席、怠慢、反抗、素行・成績不良、校則違反等にたいしては、制裁がなされる一方で、模範的な場合には褒美が与えられる。

　フーコーが挙げる事例ほどではないにせよ、現代日本の学校でも、先生の話を聞く姿勢から始まって、手の挙げ方、返事の仕方、鉛筆の持ち方、ノートの書き方、体育時の座り方（体育座り）、整列の仕方、給食の食べ方、牛乳パックの捨て方まで、行動の仕方が事細かに教えられ、チェックされる。筆者も子どもの頃は、それが「あたりまえ」と思っていたので、あまり疑問に思わなかったが、学校教育における規格化・組織化は、子どもたちにとって大きなストレスになり、ときに苦痛にすらなるだろう。

　もっともこうした規律化なしに集団教育は成り立たないと考える人もいるだろう。学級編制標準の引き下げにより、1クラスの上限が40人から35人になるにせよ、1人でクラス全体を見なければならない教師には、学級運営のために最低限の規律化は必要不可欠である。教育大学に勤務し、現場における先生方の奮闘を目にしている筆者には、それもよく理解できる。だから規律化を進める個々の学校や教師を責めるつもりは毛頭ない。

　規格化を求めているのは学校制度であり、またそうした学校制度を生み出し再生産している社会だからである。個々の学校や教員は、権力行使の「道具」

あるいは巨大な教育システムの「歯車」にすぎない。学校に通う子どもも同様である。というのも、このシステムにうまく適応した子どもは、そうでない子に学校制度への適応を直接・間接に強いる存在になりうるからである。

　学校に通う子どもたちにとって、最大の苦痛の１つが試験であろう。フーコーによれば、試験は「階層秩序」と「規格化」の技術を結合させたものであり、ここには権力の行使における「可視性の逆転」がみられるという。つまり伝統的権力の場合は、権力者が自分を見せ、服従する者は人目につかなかったのにたいして、新しい権力は自ら表に出ることなく、服従していることを見せるよう服従者に要求する。

　すなわち新しい権力は「見る」ことによって支配し、人間は「見られること」によって支配される。フランスの哲学者ジャン＝ポール・サルトル（1905〜80年）は、フーコーに先立って、私たちを支配する「まなざし（regard）」を問題にしていた。『存在と無』において彼は、鍵穴から部屋の中をのぞく人が、背後から誰かに「見られている」と感じたときの羞恥心を巧みに描いている（1943, 317ff./訳Ⅱ107頁以下）。他者のまなざしによって感じる羞恥とは、自分が他者を見る「主体」と思っていたのに、実は他者に無防備にさらされている「対象＝客体」にすぎなかったという「根原的な失墜の感情」（1943, 349／訳Ⅱ184）である。

　学校の教室は、たいていどの席からも教師が見えるような配置になっているが、教師の側からもすべての座席を一望できるようになっている。大学の大きな階段教室なども、教壇から学生の様子が実によく見えるので、誰がちゃんと聴いていて、誰が寝ているのかがすぐ分かるようになっている（筆者は、寝ている学生の多さに落胆して講義を続ける意欲を失うと困るので、学生の様子をなるべく見ないようにしている）。

　こうした監視システムが最も徹底した形で現れているのは、哲学者ジェレミ・ベンサム（1748〜1832年）が考え出した「パノプティコン」という「一望監視施設」である。これは当時の刑務所の悲惨な状況に胸を痛めていた彼が、運営の効率性と収容者の福祉の両立を目指して考案したものである。円形に配置された収容者の個室が、多層式看守塔に面しており、ブラインドなどによって収容者たちには互いの姿や看守が見えないが、看守はその位置からすべての収

容者を監視することができる。

　これにより従来の「見る－見られる」という双方向的な関係は、監視者による一方的監視へと変わる。こうした監視体制の確立により、規律の機能が、逸脱の防止から技能・効用の増大へと転換する。そして、閉鎖的管理はより幅広い管理になり、最終的には国家が細部にまで監視の目を光らせる管理社会に行き着く。防犯カメラがいたるところに設置され、カードやネットの利用履歴によって嗜好や行動様式、交友関係まで把握されてしまう現代社会において、人々は安全や利便性と引き換えに、見えない権力による監視という高い代償を払わなければならない。

　公的権力による監視の範囲が広がれば広がるほど、規律への反抗や違反も潜在化する。こうした閉鎖的管理社会においては、それに呼応したいじめの形態が見られる。これを考えるうえで非常に示唆的なのは、政治学者の丸山眞男（1914〜96 年）による日本ファシズムの分析である。というのも、第二次世界大戦中の日本では、国家が市民生活を隅々まで管理・監視していたからである。戦後まもなく発表した論文「超国家主義の論理と心理」（2015, 11-37）のなかで丸山は、軍国主義体制を「抑圧の移譲」「無責任体制」と特徴づけ、この体制を支えた「抑圧移譲の原理」を次のように説明している。

　　「それは日常生活における上位者からの抑圧を下位者に順次移譲して行くことによって全体の精神的なバランスが保持されているような体系を意味する。……抑圧移譲原理の行われている世界ではヒエラルヒーの最下位に位置する民衆の不満はもはや移譲すべき場所がないから必然に外に向けられる。非民主主義国の民衆が狂熱的な排外主義のとりこになり易いゆえんである。」（2015, 180-181）

「抑圧の移譲構造」にもとづいて、いじめを考えるならば、いじめとは、学校内、家庭内におけるさまざまな抑圧を「上から下へと」（親から子へ、兄から弟へ、先輩から後輩へ、強い子から弱い子へ）移譲するものである。そして移譲すべき[21]対象をもたない子は、抑圧を外へ向ける。家庭内で抑圧されている子は学校でクラスメートに、逆に学校で抑圧されている子は、家庭で、あるいは近所の子に、といった具合に。水が上から下に流れるように、抑圧が下へ下へと次々と

移譲されるものだとすると、抑圧の由来は一義的に確定できず、軍国主義体制と同様、加害者に「責任感覚」が欠如していても不思議ではない。

　第二次世界大戦後の日本やドイツにおいて、戦争指導者あるいは軍部の高官の多くが「国のためにやったこと」「命令にしたがっただけ」として自らの責任を引き受けようとしなかったことを想起したい。「責任意識の欠如」という点で象徴的なのは、ナチスの親衛隊将校で、ヨーロッパ各地からユダヤ人をポーランドの強制収容所へ列車輸送する最高責任者であったアドルフ・アイヒマン（1906〜62年）である。戦後アルゼンチンで逃亡生活を送っていたが、1960年にイスラエルに連行され、人道にたいする罪や戦争犯罪の責任などを問われ、裁判の結果、1962年に絞首刑に処された。

　この裁判を進んで傍聴し、その記録を雑誌に連載した哲学者がいた。ハイデガーとヤスパースの下で学び、ナチスの台頭により米国に亡命したドイツ出身のユダヤ人哲学者ハンナ・アーレント（1906〜75年）である。彼女の報告『エルサレムのアイヒマン』によれば、アイヒマンは一般に想像されるような殺人鬼ではなく、命令に忠実な小役人にすぎず、彼の行った悪は「ふつうの人」もやりかねない「陳腐な（banal）」ものだった。

　強制収容所への移送を担った人物が、残虐で歪んだサディスト的性格をもつ悪の権化ではなく、どこにでもいるふつうの人間であったというアーレントの主張は、アイヒマンの犯した罪を不当に過小評価するものだとして、激しい非難にさらされた。とりわけ彼女自身が、ホロコーストの犠牲となったユダヤ人であるがゆえに、その主張は同胞への裏切りとも受け取られ、彼女は多くの大切な友人を失ったのである（アーレントについては、第3章で詳しく論じる）。

　しかし「誰もがアイヒマンになりうる」というアーレントの見解の妥当性を、実験で裏づけようとした社会心理学者がいた。ユダヤ人の両親をもつスタンレー・ミルグラム（1933〜84年）である。服従への心理的耐性を調べた一連の実験は、アイヒマン実験と呼ばれている。この実験は服従や残虐さとは無縁のような「記憶に関する実験」という名目で実施され、最初の実験では新聞広告によって20歳〜50歳のさまざまな職業・学歴の男性が集められた（Milgram 2009）。

　被験者には、学習における罰の効果を測定するものだと説明され、くじ引き

で「教師」と「生徒」が選ばれた。しかし、生徒役は役者が演じるサクラであり、被験者が確実に教師役になるよう、くじを設定していた。「教師」は単語リストを読み上げ、「生徒」が正解すると、次の単語リストに移る。しかし、「生徒」が間違えた場合、「教師」は「生徒」に電気ショックを流すよう指示を受けた。はじめは45ボルトの電圧を、「生徒」が1問間違えるごとに15ボルトずつ上げていくよう指示された。

　実際には電流は流れていなかったが、生徒役の役者はうめき声を上げたり、絶叫したり、実際に苦しんでいるような迫真の演技をした。被験者が実験の続行を躊躇すると、実験服を着用した実験者が続けるよう催促した。これによって、アイヒマンのように命令にしたがわざるをえない状況に置かれたとき、人々がどのように行動するか調べたのである。結果は驚くべきものだった。

　心理学専攻の学生たちに実験結果を予想させたところ、最後まで実験を継続するのは、きわめて少数の被験者だと考えた。たしかに実験では、生徒役の役者の「苦しみ」を目の当たりにするたびに被験者は、実験続行をためらった。ところが、最終的には被験者40人中26人（65%）が、450ボルトまで電圧を上げて生徒役を拷問したのである。ミルグラムはこれ以外にもさまざまなバリエーションの実験を行ったうえで、次のように結論づけた。

　　「われわれ自身の実験で、何百人もの一般人が権威に従うのを目の当たりにして、私は「悪の陳腐さ」というアーレントの発想が、想像もつかないほど真実に近いと結論せざるを得ない。被害者に電気ショックを与えた一般人は、義務感――被験者としての自分の役目についての認識――に従ってそれを行っただけだ。ことさら攻撃的な性向のためにそうしたのではない。」（2009, 6f.／訳21）

　ミルグラムの実験は、閉鎖的空間で権威への服従を求められたとき、人はどうふるまうかを検証するものだった。学校は軍隊と同様に閉鎖的で階層秩序的な「規律と監視」の場であり、権威への服従を強いられる。そういう環境では、「ふつうの人」が加害者になりうるのである。では、状況次第で加害者にもなりうる「ふつうの人」とはいったい何者なのか？　「ふつうでない」人と「ふつうの人」は、いったいどこが違うのか？　そこで次に「ふつうの人」の正体

に迫ってみることにする。

第9節　「ふつうじゃない」からいじめる？

　等質性の高い集団では、みんなと同じであるべきだという同調圧力が強く作用している。それゆえ、良くも悪くも「ふつう」じゃない子は、いじめの対象になりやすい。そもそも「ふつう」ではないとは、どういうことだろう？「ふつう」から逸脱している場合、「異常」と呼ばれる。そもそも「ふつう（ノーマル）」あるいは「正常」の基準とは何なのか。そしてその基準を決めているのは誰なのか。

　この問いに答えるために、本節では「ラベリング」と「スティグマ」という2つの概念を取り上げ、いじめとの関連を考える。これらの概念は、2人の社会学者ハワード・ベッカー（1928年〜）とアーヴィング・ゴフマン（1922〜82年）が1963年に刊行した著作『アウトサイダーズ』と『スティグマの社会学』でそれぞれ提示したものである。1963年と言えば、米国で人種差別の撤廃を求める公民権運動が高まりを見せ、8月にキング牧師が率いるワシントン大行進が行われ、「私には夢がある」という有名な演説がなされた年でもある。こうしたなか、この2人の社会学者は世間で「ふつうではない」と見なされている人々、つまり社会のマイノリティに焦点を当てて研究した。

　一般に「ふつう」あるいは「正常」からずれている行為は、「逸脱（deviance）」と呼ばれる。「逸脱」は、統計的な平均値にたいする「偏差」として、より一般的には、医学的なアナロジーを用いて、「健康」にたいする「疾患」として理解されている。これにたいしてベッカーは、逸脱とは「ラベリング」の結果だと考えた。彼は逸脱を次のように定義する。

　　「社会集団は、これを犯せば逸脱となるような規則をもうけ、それを特定の人々に適用し、彼らにアウトサイダーのラベルを貼ることによって、逸脱を生み出すのである。この観点からすれば、逸脱とは人間の行為の性質ではなく、むしろ、他者によってこの規則と制裁とが「違反者」に適用された結果なのである。逸脱者とは首尾よくこのラベルを貼られた人間のこ

とであり、また、逸脱行動とは人びとによってこのラベルを貼られた行動のことである。」(1997, 9／訳 8)

　私たちは、「不良」とされる人が行うのが「不良行為」であり、逸脱とは逸脱行為を行う人間の「性質」や「属性」だと考えがちである。だが、ベッカーによれば、逸脱者は、「こいつは○○だ」という「レッテル貼り」によって生まれる。だから誤ってラベリングされれば、たとえ違反の事実がなくても、逸脱者とみなされてしまう。このように逸脱とは、「ある人々の行為に対する他者の反応の結果」にすぎないのである。

　私たちは日常的かつ無意識的に、「こいつは○○だ」「あいつは××だ」などとラベリング（レッテル貼り）をしている。そして、ラベリング行為自体がいじめになる（あだ名やレッテルが苦痛や屈辱をともなう）こともある一方で、ラベリングによっていじめが正当化される（たとえば「あいつは KY だから、いじめられても仕方がない」）こともある。

　いじめの要因となる「ラベル（レッテル）」は、ベッカーが言うように、その人がもつ「性質」や「属性」ではなく、レッテルを貼られる人々と貼る人々との社会関係（力関係）によって作られる。そうした力関係をもっとよく表しているのが、「スティグマ」である。スティグマとは、もともと奴隷や犯罪者に付与された烙印（肉体的刻印）であったが、ゴフマンは他者や社会集団によって個人に押しつけられる烙印、すなわち負のレッテルの意味で用いた。

　ゴフマンによると、スティグマは何らかの特徴をもつ人の属性ではなく、他者との関係によってつくられる。つまり、ある特徴をもつこと（身体的な特徴や性格上の欠点、あるいは精神異常や同性愛であること、さらには特定の人種や民族、宗教に属すること）自体がスティグマなのではなく、そうした特徴をもたない他者との関係が、スティグマを生み出すという。

　　「スティグマという言葉は、名誉を傷つけるような属性を言い表すために用いられる。だが、本当に必要とされているのは、属性ではなくて関係を表現する言葉である。それをもっているとスティグマとなる属性は、別の人には正常性を保証することもありうる。したがって、属性それ自体は、誇りとなるものでも名誉を傷つけるものでもない。」(S 3／訳 16)

　分かりやすい例で考えてみよう。クラスに外国籍の子がいるとする。「日本人らしくない」風貌や考え方自体は「誇りとなるものでも名誉を傷つけるものでもない」。にもかかわらず、クラスメートの受け止め方によって肯定的にも否定的にもなりうる。つまり「かっこいい」「素敵」になることもあれば、「変」「きもい」にもなる。誰もがもっている特徴、たとえば背の高低、肌や髪の色なども同様である。

　スティグマのある人（マイノリティ）が受け入れられるかどうかは、「ふつうの人」の「寛大さ」に依存している。スティグマのある人には、スティグマのある人らしくふるまうことが期待されている。マジョリティである「ふつうの人（the normals）」は、マイノリティの行動範囲を決定し、この範囲内でふるまうよう期待する。

> 「私たちふつうの人は、スティグマのある人を、定義上、完全な人間ではないと思い込んでいる。この思い込みにもとづいて、われわれはさまざまな差別をし、たいていの場合そう考えずに、結果的にその人の人生のチャンスを狭めている。」（S 5／訳 19）

> 「〔スティグマのある者を〕気兼ねなく受け容れることができる限度……が越えられるか否かはふつうの人次第である。スティグマのある者たちは、紳士的に振舞い、自分たちの運命を強調しないようにと、如才なく期待されている。スティグマのある者は、彼らに示された受け容れの限界を試みてみたり、現在の受け容れをそれ以上の要求の前進基地にしたりしてはいけないのである。」（S 120f.／訳 202）

　スティグマのある人は「侮辱と評判喪失に晒されている不安定な自己を他者にどのように呈示しうるか」（S 135／訳 227）という問題を抱えているが、程度の差こそあれ、この問題は「ふつうの人」にもあてはまる。というのも、どんなに恵まれた人にも欠点があり、それを気にして、他の人がそれを見つけはしないかとときどき不安になるからである。それゆえ「ふつうの人」と「ふつうではない人」との境界は、明確に区別されるものではなく、実は連続的なのである。

　私たちは、自分たちの身体的・精神的な特徴を隠し、「ふつうの人」になろうとする。こうした特徴がスティグマになる可能性があるからだ。それゆえ、私たちは人に見せたくないものは見せないし、人に語りたくないことは語らない。「ふつうの人」が「ふつう」でいられるのは、「ふつうでない」特徴が、軽度もしくは人目につかない（あるいは隠すことができる）からにすぎない。

　つまりスティグマのある人の特徴が人目にさらされているのにたいして、「ふつうの人」は、自分の社会的アイデンティティ（社会にたいして呈示する自分）を巧みに管理することで、他者の攻撃から身を守ることができる。このことは、ゴフマンが言うように、両者の理解可能性を示している。「スティグマのある人とふつうの人は互いに相手の一部をなしている。すなわちもし一方が傷つきやすい（vulnerable）と分かれば、他方もまた傷つきやすいと証明されることが期待できる」（ibid.）のである。

　これを筆者の例で説明してみたい。筆者は 1960 年代後半に東京に生まれ、小学校入学とともに父方の祖父母のいる仙台に移った。当時はどこでも仙台弁が話されていて、祖父母や親戚はみな仙台弁を話し、学校でもクラスメートは仙台弁を話していた。休み時間に標準語を話そうものなら、浮いてしまう状況であった。そこで仙台弁をおぼえて、学校でも家でも仙台弁を話すようにした。

　ところが高校を卒業して上京し、大学で仙台弁を話すとクスクス笑われることになった。関西弁をはじめ、西日本の方言は好意的に受け止められるのに、東北弁はそうではなかった。つまり、方言一般がスティグマではなく、特定の方言がスティグマになったわけである。そこで仙台弁を封印して、忘れかけていた標準語を思い出し、「東京生まれ」という顔をして生きるようにした。

　やがて北海道の小さな街の小さな大学に教員として赴任すると、「東京から来た先生」と紹介された。しかし、首都から来たにもかかわらず「田舎臭い」ことに同僚や学生が気づくまで、さほど時間はかからなかった。そこで筆者は、「東北出身」の「道民」として生きることにした。

　このように筆者は置かれた環境や話す相手に応じて、「東京生まれ」、「東北育ち」、あるいは「道民」を使い分けてきた。何も好き好んでこうした使い分けをしてきたわけではない。大学で東北弁が笑われることがなければ、方言を話し続けていたはずである。ショックだったのは、同じ東北出身者（しかも仙

台よりも訛りの強い地方から来た友人）が笑い輪のなかに加わっていたことである。笑いに加わらないと、自分も笑いの対象にされるので仕方がなかったと今は理解できるが、当時は「裏切り者」と思っていた。

　その一方で関西出身者は、上京してずいぶん経っても、方言を話し続けている人が多く、羨ましかった。かつて都があった関西の方言を話すことは、恥ずかしいことではなく、誇らしいことなのであろう。多様性が認められた現在でこそ、各地の方言もそれなりの市民権を得ているが、かつては、よその言葉（これにはもちろん標準語も含まれる）を話すと、よくいじめの対象になった。転校生が「お国言葉」で自己紹介をした途端、馬鹿にされて無口になってしまったという話を、昔はよく耳にしたものである。

　現在でも自分のアイデンティティを隠さなければならない人は少なくない。その代表例は、性的マイノリティの人々である。これらの人々は性自認や性的指向を明らかにすると、差別や偏見にさらされてしまう。たとえば同性愛の人は、周囲にさとられないようにつねに気を配り、ときに異性に関心があるふりをしなければならない。

　自分を隠すためのこうした「なりすまし」は、社会学ではパッシング（passing）と呼ばれる。私たちは程度の差こそあれ、パッシングを経験しているはずである。誰しも人に知られたくないことがあり、自分を全部さらけ出して生きている人などいない。人に見られたくない身体的特徴は、服装や髪形でさりげなく隠し、自分の出自や学歴、家庭の状況、交友関係などの情報も、知られたくなければ自分から語らない（反対に知ってもらいたいことについては積極的に語る）。

　ゴフマンに影響を与えたドイツの社会学者ジンメル（1908, 337ff.／訳, 上 350-417）が言うように、私たちはみな人に知られたくない「秘密」をもっている。秘密を知っている人とそうでない人にたいして、私たちは違った態度を取るし、秘密を知られたくない相手には隠し続ける。それは、どんなに仲の良い友人や恋人でも、親子でも兄弟でもそうである。家族や友人だからこそ知られたくない秘密もある。いじめられていることも、そうした秘密になりうる。

　私たちは、秘密を隠すだけではない。「この人の前ではこうありたい」「あの人にはこのように思われたい」と願って、身だしなみを整えたり、声のトーンを変えたりして、相手に見せたい自分を演出している。その意味で、私たちは

社会生活において、本来の姿を隠し、相手に応じて自分を作っているともいえる。「対話の哲学」で知られる哲学者マルティン・ブーバー（1878～1965 年）は、人間の間柄（das Zwischenmenschliche）に固有な問題として、「存在（Sein）」と「見かけ（Schein）」の二重性を指摘して（BW 273／訳 93）、それを次のような例で説明している。

　向かい合って座り話している 2 人の人物（ペーターとパウル）には「まず、パウルに対してそう見せたいペーターと、ペーターに対してそう見せたいパウルがいる。次いでパウルに実際にそう見えるペーター、つまり……パウルの抱くペーター像、とその逆のパウル像。さらにパウル自身にそう見えているパウル、ペーター自身にそう見えているパウルがいる」（BW 274／訳, 95-96）。つまり、2 人の人物には少なくとも 6 つの「見かけ」が考えられる。[22]

　ゴフマンの言葉を使えば、私たちは、自分の社会的アイデンティティを「管理・操作（management）」しながら生きている。「ふつうの人」は、自己の社会的アイデンティティ（社会にたいして呈示する自分）を管理・操作することで、好意的なまなざしを引きつける一方で、攻撃的なまなざしから身を守ることができる。「ふつう」であることは、他者の攻撃を寄せつけない最初のバリアであるがゆえに、人は「ふつう」であろうと必死になる。それにたいして人に隠すことできない「欠点」や「異常」をもつ人は、攻撃にさらされる。

　ホッブズが考えたように、攻撃性が人間に内在しているならば、防御・抵抗できない者への攻撃はもっとも容易である。それゆえに「傷つきやすさ（vulnerability）」は他者の攻撃を誘発する。障がいをもつ子、性的マイノリティ、外国人児童・生徒など、スティグマがあると見なされた子はいじめられやすい。とりわけ性的マイノリティにたいするいじめは深刻である（荻上 2018, 158-170）。特別支援学校でも障がいの軽い子が、障がいの重い子をいじめることがあるという。

　「ふつうの人」は、他者の攻撃を誘発することはない。だが、何らかの「欠点」を発見されて攻撃されれば、同じように「傷つきやすい」。「ふつうの人」がスティグマのある人の痛みに共感できるのは、自分たちも「傷つきやすい」存在だからである。しかしながら、スティグマのある人を「かわいそう」と同情（憐れみ）の対象にすることは問題である。憐れみを人間性の原理としたル

ソーが『エミール』において次のように語るとき、彼は憐れみに隠された優越感を巧みに描いている。

> 「憐れみ（pitié）は快い。悩んでいる人の地位に自分をおいて、しかもその人のように自分は苦しんでいないという喜びを感じさせるからだ。羨望の念（envie）はにがい。幸福な人を見ることは、うらやましく思っている者をその人の地位におくことにならないで、自分はそういう地位にはおかれていないという恨めしい気持ちを起こさせるからだ。一方はかれが悩んでいる苦しみをわたししたちにまぬがれさせるように、他方はかれが楽しんでいる喜びをわたしたちから奪っているように感じられる。」（IV 504／訳,中 27）

憐れみの同義語である同情（compassion）のもともとの意味は、「共に苦しむ」ということである。だがルソーの鋭い心理分析が示しているように、苦しんでいる人の立場に身をおくはずの同情は、実際には当事者とともに苦しんでいるわけではなく、自分が苦しんでいないことの喜びなのである。羨望が、自分より恵まれている相手への嫉妬や劣等感の表れだとすれば、同情は、苦しんでいる相手に比べて自分が恵まれていることへの喜び、すなわち優越感が含まれている。

同情に優越感が隠されているならば、スティグマのある人との関係は、同情のうえに築かれるべきではない。同情する人は、同情している相手を、ひそかに自分と同じではないと考えているからである。スティグマのある人と「ふつうの人」との関係が、差別や排除、あるいは同情（憐れみ）という非対称的で不平等な関係から、対称的で対等な関係にならないかぎり、差別やいじめはなくならない。

ゴフマンが言うように、スティグマは人間の相互作用の産物にすぎないのに、個人や集団の特徴をその属性にしてしまう点に問題がある。第2節で見たように、私たちの自己理解や自己評価は、他者の承認に支えられている。私たちは、他者に認められてはじめて、自分を肯定的に見ることができる。スティグマのある人が、自分自身を肯定できないとすれば、周りの人間や社会がその人を肯定的に見ていないからである。

「ふつうの人」は、スティグマのある人を排除することで、つまり前者が後者の承認を拒絶することで、「ふつうの人」あるいは「正常者」というアイデンティティを作りだす。つまり「異常者」の排除が「正常者」のアイデンティティを構成している。スティグマのある人が「ふつうの人」が定める許容範囲を超えて声を上げられない現状があるかぎり、両者の相互承認の実現は「ふつうの人」の倫理的課題である。

第10節　「ネットがある」からいじめが起こる？

　ここまでいじめを人間の攻撃性の表れとみなし、人間集団に働く力学をふまえて、そのメカニズムを見てきた。しかし、いじめを考えるうえで避けて通れないのは、インターネット、とりわけソーシャルネットワークを使ったいじめ（以下、「ネットいじめ」と略記）である。というのも、今やいじめの主流は、物理的暴力の行使からネット等を使った精神的・心理的暴力へ変化しているからである。ネットの登場によりいじめはどう変わったのだろうか？

　これを考える手がかりは、文部科学省が用いている「いじめの定義」である。文部科学省は、旧文部省時代からいじめ問題に取り組んできた。同省は、「児童生徒の問題行動等生徒指導上の諸問題に関する調査」（のちに「児童生徒の問題行動・不登校等生徒指導上の諸課題に関する調査」と呼ばれ、現在まで続いている）を毎年実施し、いじめの実態把握に努めてきた。そこで、この調査におけるいじめの定義の変遷を辿りながら、いじめ理解の変化を確認したい。

　昭和61（1986）年度〜平成5（1993）年度の調査では、「いじめ」は次のように定義されている。

> 「① 自分より弱い者に対して一方的に、② 身体的・心理的な攻撃を継続的に加え、③ 相手が深刻な苦痛を感じているものであって、学校としてその事実（関係児童生徒、いじめの内容等）を確認しているもの。なお、起こった場所は学校の内外を問わないもの。」

　便宜上、この定義を「最初の定義」と呼んでおこう。この定義には、序章で見た森田の定義と同じ要素が確認できる。つまり、一方的（力関係のアンバラン

ス）、継続性、苦痛（被害性）である。そして「起こった場所は学校の内外を問わない」という追加は重要である。当たり前のことだが、学校での人間関係は、学校が終わってからも続く。学校や教師が、いじめ追及を学校内に限定してしまうと、学校内の人間関係に由来するいじめが、学校外に舞台を移して行われることになるからである。

　その一方で、「学校として事実確認しているもの」という限定は非常に問題である。いじめがいけないことは、ほとんどの子が知っている。同様に、自分のいじめが発覚すれば、教師や親に叱られることも知っている。だから、いじめは親や教師の知らないところで行われる。ところが、この定義にしたがえば、教師の目の届かないところで行われたいじめは、「いじめ」とみなされなくなってしまう。教師の目に留まるいじめが、学校で行われているいじめの一部（ひどい場合には「氷山の一角」）にすぎないとすれば、そうした大多数のいじめを、この定義ははじめから排除している。

　平成6（1994）年度～平成17（2005）年度の定義は、「最初の定義」を踏襲しながら、③の「学校としてその事実（関係児童生徒、いじめの内容等）を確認しているもの」という文言を削除し、「いじめに当たるか否かの判断を表面的・形式的に行うことなく、いじめられた児童生徒の立場に立って行うこと」という文言を追加している。この変更をどう評価すべきであろうか。

　まず、「学校として事実確認しているもの」という限定が削除されたことは大きな前進である。また、いじめかどうかの認定を「いじめられた児童生徒の立場に立って行う」という追加も同様である。「最初の定義」では、いじめ被害を訴える子どもがいても、学校や教師が、それを「よくある人間関係上のトラブル」と判断すれば、「いじめ」にならないからである。これにより、加害者には「いじり」や「からかい」だと思えることも、被害者にとって「苦痛」であれば、「いじめ」だと認定できることになる。

　本書で一貫して強調してきたように、人間は自分に都合のよいように物事を認識・解釈しがちである。当然、いじめの加害者は、自分たちがやっていることを「いじめ」と認めようとしない。それは、周囲の者でも同じである。いじめを直視し、問題解決に動くより、「自分が見たものはいじめではない」と考えて、見て見ぬふりをする方が、簡単である。かくして周囲の者の多くは、い

じめを黙認する傍観者になる。教師にしても、自分が発見したのが「いじめ」だと認めたがらない傾向がある。もし、それが「いじめ」なら、解決のためにそれ相応の時間とエネルギーをかけなければならないからである。

　いじめの事実から逃げようとする関係者に歯止めをかけるのが、被害者の「苦痛」である。したがって被害者の「苦痛」は、いじめ発覚の重要な鍵なのだが、ここに問題もある。というのも、被害者が自分の苦しみを口にできないと、「被害」は人に知られることはない。さらに被害者が語る「被害」や「苦痛」に真剣に耳を傾ける人がいなければ、「被害」や「苦痛」として認知されない。

　性的な冗談をよく言う上司がいて、それを面白がる雰囲気の職場を考えてみよう。同僚の多くが加害者と同じタイプなら、そうした冗談は「セクハラ」に該当しない。こうした環境で「不快です」とはっきり言うのは大変勇気がいるし、言っても真剣に受け止められないだろう。さらに「冗談だから、いいでしょ」とかわされたり、「冗談にムキになって怒るなよ」などと逆ギレされたりするリスクもある。

　これは性的マイノリティにたいする配慮にもあてはまる。これらの人々に合理的配慮がなされるようになったのは大きな進歩であるが、多くの学校や職場では今なお当事者本人からの申告がないかぎり、配慮の対象となりえない。つまり自分が性的マイノリティであることを教師や上司に告げなければならない。当事者がこうした心理的負担やアウティングのリスクを背負うことない（「申告」の必要がない）配慮のあり方が求められている。

　平成 18（2006）年度～24（2012）年度の定義でも、被害者の観点は引き継がれ、いじめ認定は、「いじめられた児童生徒の立場に立って行う」とされている。しかし、いじめの定義自体は、「当該児童生徒が、一定の人間関係のある者から、心理的、物理的な攻撃を受けたことにより、精神的な苦痛を感じているもの」と変更されている。変更点は、「自分より弱いものに対して一方的に」という文言が、「一定の人間関係のある者から」に変わり、「継続的に」「深刻な」といった文言が削除された点である。

　こうした文言の修正の背景にあるのが、いじめの形態の変化である。それまでのいじめは、自分より弱いものをターゲットにする「弱い者いじめ」が主流

であった。しかし、インターネットの登場で、いじめの形態も大きく変化する。「学校裏サイト」や「匿名掲示板」等で誹謗中傷する「ネットいじめ」が現れてきたのである。これは日本にかぎったものではなく、2000年代以降、世界各地で問題になっている。こうした形態のいじめは、英語では、「伝統的ないじめ（traditional bullying）」と区別され、「サイバーいじめ（cyberbullying）」、あるいは「オンラインいじめ（online bullying）」などと呼ばれている。

　これに対応して、定義の文言も変更・修正されている。「最初の定義」の「深刻な苦痛」の「深刻な」が削除され、「精神的な苦痛」に変化している。また「最初の定義」で、「身体的・心理的な攻撃」とされていたものが、ここでは「心理的、物理的な攻撃」と、「心理的」が前面に出てきている。「ネットいじめ」は、心理的な攻撃であり、被害者の苦痛も精神的なものとなる。物理的暴力であれば、あざや傷によって被害の程度を物理的に確認できる。しかし、心理的暴力になると、精神的なダメージがどの程度なのかを確認することは難しい。本人以外の者には「深刻」とは思えない心の傷が、本人を死に追い立てるほど「深刻」である可能性もある。

　面と向かって誰かを攻撃するには、力において優っている（もしくは対等である）という自信が必要である。自分が力において劣っていると分かりながら、強い相手を攻撃するには、捨て身にならなければならない。だから、伝統的ないじめは「自分より弱いものに対して一方的に」なされることが多かった。一方、いじめの被害者の側も、加害者に直接やり返すことは難しく、継続的ないじめに発展する傾向が強かった。加害者と被害者は、上で見たヘーゲルの「主人と奴隷」の関係で、奴隷（いじめられっ子）は、主人（いじめっ子）にたいして、物理的な力以外（学校の成績など）で優位に立つことで見返すしかなかった。

　しかし、インターネットでの攻撃には物理的優位は必要ではない。インターネットは、面と向かって悪口を言えない相手に、攻撃手段を提供する。しかも相手から見えないところから、匿名で相手を攻撃できる。バーチャルな世界では、リアルな世界とは違って、参加者はさしあたり対等である。これによって、ホッブズが想定したような「誰もが相手を殺すことができる」状況、換言すれば、誰もが簡単に攻撃でき、同時に攻撃対象にもなるような「自然状態」が出現したのである。これにより加害者と被害者の関係は流動的になり、両者は短

期間で容易に入れ替わることも可能となる。

　また伝統的ないじめにおいて、暴力を加えたり罵ったりする相手は、加害者にとってそれなりに面識のある人であった。ところがネットで悪口を言うには、相手のことをよく知らなくても、「きもい」「うざい」という印象だけで十分である。それゆえ濃い人間関係がなくても、深刻ないじめに発展しうる。2020年にもテレビ番組の出演者がソーシャルネットワークで激しい誹謗中傷にさらされ、自殺に追い込まれるという痛ましい事件があった。攻撃的な言葉を書き込んだ人々は、被害者とは面識のない視聴者だった。このような「ネットリンチ」を「ネットいじめ」の一種と考えるならば、加害者との関係を「一定の人間関係」と漠然と表現しているのも納得できる。

　現代のいじめの主流が「ネットいじめ」に移行していることは、異論のないところだろう。しかし、その原因については、意見が分かれている。「ネットいじめ」が問題視されはじめたころに支配的だった意見は、「インターネットの普及によって、新たないじめが生まれた」というものであった。文明の利器が新たないじめを生んだというルソー主義的な見解にたいして、「ネットいじめ」に詳しい荻上チキは早い段階から批判的であった。

　　「既存のいじめへの対策さえきちんと行われていない現状であるのに、ネットいじめに対してだけは、まるでインターネットが問題を引き起こしたのだから、そのインターネットに制約をかけさえすれば解決するかのような議論が進行している。……「ネットによっていじめが見えづらくなった」という語りがまことしやかに行われているが、これまでのいじめが「見えていた」のかといえば、そうではない。これまでのいじめもきわめて「匿名的」なものであったが、ウェブ上に匿名空間が用意されることによって、それらが可視化されていると言ったほうがよいだろう。さらにいえば、これまで教師には見えていなかったいじめや陰口の数々が、教師ではなく、「外部」に先に見られてしまっているがゆえに、いじめの存在を隠しきれず、対応できていない実態があきらかになっているともいえる……。」(2008, 139-140)

　つまり「もともと授業外のやりとり、ノートの切れ端のやりとり、トイレで

のやりとり、部室などでのやりとり、下校時のやりとりなど、親や教師など「大人」の目の届かないところでのいじめはたくさん存在し、その多くは「裏」で「陰に隠れ」て行われる「陰湿」なものであった」(2008, 138) にもかかわらず、インターネットの登場によって、あたかもいじめが新しく生まれたかのような語りが目立つことに荻上は疑義を呈している。

　もしインターネットの登場によって、新たないじめが生まれ、それが主流になっているのであれば、ネット登場以前の伝統的ないじめを論じた研究は、本書を含めて時代遅れであり、もはや無用となる。しかし、荻上が言うように、ネットが「いじめの手段に1つのバリエーションをふやしたにすぎない」(2008, 136) のならば、「従来のいじめから具体的にどのような変化が起こっているのか」(2008, 139) という問いを、印象や思い込みではなく、従来のいじめ研究で得られた知見とデータにもとづいて検証する必要がある。

　こうした検証の成果を分かりやすく提示しているのが、荻上の近著『いじめを生む教室』である。荻上は、「ネットいじめ」にかんして、① 誰もが対象になりうる、② 陰湿化しやすい、③ 加害者を特定しにくい、④ 24 時間追いかけてくる、⑤ 転校しても追いかけてくる、という代表的な5つの誤解を取り上げ、いずれの特徴も、「ネットいじめ」に固有のものではないことを明らかにしている (2018, 184-204)。たとえば、よく指摘される ③ の誤解についても、これまでのいじめより「ネットいじめ」の方が、証拠が残りやすく、加害者の特定率も一般の想定より高いという。

　つまりネットの登場によって、新しいいじめが生まれたのではなく、これまで存在していたいじめが別の形で現れたのである。昔から陰口や悪口も、仲間はずれやシカトも存在した。かつて、仲間同士でひそひそと行われていたものが、現代になって、ソーシャルネットワークで行われるようになっただけである。かつても、悪口や陰口は人を傷つけたし、それが攻撃や排除に発展すれば、いじめになった。それは、リアルな世界でもネット空間でも変わらない。

　荻上は言う。「ネットいじめを受けている人は、その大半が、リアルな空間でもいじめを受けていることが分かっています。つまり、「ネットによって新しいいじめが生じた」のではなく、教室の人間関係がネット空間にも持ち込まれることによって、いじめが広く展開されている、というのがネットいじめの

正しい認識ということになります。……このように、ネットいじめは実際の教室と地続きであるがゆえに、「ネットいじめだけ」の対処をしても仕方がありません。学校などでのリアルないじめの対処をすることが、ネットいじめの対策にもなっていくということが言えるのです。」(2018, 192-193)

　現実の世界の人間関係がネットの世界にもちこまれ、「ネットいじめ」として問題化するのであれば、ネット上で発見されたいじめの根は現実世界にある。荻上の言うように、「ネットいじめ」が教師や親の目に見えづらい子どもたちの人間関係やいじめの実態を可視化するものであるならば、ネット上でのいじめの発見は、現実世界に根をもついじめの解決の第一歩にもなりうる。つまり「ネットいじめ」対策も、リアルな世界を含めたいじめ防止策全体のなかで行っていく必要がある。

　かくして荻上は、「ネットいじめ対策においても、ネットでのいじめだけではなく、教室空間で作られている人間関係を、より居心地のいいものに変えていくことが必要」(2018, 194) だと主張する。では、居心地のよい人間関係とは何か？　そのために学校や教師、あるいは社会や大人たちは何ができるのか？　荻上が現実的かつ具体的な提案を行っているので、ぜひ参照していただきたいが (2018, 206-255)、本書は次の第3章で哲学的な観点からいじめ防止に向けた教育のあり方を考えていく。

注

1）「ポリス的動物」が「社会的動物」とラテン語訳されたことで生じた問題については、アーレントの『人間の条件』における説明（VA 34ff.／訳44頁以下）などを参照のこと。

2）「森の中をさまよい、器用さもなく、言語もなく、住居もなく、戦争も同盟もなく、少しも同胞を必要としないばかりでなく彼らを害しようとも少しも望まず、……未開人はごくわずかな情念にしか支配されず、自分ひとりで用がたせたので、この状態に固有の感情と知識しかもっていなかった。彼は自分の真の欲望だけを感じ、……彼の知性はその虚栄心と同じように進歩しなかった。世代はいたずらに重なっていった。そして各々の世代は常に同じ点から出発するので、人間はいつまでも子どものままであった。」（Ⅲ 159-160／訳80）

3）実際にはホッブズは、人間の情念を論じる際に一貫して「憐れみ（pity）」あるいは「憐憫（misericordia）」に言及しているので、「ホッブズが少しも気づかなかった」という批判は不当である。ちなみに『リヴァイアサン』における定義によれば「憐れみとは、

他人の災難にたいする悲しみであり、憐れみは、同じような災難が自分自身にもふりかかるかもしれないという想像から生じる。そしてそれゆえに、同情（COMPASSION）とも呼ばれ、今日の言い方では、同胞感情（FELLOW-FEELING）である」（EW3, 47／訳Ⅰ109）。ホッブズはさらに『市民論』において、遵守すべき「自然法＝道徳法則」（LW2, 196／訳91）のなかに「憐憫」を加えている（LW2, 187／訳78）。ルソーは、ホッブズへの激しい批判にもかかわらず、ホッブズの定義を基本的に踏襲しているようにも見える。

4）ここでどちらも「共感」と訳したempathyとsympathyとの違いについては、第3章で詳しく論じる。

5）詳しくは、進化論と遺伝学から道徳の生成と発展を論じたマット・リドレーの『徳の起源』（1997）を参照されたい。

6）ルソー以降で、動物と人間とを同じ感性的存在と見なし、動物の権利を擁護した哲学者の代表は、功利主義者のベンサムである。第1章注6で紹介したシンガーが、動物虐待を「種差別」として批判する際に依拠しているのは、まさにこの功利主義である。

7）文明社会の発展を論じる『不平等論』第2部は、次のような有名な一節で始まる。「ある土地に囲いをして、「これはおれのものだ」と宣言することを思いつき、それをそのまま信じるほどおめでたい人々を見つけた最初の者が、文明社会（société civile）の真の創立者であった。杭を引き抜きあるいは溝を埋めながら、「こんないかさま師の言うことなんか聞かないように気をつけろ。果実は万人のものであり、土地は誰のものでもないことを忘れるなら、それこそ君たちの身の破滅だぞ！」とその同胞たちにむかって叫んだ者がかりにあったとしたら、その人は、いかに多くの犯罪と戦争と殺人とを人類に免れさせてやれたことだろう？」（Ⅲ 164／訳85）。

8）ホッブズも『法の原理』で、こうした相互承認こそが、平和樹立のための自然法とみなしている。「平和のために、万人は他の人と自分が平等であると承認（acknowledge）すべきであるというこの法を自然が定めたとわれわれは想定しなければならない。」（EL 88＝EW4, 103／訳181）

9）第1章第3節で見たように、動物には「順位制」があり、雄たちは集団のリーダーになるために、あるいはメスの配偶相手になるために生命を賭けて闘うこともある。そう考えると、「承認をめぐる闘争」がはたして人間に固有な闘争形態と言えるのか疑問であるが、ここではコジェーヴの説明にしたがっておく。

10）かつての植民地アメリカで、パトリック・ヘンリーは、「鎖と隷属を耐え忍んでまで、命は尊く、平和は快いものだろうか。全能の神にかけて、断じてそうではない。他の人々がどの道を選ぶのかは知らないが、私について言えば、私に自由を与えよ。然らずんば私に死を与えよ」と訴えて、本国イギリスの支配に抵抗したことを想起したい。しかしながら、支配者と被支配者のあいだの相互承認は、市民革命にせよ、独立戦争にせよ、長い闘争による多大な犠牲と引き換えに実現した。また抑圧や差別が日常的に見られる現代世界において、相互承認への道のりは、いまだ道半ばと言える。したがって、

ナポレオン登場後の世界に「歴史の終わり」を見るコジェーヴの楽観的な展望に与することはできない。

11）精神科医の斎藤環（2013）は、現代の若者における過剰な承認依存を「承認をめぐる病」と名づけて分析している。

12）マルクスとエンゲルスは『共産党宣言』の第1章の冒頭で「これまでのいっさいの社会の歴史は、階級闘争の歴史である」（1959, 462／訳345）と語る。この一文の「階級闘争」を「承認をめぐる闘争」に置き換えれば、コジェーヴの歴史観になる。またイェーリングは、ウィーンでの有名な講演をもとにした『権利をめぐる闘争』において「闘争において汝の権利＝法を見いだせ」という言葉をモットーに掲げている（1872, 1／訳7）。

13）ニーチェが『道徳の系譜学』で次のように語るとき、彼はこうした見方を先取りしている。「外部にはけ口をみだすことのできなかったすべての本能は、内部に向けられる——これは私が内面化と呼ぶものである。……敵意も、残酷さも、迫害し、襲撃し、変革し、破壊することの快感も、——すべてがこうした本能の持ち主へと向きを変えたのだった。これこそが「疚しい良心」の起源なのだ。」（VI2, 338f.／訳155-156）

14）わが国では、ジラールとも交流のあった山口昌男（1978; 1998）が、スケープゴートを多角的に論じているので、興味のある読者は参照されたい。

15）ジラールが意外にも論じていない「魔女狩り」といじめとの関係については、原田順代のユニークな研究（2007）がある。

16）これは過去の問題ではない。2011年の東日本大震災において、原発事故が起こった福島県からの避難者への差別やいじめが見られた。また2020年以降の新型コロナウィルスの流行でも感染者や医療従事者にたいする差別やいじめがあり、「自粛警察」や「コロナ自警団」によって、自粛要請にしたがわなかった（とみなされた）人々がネット等で激しく攻撃されたのは、記憶に新しいところである。

17）作田（1981, 134-146）は、ジラールの欲望論にもとづいて夏目漱石の『こころ』における三角関係を実に見事に解釈している。

18）森田・清永の調査（1986, 63）によると、加害者の約3分の2にあたる65.5%がいじめる理由として「相手に悪いところがあるから」と回答し、「面白いから」はわずか10.2%である。いじめを積極的に是認している観衆の場合、「相手に悪いところがあるから」は36.6%で、「面白いから」が38.2%になる。

19）いじめの黙認メカニズムを解明したすぐれた先駆的研究として正高（1998）が挙げられる。

20）メンバーの心的拘束が崩れ去ると、指導者の言うことに誰も耳を傾けなくなり、組織として機能しなくなる。それは、学級という組織でも同じである。次節で詳しく見るように、軍隊は、心的な拘束だけではなく、刑罰を伴う強制力（命令にしたがわなかった際の厳しい懲罰）によっても維持されている。学級も同様で、学校や教師がもつ権威あるいは懲罰機能が失われたとき、「学級崩壊」にいたる。

21) これは、精神分析において「置き換え（Verschiebung）」と呼ばれる防衛メカニズムであり、日本の軍国主義体制は、こうした構造的「置き換え」によって成り立っていたシステムということができる。現代日本の制度や組織に今なおこうした構造が残っていないか、検証する必要がありそうである。

22) 精神分析医のダイアン・レインは、『自己と他者』（1969）の付録において、こうした二者関係を詳細に分析している。

第3章 「人格」とは何か？

> 「錯乱し、混乱した夢を解釈することができるようになって、わたしたちが理解したことは、人間が眠りに入ると、それまで苦労して獲得してきた道徳性を、あたかも仮面を外すかのように捨て去ってしまうということである。そして朝になって目覚めると、この道徳性という仮面をふたたびかぶるのである。」
>
> ——ジークムント・フロイト（GW10, 338／訳66）

　どうすればいじめをなくせるか——これまで多くの教育関係者が、この問いに取り組み、さまざまな提案をしてきた。だが、決定的な解決策はいまだ出ていない。これからも出てこないかもしれない。だからといって、「いじめはなくならない」とあきらめて、問い続けること放棄するならば、暗黙のうちにいじめを「やむをえない」ものとして甘受することになってしまう。

　自然災害と違って、いじめが人間によって引き起こされる以上、解決の鍵も人間が握っているはずである。だとすれば、私たちはいじめをなくす道、少なくともいじめを軽減させる道を積極的に模索しなければならない。実際、どんな組織や人間関係でいじめが起こりやすいか、私たちの多くが経験的に知っている。にもかかわらず、組織や人間関係を一夜にして根本的に改革するのは不可能であり、理想的な人間関係を一日で築くことも困難である。

　そのため近年、いじめ防止のために道徳教育の充実を求める声が高まってきた。そうした声に後押しされて、2018年度から小学校において道徳が「特別の教科」に格上げされ、2019年度から中学校でも教科化された。いじめを苦に自殺する子が後を絶たないという厳しい現実を前にして、道徳の授業を積極的に活用すべきだという主張はよく理解できる。

　その背景には、道徳の授業が、これまで他の教科に比べてなおざりにされていたという事情がある。筆者を含めて、自分が受けた道徳の授業をあまり記憶していない人は多いだろう。副読本を読むならよい方で、テレビ番組を見るだけで終わったり、遅れている教科の授業に使われたりすることもあった。だが、教育現場で道徳教育に熱が入らなかったのには歴史的な経緯がある。

　日中戦争から第二次世界大戦まで、日本の学校教育は軍国主義体制の一翼を担うことになった。当時、道徳教育に相当する修身科は、「忠良なる臣民」あるいは「皇国民」を育成することを目指していた。そうした行き過ぎた愛国教育への反動から、戦後は特定の価値観の押しつけにつながる道徳教育への警戒感が長く学校現場を支配してきたのである。今でも道徳や道徳教育という言葉にアレルギーをもつ教員は少なくない。

　本書は、公教育における道徳教育の是非については立ち入らないが、道徳教育にいじめ防止の役割が期待されている以上、「道徳教育によっていじめはなくなるか」という問いに取り組まざるをえない。いじめ防止に有効な道徳教育があるとすれば、それは当然、これまで論じてきた加害や黙認、否認や隠蔽のメカニズム、そしていじめ問題特有の難しさをふまえたものであるべきだ。では、いじめに特有の難しさとは何か、筆者はそれを以下の4点にみる。

　いじめ問題の第1の難しさは、いじめ発見の難しさである。たいていの場合、いじめは、周りの目を盗んで行われる。かりに、周りの目を気にせずに堂々といじめる子がいるとすれば、加害者が親や教師にいじめを知られることはない（告げ口をした子には報復すると脅かしている）、もしくは通報されてもかまわない（親や教師も怖くない）と考えているからにすぎない。

　さらに発見を難しくするのは、第2章の最後で触れたいじめの形態の変化である。昔のいじめは、教室や校舎の見えにくいところ、放課後の帰り道などで行われた。暴力系のいじめなら、傷やあざを見れば被害を確認できた。しかし、現在のいじめの主流であるコミュニケーション操作系のいじめは、バーチャルな世界でも行われる。ネット上の人間関係にまで教師や親の目がなかなか届かないのが実情である。

　2つ目は、いじめ制止の難しさである。いじめの被害を知っているのは、誰よりも被害者である。だが、力関係で加害者に劣った被害者がいじめをやめさ

せるのは非常に困難である。それゆえ、頼みの綱となるのは、いじめの存在を知っている「第三者」である。だが、これまで見てきたように、「第三者」の多くは、決して中立的な存在ではなく、面白がって見ている「観客」や、見て見ぬふりをしている「傍観者」である。かりに被害者に同情する者やいじめに批判的な者がいても、通報することによって自分がいじめの対象になることを恐れて、黙認せざるをえない場合が多い。

　3つ目は、いじめ認定の難しさである。第2章の最後で見た文部科学省の定義においては、自分になされた侵害を「いじめ」と判断するかどうかは、被害者に委ねられている。セクハラやパワハラ同様、たとえ加害者が「冗談」「からかい」でやったとしても、被害者にとって「いじめ」であれば「いじめ」になるわけである。とくに、年齢や力関係において対等でない者の間（教師と生徒、先輩と後輩、強者と弱者、集団と個、「ふつうの子」とそうでない子など）では、判断が難しくなる。

　たとえば子どもたちの間に生じる日常的なトラブルが、当事者の一方から「いじめ」と受け取られ、「いじめ」と認定されてしまうこともある。日常的トラブルが「いじめ」と認定されることで、「いじめられた」側が「いじめ」という言葉を武器に「いじめた」側に攻撃的になり、かえってこじれてしまう場合もある。さらに第2章第5節で見たナチスように、加害者が被害者を僭称することも少なくない。

　反対に、DVにおいてしばしばみられるように、明らかに「いじめ」と思われる行為を、被害者自身が否定することもある。加害者による報復を恐れて、あるいは親や教師に心配をかけまいとしていじめを否認するような場合である。おそらくこちらの方が、事例としては深刻であろう。被害者と加害者の見方や利害は対立しているので、当事者の言い分だけではなく、さまざまな立場の人の視点から、いじめを解明・認定していく必要がある。

　最後に、そしてもっとも問題なのは、いじめの加害者に、被害者の人格を侵害しているという意識がないことである。言うまでもなく、いじめは悪質な人権侵害である。その意味で、憲法が定める「基本的人権の尊重」に反する。「人権侵害とは大袈裟な」という異論があるかもしれないが、いじめが原因で不登校や心の病気、さらには自殺に追い込まれる子どもが後を絶たないことを

考えると大袈裟とは言えない。

　「人権侵害」とみなされないのは、加害者の多くが「遊び」や「冗談」（あるいは「制裁」や「罰」）のつもりでやっていて、被害者の人格を踏みにじっているという意識がないからである。権利意識を欠いた子どもたちに、「なぜいじめがいけないか」を指導しなければならないところに、いじめ教育の難しさがある。

　いじめが人権侵害であるかぎり、いじめが起こるのは、誰かが人格として承認され尊重されていないところである。というのも、人間が互いを人格として認め合っているところで、いじめは生じるはずがないからである。だとすれば、子どもたちが互いを人格として尊重し合うクラスや学校を作れば、いじめはなくなるはずである。

　だが「言うは易く行うは難し」である。それは大人たちの社会を見ればよく分かる。職場であれ、家庭であれ、互いを人格として尊重し合う関係が構築されていないから、さまざまな犯罪、パワハラ、セクハラが起きているわけである。とすると、私たちは自分たちがまだできていないことを子どもたちに要求することになる。よって「互いを人格として認め合う」ことは、なによりもまず私たち大人の目標である。

　そこで以下、いじめのない社会の構築のために、換言すれば、私たちが互いを人格として尊重しあう社会の実現に向けて、私たちが何をしなければならないのか考えてみる。その議論の前提として、道徳教育によるいじめ防止の可能性、とりわけ「規範意識の徹底」と「思いやりの心（共感）の育成」という2つのアプローチの検討から始めたい。

第1節　「共感」の限界

　「いじめはいけない」ことを、どのようにして子どもたちに教えることができるのか。いじめ防止の指導としてしばしば耳にするのは、①「いじめは絶対にいけない」ということを子どもたちに徹底させる（規範意識の徹底）、②被害者の気持ちになって考える「共感」能力を養う（思いやりの心の育成）という2つの異なるアプローチである。

第1のアプローチは、「ならぬことはならぬ」「ダメなものはダメ」として、いじめを無条件で禁止するものである。同種のものに、「暴力はダメ」「嘘はダメ」という禁止命令があるが、暴力も嘘も残念ながら私たちの社会の日常に属している。いじめの場合でも、「いじめは絶対にいけない」と説教するだけの道徳の授業なら、あまり効果は期待できないだろう。

「いじめはいけない」というフレーズなら、ほとんど子が知っているからだ。それは「セクハラやパワハラはいけない」というスローガンをくり返しても、セクハラやパワハラが一向になくならないのと同様である。セクハラやパワハラを行っている加害者の多くが、自分のやっていることがセクハラやパワハラであるという自覚がないからである。いじめも同様で、自分がやっていることがいじめだという自覚がなければ、歯止めにはならない。

たんなる説教ではなく、物理的強制力を行使すれば、規範を守らせることができるであろうか。その伝統的な方法は、権威（権力）にたいする恐怖心によって規範を守らせるというホッブズ的な方法である。しかし、教師が行使できる強制力には限度があるし、そもそも教師による体罰は認められていない。それに、恐怖心や懲罰を利用したやり方は、長期的に見れば子どもの心の発達にとってマイナスであろう。

となると残された道は、規範の内面化である。しかし第1章で見たように、これは超自我による自我の支配、つまり子どもの心のなかで親や教師の代理を務める超自我が監視・強制することを意味する。たしかに規範の内面化は、人間が社会的存在になるために必要不可欠のプロセスであるが、欲望自体が「悪」とみなされ、欲望充足に「罪悪感」がともなうとすれば、子どもの心は遅かれ早かれ耐えられなくなるだろう。「超自我はノイローゼの生みの親である」というアンナ・フロイトの言葉を思い出したい。強すぎる超自我は自我を押しつぶしてしまう。それゆえ道徳的教化にあたっては、子どもの心の発達を考慮すべきで、過度の内的強制は避けるべきであろう。

規範の徹底や内面化は、いじめ防止に一定の効果があるだろうが、それだけでは無理があり、さらなる選択肢を考える必要がある。第2の選択肢は、「思いやり」や「共感」であろう。これらは儒教やキリスト教の中心的な教えであり、現在の道徳においても重要な位置を占めている。第2章第1節でみたよう

に、共感が見られるのは、人間だけではない。ダーウィンは、生存競争を生き抜くために進化の途上で共感能力が形成されたと考えている。第1章第4節で紹介したドゥ・ヴァールも、『共感の時代へ』(2010) において動物の共感行動を例示しつつ、共感の役割を高く評価している。

　哲学において「共感」は伝統的に低く評価されてきた。「共感 (sympathy)」はギリシャ語 sympatheia に、「同情 (compassion)」はラテン語 compassio に由来し、どちらも「ともに苦しむ（共苦）」という意味である。英語の passion は一般に感情や情熱などと訳されるが、哲学者たちは自発的・能動的な能力としての思考を高く評価し、外部の原因によって（何かに触発されて）受動的に生じた情念や情動を低く評価してきた[1]。

　たとえば「ストイック」という言葉のもとになった古代のストア派は、情念に振り回されない「アパテイア（心の平穏）」を理想とした。アパテイアとは「情念のない」状態である。スコットランドの哲学者デイヴィッド・ヒューム (1711～76年) は「理性は情念の奴隷である」という有名な言葉を残しているが、強い感情にとらわれると人間は理性的に考えられなくなってしまう。知性の力を信じる哲学者たちにとって、知性の邪魔となる情念や感情は、できれば無視したい厄介な存在なのである。

　しかし、近代に入ると理性によって統制されるべき感情を道徳的能力として評価する哲学者が登場してくる。人間の利己性を強調するホッブズやマンデヴィルに対抗してシャフツベリ (1671～1713年) は、人間を善に導く利他的感情に着目し、道徳的判断の能力を理性ではなく、感覚や感情に求めた。シャフツベリを継承したフランシス・ハチスン (1694～1746年) ら「道徳感覚学派」と呼ばれる哲学者は、「共感 (sympathy)」を道徳的原理に高めた。ルソーを含めて18世紀の道徳哲学が「共感」の1つの起源である。

　もう1つの思想的起源は、19世紀後半のドイツ美学で、美的認識・享受を描写するために用いられた「感情移入 (Einfühlung)」という概念である。哲学者で心理学者でもあったテオドール・リップス (1851～1914年) は、観察者が観察対象なかに入り込むことを意味する「感情移入」を心理学に導入した。これがのちに empathy と英訳されて広まることになる。現在、心理学で「共感」と訳されているのは、この empathy である[2]。

　一方、心理学で sympathy は「同情」と訳されることが多いが、哲学では「共感」や「同感」などと訳されており、必ずしも厳密に区別されていない。「共感」「思いやり」「同情」などの言葉は、日常語では欧米でも日本でもあまり区別されずに用いられている。本書では、混乱を避けるため、「共感」で統一しておくが、「共感」という言葉によって何が理解されているのか、その定義を簡単におさえておこう。

　「共感」については、さまざまな研究者がさまざまな定義を与えているが、大きく２つの見方に分かれる。つまり、共感が、他者との感情の共有であるか、あるいは他者理解であるかという違いがある。感情の共有であれば、相手が笑って（悲しんで）いるのを見て、ついつい一緒に笑って（悲しんで）しまうというような「感情の伝染」も含まれる。このレベルの共感なら、動物間や乳幼児にもみられるもので、相手の感情に触発されて起こる受動的なものであり、ここで自分と他人は、一時的であれ感情において融合していると言える。

　「相手の中に入り込む」あるいは「相手の立場に立つ」という他者理解の意味であれば、自他の区別が前提となり、他者の考え方や感じ方を認識・理解する能力が求められる。この考え方に立つと、共感はたんに情動的なものではなく、認知的なものであり、他者の役割・視点の取得という意味をもっている。

　しかし、いずれも社会的存在としての人間にとって不可欠の能力で、社会生活にとって重要とみなす点では、立場の異なる研究者たちも一致している。「共感的な人」「思いやりのある人」というのは、きわめて肯定的な人物評価であり、欧米でも、たとえばドイツ語の sympathisch やフランス語の sympathique という形容詞は、人にたいして使われると、「感じがよい」「好ましい」という意味になる。したがって、「共感」や「思いやり」の養成を、いじめ防止の柱とするのは、理に適っているように思える。

　第２章第１節で見たように、「憐れみ」を道徳の原理とした哲学者・思想家の代表格は、ルソーである。彼によれば、人間たちを結びつけるのは、人間たちが共通にもつ弱さにたいする共感（憐れみ）である。共感能力によって、人間たちは自己愛を抑制し、互いに共存可能となるのである。人間が自然から「憐れみ」を授かりながら、社会において争いが絶えないのは、私たちがもともと攻撃的だからではなく、文明とともに「憐れみ」が失われたためだという。

　ルソーによれば、この自然的感情の喪失とともに、自然人において一致していた「存在」と「見かけ」がまったく違ったものになってしまった。文明人は親切にすることがあっても、他人を助けたいからではなく、それで得をしたり、自分の評判を良くしたりするためである。つまり、彼らにとっては、本当に親切であることよりも、親切そうに見えること（「親切心の仮面」をかぶること）が大事なのだ。つまり文明人とは、「仮面」をかぶって「見かけ」ばかりに心を砕いている人々である。

　ルソーにとって文明人の頂点は、大都市パリで優雅に暮らす王侯・貴族のような特権階級と彼らに群がる知識人（フィロゾフ）であり、ルソーは彼らを容赦なく批判した。そしてそうした批判を実践に移した人々がいた。ルソーの死後約10年後に勃発したフランス革命の最終段階で、「恐怖政治」を行ったロベスピエールである。「自由・平等・博愛」というフランス革命の理念を体現しているはずのルソーの思想から、なぜロベスピエールの恐怖政治が生まれてきたのか。第2章第8節で紹介したハンナ・アーレントは、フランス革命を批判した『革命について』で次のように分析をしている。

　アーレントによれば、フランス革命においては、旧体制に代わる新しい統治の仕組みの創設ではなく、不幸な人々の物質的困窮からの解放、つまり「社会問題」の解決が、革命の目標にされた。それは、ロベスピエールたちが旧体制のもとで困窮する人々への「憐れみ」を、人々を革命へと動員する原動力にしたためである。憐れみが最高の徳であるならば、憐れみを呼び起こす困窮した人々は、徳の源泉になる。ロベスピエールからすれば、この最高の徳に比べれば、法の中立性や裁判の公平性などはまったくどうでもよいことであった。

> 「政治の面でいえば、ロベスピエールの徳のもつ悪は、彼の徳がいかなる制限をも受けつけなかったという点にあったといえるだろう。……測り知れないほど多数の人民の、測り知れない苦悩と取り組んでいるとき、裁判と法の不偏不党とか、宮殿に眠る人にもパリの橋の下に眠る人にも同じ規則を適用しなければならないという原則などは、茶番にすぎなかった。」
> （R 90／訳 135）

　圧倒的な数の貧民を救うためには、合法的な手段だけでは不十分である。賢

明な外科医が「患者の生命を救うために腐り爛れた手足を切るように」、革命家たちは、貧民が社会の大多数を占める瀕死の社会を救うために、社会の腐った部分、つまり道徳的に堕落した特権階級や知識人を「慈悲深いメス」で粛清するのである。こうして残酷さや暴力が、他ならぬ憐れみによって正当化され、「憐れみのため、人間にたいする愛のため、非人間的になれ！」といったスローガンがまことしやかに語られることになる（R 89／訳133）。

　ルソーによれば、憐れみはもっとも人間的な感情である。だとしたら「人間的になるために、非人間的になれ」とは、明らかな矛盾である。そこには、愛の名のもとに暴力を正当化する「愛の鞭」と似た危険がある。しかし、アーレントによれば、これこそ「憐れみの真実の言葉」であり、憐れみが「残酷さそのものよりも残酷になる能力を持っていることを証明している」という（ibid.）。

　なぜ、本来すべての人に向けられるべき「憐れみ」が、粛清の対象となった人々には向けられなかったのか。恐怖政治において断頭台（ギロチン）の露と消えたのは、打倒されるべき特権階級の人々（ルイ16世やマリー＝アントワネットなどの王侯貴族）だけではない。ラヴォアジェのような科学者や革命の同志などさまざまな人が含まれる。なぜこれらの人まで犠牲になったのか。

　その理由として、アーレントは憐れみの党派性を指摘する。「憐れみは、連帯と対照的に、運と不運、強者と弱者を平等の眼差しで見ることができない」（ibid.）のである。憐れみを引き起こすのは、弱者や不運な人である。よって、幸運な人や強者は、憐れみから除外される。彼女によれば、こうした党派性が、他ならぬルソー自身に由来する。

　「ルソーが他の人びととともに苦しむことによって、同情（compassion）を発見したというのは大いに疑わしい。……彼はむしろ上流社会に対する反抗心、とくにまわりの人びとの苦しみに上流社会が見せたあからさまな無関心にたいする反抗心に導かれたのである。彼はサロンの無関心と理性の「無情さ」に抗して感情の源泉を奮い立たせた。……たしかに他の人びとの苦境は、ルソーの心を刺激したのであるが、彼がかかずらっていたのは、他人の不幸ではなく、自分の心だったのである。」（R 88／訳131）

　アーレントのルソー解釈によれば、「文明は人間を堕落させた」というセン

セーショナルな主張で華々しくデビューして、貴族や知識人のサロンに迎え入れられながら、結局社交界に馴染めず、冷遇された苦い経験こそ、ルソーを同情の道徳へと導いたのだった。ニーチェ的に言えば、ルソーが道徳の原理とした憐れみもルサンチマンの産物に他ならない。

　アーレントによれば、フランス革命の最終段階で、憐れみが政治の原理となることで、「徳のテロル」が行われた。文明社会の利己心を批判するルソーとその後継者にとって、徳とは「無私、すなわち他人の苦悩のなかに自分自身を無にする能力」（R 81／訳 121）であった。革命の敵は、公益や共同体の意志（ルソーのいう「一般意志」）に反する私益や「特殊意志」である。利己主義の糾弾は、利己心を巧みに隠蔽する人々の「偽善にたいする闘い」として行われた。

　　「偽善にたいする闘いは、……社会にたいして宣告された闘いであり、それは何よりもフランス社会の中心であったヴェルサイユの宮廷にたいする闘いを意味した。……それは腐敗と偽善の舞台であった。……革命はフランス社会の顔から偽善の仮面（mask of hypocrisy）をはぎとり、その腐敗をあばき、そして最後に、腐敗の前景を引き裂いて、その背後にある素朴で正直な人民の顔を露わにする機会を与えたというのであった。」（R 105f.／訳 157）

　しかし、この試みは失敗する。「偽善の仮面」を剝ぎ取ることによって、偽善者とされた人間の権利や尊厳が剝奪され、偽善者の人格が否定されることになったからである。そして、特権階級の「偽善の仮面」を剝ぎ取った後に現れてきたのは、ルソーが思い描いた自然人、つまり「素朴で正直な人民」ではなく、ホッブズやフロイトが考えたような剝き出しの欲動に動かされる「動物としてのヒト」にすぎなかったのである。

　次節で詳しく見るように、人格（person）という言葉は、もともと舞台俳優がかぶる「仮面」を意味するラテン語 persona に由来している。だが、やがて法律用語に転用されて「人格」の意味で用いられるようになった。アーレントは、こうした語源を踏まえながら、革命家たちは「偽善の仮面」を剝ぎ取ることによって、同時に「人格という仮面」も剝ぎ取ってしまったと主張する。

「偽善者にたいする際限のない追及と社会の仮面をはぎ取る情熱によって、意識はしていなかったが、人格という仮面（mask of the *persona*）も引き裂いていたのである。こうして恐怖政治は、結局、真実の解放と真実の平等にまさしく対立するものとなった。もっとも法的人格を保護する仮面（protecting mask of a legal personality）をすべての住民から等しく取り去ったという点では、恐怖政治は万人を平等にしたのであるが。」(R 108／訳 161)

　「偽善の仮面」を剝ぎ取るというロベスピエールらの試みは、結果的にルソーのいう平和な自然状態ではなく、むしろ相互不信による全面的闘争というホッブズ的な自然状態をもたらした。粛清を行っていたロベスピエール一派が、反対派によって捕えられ、断頭台の露と消えることになったのは、当然の成り行きであった。

　もっともアーレントのルソー解釈やフランス革命理解には賛否両論がある。それにはここで立ち入らないが、私たちが考えなければならないのは、同情や共感が「政治の原理」にされる際の危険性である。ルソーがいうように、憐れみ（同情や共感）は苦しんでいる「同胞」へ向けられる。彼が「人間よ、人間的であれ」と言って人間愛を強調したとき、彼をサロンで冷たくあしらった貴族や知識人もまた、「人民」の代表である庶民と同じ「人間」であることを忘れていなかっただろうか。

　私たちの同情や共感は、すべての人に平等に向けられるわけではない。私たちは大きな不幸（たとえば大災害）に見舞われた人々に同情する。東日本大震災の被災者には、国内はもとより国外の多くの人が同情し、大きな支援の輪ができた。こうした人間的なつながりは素晴らしいと思う。しかし、同情や共感は決して万能ではない。敵対関係にある相手あるいは先入観を抱いて見る相手に、私たちが「仲間」や「同胞」と思う人と同じように共感し同情しているか、誠実に問うてみなければならない。

　いじめでも同じである。自分の友達や仲間がいじめられているなら、何とかして助けたいという気持ちにもなる。しかし、自分が嫌いな人がいじめられている場合、同じように同情するだろうか。もし同情できないなら、いじめを止められない。「いじめられた子の気持ちになりなさい」と叱っても、観客や傍

観者が自ら被害者の立場に身を置いてその苦しみを共有しようとしないかぎり、どうにもならない。第2章第9節で指摘したように、ルソーのいう「憐れみ」は、「同情」の本質をなす「ともに苦しむ」という部分を欠落させていた。先に引用した箇所をその前の部分も含めてもう一度引用してみよう。

　「私たちが、私たちと同胞にたいして愛着をもつのはかれらの喜びを考えることではなくむしろ苦しみを考えることによってなのだ。……私たちに共通の必要は、利害によって私たちを結びつけるが、私たちに共通のみじめさは、愛情によって私たちを結びつける。幸福な人の様子は、他の者に愛情よりも羨望の念を感じさせる。そういう人が自分ひとりの幸福を手に入れたのは、もってもいない権利を横どりしたからだと私たちは非難したくなる。そして自尊心は、その人が私たちをぜんぜん必要としていないことを私たちに感じさせ、なおさら苦しみことになる。……想像は私たちを幸福な人の地位において考えさせるよりもむしろみじめな人の地位において考えさせる。……憐れみは快い。悩んでいる人の地位に自分をおいて、しかもその人のように自分は苦しんでいないという喜びを感じさせるからだ。羨望の念はにがい。幸福な人を見ることは、うらやましく思っている者をその人の地位におくことにはならないで、自分はそういう地位にはおかれていないという恨めしい気持ちを起こさせるからだ。」（Ⅳ 503-504／訳,中 26-27）

　私たちは、成功している人と自分を比較して嫉妬を感じる。自分のみじめさを思い知らされ、自分が味わうはずだった幸せを相手に奪われたように感じる。それにたいして、不幸な人にたいする憐れみは快い。なぜなら、相手の苦しみを自分が逃れていることに喜びを感じるからだ。ホッブズやラ・ロシュフコーの鋭利な心理分析を継承したような、あるいはニーチェの同情批判を先取りしたようなこの一節でルソーは、憐れみの喜びが、相手にたいするひそかな優越感に由来していることを告白している。つまり同情から不幸な人を助けている人の親切心には、道徳的ではない「喜び」が混じっている。にもかかわらず、同情の親切心はそれを認めない。とすると、もっともたちの悪い「親切心の仮面」をかぶっているのは、憐れみではないのか。[3]

　ルソーが「人間性」の核とした憐れみまで偽善的だとすると、いったい何が
本当の人間性なのだろうか。同情がかぶっている「偽善の仮面」を剝ぎ取れば、
真の人間性が現れてくるのだろうか。だが、それこそ「偽善の暴露」を実践し
たロベスピエール派が犯した誤りに他ならない。憐れみの正体が、本当の同情
（無私）なのか、あるいは偽装された利己心なのか、真実を知ろうとする近代の
「動機調査」はつねに失敗に終わる。なぜなら、心のなかは本人ですら完全に
知ることのできない闇だからである。アーレントは言う。

> 「人間の心はたしかに人間の眼が入り込むことのできない暗闇の場所であ
> る。心の特性は暗闇を必要とし、公衆の光から保護されることを必要とし、
> さらに、それが本来あるべきもの、すなわち公的に表示してはならない奥
> 深い動機にとどまっていることを必要とする。どんなに心の奥深くで感じ
> られた動機であろうと、いったん引きずり出され、公的な観察にさらされ
> るなら、それは考察の対象ではなく、むしろ疑惑の対象となる。」（R 96／
> 訳 142）

　「仮面＝見かけ」を偽りとみなして、終わりのない「仮面の暴露」を続けて
も、ルソーが考えたような「人間性」は現れてこない。だとすれば、発想を逆
転させて、むしろ仮面こそが人間性を表現していると考えてみてはどうだろう。
私たちは、仮面をかぶることによって人間的になるという考え方である。次節
でアーレントが提起した「仮面」の問題をさらに深めてみよう。

第 2 節　自分を隠す「仮面」

　アーレントが言うように「人格（person）」の語源のラテン語「ペルソナ
（persona）」は、もともとは役者がつける「仮面」を意味していた。これに着目
していた哲学者は少なくない。ホッブズは『リヴァイアサン』第 1 部第 16 章
で次のように説明している。

> 「人格という言葉は、ラテン語である。それのかわりにギリシャ人は、プ
> ロソーポンという語をもっていて、それは顔（face）をあらわし、ラテン

語のペルソナ（persona）が、舞台上でまねられる人間の仮装（disguise）や外観（outward appearance）をあらわし、ときには、もっと特殊的に、仮面（mask）あるいは瞼甲（vizard）のように、それの一部分で顔を仮装するものを、あらわすのとおなじである。そして、それは舞台から、劇場においてと同様に法廷においても、ことばと行為を代表するすべてのものに、転化した。それだから、人格とは、舞台でも日常の会話でも、役者（actor）とおなじであって、扮する（personate）とは、かれ自身や他の人を演じる（act）こと、すなわち代表する（represent）ことであり、そして他人を演じるものは、その人の人格をになうとか、かれの名において行為するとかいわれる。」（EW3, 147f.／訳 I 260-261）

　パーソンという言葉には、古くは「登場人物」とか「役」といった意味があり、パーソンから派生した動詞の personate や impersonate は、「役を演じる」と言う意味でつかわれている。「世界中が舞台であり、男も女もみな役者だ（All the world's a stage, And all the men and women merely players.)」というシェイクスピアの有名な言葉があるが、私たち人間は、学校や職場あるいは家庭で、「仮面」をつけて、与えられた「役」を演じながら生きている。だが、こうした見方をしたのは彼が最初ではなく、オランダの人文主義者デジデリウス・エラスムス（1466〜1536 年）も『痴愚神礼賛』において、痴愚の女神に次のように語らせている。

　　「役者が舞台へ出てきて、その役を演じていますときに、だれかが役者の被っていた仮面（persona）をむしり取って、その素顔をお客さんに見せようとしますよ。こんなことをする男はお芝居全体をめちゃめちゃにすることにはならないでしょうか？……幻想が破り去られてしまうと、お芝居全体がひっくりかえされます。いろいろな扮装や化粧こそが、まさに、われわれの目をくらましていたからです。人生にしても同じこと、めいめいが仮面を被って、舞台監督に舞台から引っこまされるまでは自分の役割を演じているお芝居以外のなにものでしょうか？……あらゆる場面が、要するに仮装だけなのでして、人生というお芝居も、これと違った演じられ方はいたしませんよ。」（IV 428／訳 94）

　私たちの社会生活は、世の中という舞台で演じられる「仮面舞踏会」だと言えるかもしれない。こうした演劇論的な観点から、人間の社会的行為を鋭利に分析したのが、第2章第9節で紹介したゴフマンの『行為と演技——日常生活における自己呈示——』(1959) である。彼によれば、社会的行為は演技を含み、行為者は役者 (perfomer) であり、観客 (audience) を意識した「印象の演出者」である。

　筆者を例に説明してみよう。筆者は大学で倫理学を教えているので、「倫理の先生」と言われる。数学を教える教員が「数学の先生」なのと同じなのだが、こう言われるのは、実はかなり苦痛である。というのも、「倫理の先生」という名に値するほど自分が倫理的な人間とは到底思えないからである。むしろニーチェが批判したような卑しくて嫉妬深い人間である（だから自分のような人間を口汚く罵る彼を正直あまり好きになれない）。

　自分の人間性を根本的に変えることはもはや不可能であり、「ありのまま」の自分では、とても「倫理の先生」など務まらない。しかし、「仮面」をつけて演じるのであれば、三流ぐらいの教師は務まるかもしれない。そう思うと少し気が楽になる。学生から尊敬される一流の教師はとても演じられないが、「ありのまま」に見合った三流の教師なら演じられそうである。

　家庭でもそうである。筆者は二児の父親であり、育児は楽しいこともあるが、ときに大きな苦痛である。とくに上の子は、昼夜を問わずよく泣いたので、生後3カ月は、つねに睡眠不足で、人生で最も苦しい日々だった。子どもが大きくなるにつれて、子育ても少しずつ楽になってきたが、それでも父親という「仮面」を投げ出したくなったのは、一度や二度ではなかった。

　だが、「仮面をかぶって演じる」ことによって、与えられた役割をそれなりにこなすことができている。というのも、もし「ありのまま」の自分なら、きっと教師としても父親としても、とっくに舞台を降りていた。つまり「仮面」をかぶることによって、「ありのまま」の自分がもつ欲動や攻撃性を多少なりとも抑制できている。

　「ありのまま」の自分でよいなら、授業中に雑談している学生を「やる気がないなら、教室から出ていけ！」と怒鳴っていたし、屁理屈ばかり偉そうに語って、親の言うことを素直にきかない娘たちの頬を思い切りひっぱたいてい

ただろう。しかし本当にそうしたら、「すぐキレるヤバい先生」とか「虐待する父親」になってしまうので、学生に「授業中なので私語は慎んでください」と丁寧にお願いし、子どもには「そういうことしちゃダメだよ」などと穏やかに叱っている。

さらに「仮面」によって、好き嫌いもある程度抑制できている。三流教師の筆者には、学生の好き嫌いがあるからだ。御多分に洩れず筆者も、授業を熱心に聴いて頑張ってくれる学生や敬意をもって接してくれる学生が好きで、授業態度が悪く教師を馬鹿にする学生が嫌いである。正直言って、好きな学生が困っているときには親身になっても、嫌いな学生は「自業自得」と突き放してやりたい。だがこうした不公平な接し方は、明らかに教師として不適切である。だから内心どんなに腹が立っていても、親身になって考える教師を演じている（しかし演技が下手なので、「嫌々やっている」と見透かされているはずである）。

「仮面」をかぶって演じているのは、教師だけではない。通学用の電車やバスの車内では、学生たちが内輪の話で盛り上がっているが、たまに教員のことが話題になることがある。そこで耳にする陰口は、いずれも学生から面を向っては聞いたことのない本音ばかりで、「ここに本人がいるのですけど」と割って入りたくなることもある。つまり、学生も筆者の前では、「よい学生」という「仮面」をかぶっているわけである。もし、心に思ったことを正直に語ることが道徳的ならば、「ジジイ、ウザいんだよ！」などという学生の心ない言葉を我慢しなければならないし、教員の側でも「こんな簡単な問題も分からないなんて、お前は馬鹿か！」などと学生を罵倒できることになる。

つまり私たちは本音を隠して建前の世界に生きている。それはたしかに偽善的かもしれない。だが、「偽善」のおかげで私たちは傷つかずにすむし、人を傷つけずにすんでいる。それゆえ傷つけてもかまわない（それどころか傷つけてやりたい）と思ったとき、私たちは堂々と本音を語るのである。しかしながら、人間関係を円滑にするために「仮面」をかぶること自体は欺瞞であることに違いはない。若きニーチェはこれを厳しく批判している。

　「個体の維持の手段としての知性は、偽装（Verstellung）において、その主な力を発揮している。というのも、角あるいは肉食獣の鋭い歯と生存競争

をすることができない弱く逞しくもない個体たちにとって、偽装こそ自分を維持する手段なのである。こうした偽装術は、人間において頂点に達している。ここでは、欺き、へつらい、嘘や騙し、陰口、仮面をかぶること、隠蔽的な慣習、他人に対しても自分に対しても芝居をすること……が、規則となり、掟となっている。」（Ⅲ2, 370／訳297）

　ニーチェによれば、知性とはこうした偽装術を発展させるものであり、自己保存（生存の維持）という利己的に目的に奉仕しているわけである。ニーチェの偽装批判は、ルソーの文明批判を髣髴させるが、彼は偽装によって「万人の万人にたいする闘い」という最悪の事態が回避され、少なくとも表面的には平穏な社会生活が可能になることを皮肉交じりに認めている（Ⅲ2, 371／訳298）。

　だとすると世界という舞台で自分に与えられた役を演じる力を身に着けることは、社会生活には不可欠と言えるかもしれない。社会学者は、それを「役割取得（role-taking）」と呼んで、人間の成長＝社会化にとって必須のプロセスであると考えてきた。ジョージ・ハーバート・ミード（1863~1931 年）は、『精神・自我・社会』(1934) において、子どもの社会的自我が、他者の役割を演じる「遊び（play）」と一般的なルールにしたがう「ゲーム」を通じて形成されることを明らかにした。

　「遊び」とは、「お店屋さんごっこ」や「お医者さんごっこ」のように、子どもが周りの大人の役割をまねする「ごっこ遊び」であり、「ゲーム」とは、野球のようにルールにしたがって遊ぶものである。ミードは、子どもの役割取得にとって、この２つが重要であることを強調し、両者を次のように区別する。

　「子どもは、母親になりきり、教師になりきり、警官になりきって遊ぶ。つまり、子どもは、いわば、様々な役を演じているのである。……これが、自分の自我にとって他者となる際の最も単純な形態である。……ごっこ遊びと組織化されたゲームにおける状況とを比べてみると、次のような根本的な違いがあるのに気づく。……数多くの人々が関与するゲームにあっては、１つの役割を受け持つ子どもは、他の役割すべてを担う準備ができていなければならない。野球チームに参加するならば、自分自身のポジションにかかわるすべてのポジションの動きに対応しなければならない。つま

り、自分自身のプレーをするためには、他のみんながすることを知っていなければならない。」(1934, 150f./訳 358-359)

　子どもは、ごっこ遊びを通じて特定の他者になることで、自分自身をいわば「対象＝客体（object）」にする。ごっこ遊びは、役割取得と自己対象化の第一歩である。これにたいして、ゲームはもっと複雑である。あるゲームの参加者は、他の参加者すべての役割を知っていなければならない。つまり特定の誰かではなく、「一般化された他者（generalized other）」の態度を身に着けていなければならない（1934, 154f./訳 362-364）。だが、「他者」になって役割を演じることは、決して簡単なことではない。社会から私たちに与えられる役割は１つではないし、それぞれの役割に期待されていること（役割期待）も１つとは限らないからである。

　たとえば筆者が演じる父親と教師という役割は、ときに対立することがある。教師として学生指導に多くの時間を割けば、父親として自分の子どもと過ごす時間は必然的に短くなる。逆もまた然り。今まさに助けを必要としている学生を前にして、「子どもが待っていますので今日は帰ります」と見捨てるわけにはいかないし、保育園から「お子さんが発熱して苦しがっていますので今すぐ迎えに来てください」と言われて、「授業や会議がありますので行けません」などと断るわけにもいかない。こうした複数の役割の間に生じる矛盾やジレンマは、「役割間葛藤」と呼ばれる。

　また立場によって役割に期待することもずいぶん異なってくる。教員にたいしては、成績が悪くて留年しても放っておいてほしいという学生がいる一方で、生活態度も含めてきちんと指導してもらいたいという保護者もいる。とにかく楽に単位をくれる先生が「よい先生」だと思う学生もいれば、評価が厳しくてもしっかり勉強させてくれる先生こそ「よい先生」だと考える学生もいる。このように１つの役割のなかで抱える矛盾やジレンマは、「役割内葛藤」と呼ばれる。

　さらに役割に求められているイメージどおりに演じられない（あるいは演じたくない）場合もある。先生の言うことを素直に聞く「よい子」を演じるのは大変であるし、さまざまな理由から「よい子」になれない（なりたくない）子もい

るだろう。教師の側でも、つねに子どもの模範であるのは大変なので、「らし
くない」先生を演じることもある。このように一般的な役割期待から離れて演
じることを「役割距離（role distance）」という。役割距離は、演じる自分が他
者の役割期待から自由であることを示す。

　役割距離は周囲の許容度に左右される。少々の逸脱は、「ちょっと変わった
先生」や「扱いが難しい子」として許容されても、一定の限度を超えると「失
格教師」あるいは「不良」という烙印を押されてしまう。そもそも許容範囲が
狭い学校や家庭では、少しの逸脱も許されず、期待通りに演じることが求めら
れる。役割期待に応えることを求められる点では、教師や生徒といった「役
割」よりも、「まじめキャラ」「地味キャラ」などのキャラコミュニケーション
の方が厳しいかもしれない。

　このように私たちは、好むと好まざるとにかかわらず、さまざまな役割を自
分なりに演じながら、異なった人に異なった顔を見せている。筆者も大学で学
生たちに見せている教師の顔と、家庭で子どもたちに見せる顔は自ずと異なっ
ている。つまり、私という人間の社会的アイデンティティは、いわば相手に
よってバラバラである。その意味で作家の平野啓一郎（2012）が言うように、
私たち1人ひとりは、「個人（In-dividual）＝これ以上分けられないもの」ではな
く、さまざまな顔をもつ「分人（Dividual）」の集合に他ならない。

　それなら私を「私の分人の集合」として定義できるだろうか。もしそうでき
るなら、私とは、私が他人に見せるさまざまな顔を全部集めたものになる。つ
まり、私を知るすべての人の私についてのイメージを全部集めれば（それが可
能ならばの話だが）、分人の集合としての私は、少なくとも社会的には完全に再
構成されることになる。私という人間はそれで語り尽くされるだろうか。「そ
うではない」と言う私がいるだろう。それは誰にも見せていない私、つまり私
だけが知っている私である。

　自分しか知らないこの私は、自分が他人に見せている顔のことも知っている
はずである。つまり、Aさんと接する際の自分（分人 a）とBさんと接する際
の自分（分人 β）とが、どちらも自分の分人であることを知っているはずであ
る。それだけでなく、自分が他人の目にどのように映っているかは分からなく
ても、私が演じるさまざまな分人がすべて私の分人であることを知っている

（もっとも無意識的にさまざまな顔を使い分けている「天性の役者」は、これをほとんど自覚していないかもしれない）。

　私のすべての分人を知っている私の存在こそ、哲学や心理学において、「人格の同一性」あるいは「自我のアイデンティティ」などと呼ばれてきたものに他ならない。さまざまな役割を演じながらも、それらの役割を演じているのがすべて自分であることを知っている「自我」もしくは「人格」のことである。哲学史的には、ジョン・ロック（1632~1704 年）の「人格の同一性（personal identity）」の定義がよく知られている（1975, 331-348／訳Ⅱ306-335）。彼は生物としての人間と理性的存在としての人間を区別し、前者を「人（Man）」、後者を「人格（Person）」と呼んだ。前者の同一性が、身体の連続性によって可能になるのにたいして、後者の同一性を可能にするのは、意識や記憶の連続性である。

　さまざまな「役割＝分人」を束ねる存在としての「同一の私」は、哲学者たちによって、「現象（現われ）」の背後に隠れて存在する「実体」や「基体」とみなされてきた。それは、仮面をかぶっている役者がすべての仮面を脱いで演技をやめたときに表れてくるような「本来の自己」と言えるかもしれない。こうした考え方によれば、この「同一の私」こそ真の自己であり、役割を演じる私は偽りの自己にすぎなくなる。

　私だけが知っている自分が「本当の自分」であり、他人に見せている複数の顔（役割）は「仮面」にすぎないという見方を突きつめれば、「仮面」を脱ぎ捨てて「本当の自分」に回帰すべきだというルソー主義に行きつく。だが、私が「本来の自己」と思っている「私だけが知っている私」も、自我の防衛メカニズムによってすでに歪曲されているとすれば、仮面の下に隠れた私も、「本来の自己」でも「ありのままの自分」でもない。では、仮面の下の「隠れた自己」とは、いったい何者なのか？

　これを考えるうえで非常に示唆的なのは、ゴフマンの見解である。彼は、役割＝分人を束ねる存在としての「隠れた自己」を、「相互に関連をもたない複数の役割からなる持ち株会社（holding company）」の経営者のように理解している（1961b, 80／訳91）。「持ち株会社」とは、傘下の多くの子会社にさまざまな事業を行わせながら、自分は直接事業を行わずに、子会社を監督する親会社のことである。つまり私とは、さまざまな仮面をかぶり、さまざまな役割を演じ

る分人でありながら、それらの管理者でもあるというわけだ。

　この「隠れた自己」は、私がある役を演じている（「仮面」をかぶっている）ときは、ほとんど意識されることはない。ところが、その役を降りると、自分が台本通りうまく演じられたか、振り返ることができる。もし私たちが、自分がやったことをすべて記憶することができ、その記憶が正確であれば、この自己は過去に演じた役や現在演じている役を、その関連も含めてすべて知っているはずである。

　しかし、経験が教えるように、私たちの記憶は無限でも正確でもない。ニーチェは、『善悪と彼岸』で次のように語っている。「《わたしはそれをやった》とわたしの記憶が語る。《そんなことをわたしがしたはずがない》とわたしの誇りが語り、譲ろうとしない。ついに――記憶が譲歩する」（Ⅵ2, 86／訳157）。つまり、「私はそんなことをする人間なのだ」と自己理解（アイデンティティ）そのものを変更・修正するより、「私はそんなことをする人間ではない。だからそんなことはやっていない」というように自己理解に矛盾する事実を否認したり忘却したりする方がはるかにたやすい。

　これは集団的アイデンティティにもあてはまる。たとえば日本人のアイデンティティは、集団的記憶としての日本史に支えられている。日本人がかかわった出来事のうち、後世に語り継ぐ記憶＝歴史として何を残していくかという選択は、歴史を編纂する者（その多くは日本人）に委ねられている。したがって、私たちの誇りが「そんなことをしたはずはない」と異を唱えるような出来事は「存在してはならない」のである。歴史記述をめぐる争いは、私たちのアイデンティティをめぐる争いなのである。

　自己理解が依拠する意識や記憶が自己中心的であるとすれば、私たちの自己理解も、きわめて怪しいものである。アイデンティティに関連する「自分らしさ」「真の自己」「素の自分」といったものも同様である。フロイトが言うように、私たちは自分の心を完全に知ることができない。知ることができるのは、せいぜい意識化された部分であり、しかもその部分すら、歪曲されている可能性がある。さらにアーレントが言うように、私たちの心は、「暗闇」のなかにあり、しかも「暗闇」を必要としているかぎり、私たちが知りうるのは、見かけ（外観）や現われ（現象）にすぎない。

　古来哲学者たちは、目に見えない「本質」や「真理」を追究してきた。そして過ちや矛盾に満ちた現実（この世）の彼方にある理想の世界（あの世）を追い求めてきた。私たちの多くも同じではないか。筆者も、矛盾した現実と折り合う自分を「偽りの自分」とみなし、誰にも見えない「本当の自分」や「真の自己」があるはずだと考えてきた。そして世間に向けて自分がかぶる「仮面」は「仮の姿」にすぎないと思ってきた。

　これにたいして壮年のニーチェは「深いものはすべて仮面（Maske）を愛する」と語る。「人が最大の羞恥を感じるもの、それはその人にとって必ずしも最悪のものというわけではない。仮面の背後にあるのは、悪しき狡智だけではない。……すべての深き精神は仮面を必要とする。むしろすべての深き精神の回りで、絶えず仮面が育っていく。そのすべての言葉、すべての歩み、すべての生のしるしが、つねに誤って、すなわち浅薄に解釈されるがゆえに。」（Ⅵ2, 53f.／訳103-105）

　先に見たように初期のニーチェは、自己保存のための偽装術としての仮面を厳しく批判していた。だが後期のニーチェは、自己隠蔽術としての仮面を積極的に評価する。私たちが仮面によって隠そうとしているものは、卑しい欲動や疚しい感情だけではない。ときに高貴あるいは純粋な心情（たとえば誰かをひたむきに愛する気持ち）を私たちは仮面の下に隠すこともある。暗がりにある心が光のなかに現れてくるには、何らかの仮面が必要なのである。

　ニーチェが「仮面」とともに評価するのは「道化（Narr, Hanswurst）」である。「現存在も、美的現象としてなら、私たちに耐えられる。私たち自身をそのような現象にしうる目や手、とりわけ晴れやかな良心は、芸術によって私たちに与えられる。自分自身を眺めたり見下したり、また芸術上の距離（Ferne）をとって、自分自身を高みから笑ったり泣いたりすることによって、私たちはしばしの間、自分自身から離れて休息しなければならない。私たちの認識の情熱のうちに潜んでいる主役と道化の両方を見出さねばならない」（Ⅴ2, 140f.／訳168）。

　私たちが逆境にあるとき、物事をすべて深刻に受け止めていては、人生に耐えられなくなることがある。そんなとき人生という舞台の主役（＝当事者）を離れて、さながら道化師（＝第三者）のように、自分の置かれた悲惨な境遇を

面白おかしく笑い飛ばして自分の苦しみを相対化することで、逆境を乗り越えることもできる。つまり自分や物事を離れて眺めることで、私たちは物事に支配されず、逆に「物事を超越する自由（Freiheit über den Dingen）」（V2, 141／訳168）をもつことができる。

　同じことが仮面にも言える。仮面は役者自身の顔ではない。役者と仮面は、演じる役においては一体でありながら、役を降りれば、役者は仮面を取り外すことができる。つまり、役者＝自分と仮面の間にも「距離」が存在する。演じている自分（行為者）とそれを見る自分（観察者）の間の距離である。仮面（ペルソナ）をかぶった人格とは、自分との間に距離を取る存在である。次節以降でこのことの意味をさらに掘り下げてみよう。

第3節　自分との「沈黙の対話」

　人格とは他人や世間にたいして私がかぶる「仮面」である。私たち人間は、相手に応じて「仮面＝顔」を変えつつ、さまざまな「役」を演じる役者である。こうした見方に立てば、私とは、さまざまな役を演じる「分人」たちの集合であると同時に「分人」たちを統括する舞台監督である。すると、私たちの1人ひとりの一生とは、自分で選んだ、あるいは他者や周りから与えられたさまざまな「役」を演じていく舞台作品と言えるかもしれない。

　本物の俳優は、舞台を降りれば本人に戻ることができるが、「人格という仮面」は、寝ているときを除いて脱ぐことはできない。また、本物の俳優は、ヒーローやヒロインを演じて俳優としてのイメージがアップしたり、憎まれ役や嫌われ役を演じてイメージがダウンしたりすることもあるが、悪役として劇中で行った悪事（殺人や暴行等の不法行為や、裏切りやだまし等の非道徳的行為）にたいする責任を問われることはない。

　私が「人格」を演じる場合、どのような仮面をかぶってどんな役を演じるかは、私に委ねられている。それゆえ自分の行為の責任を問われる。しかし、自分で選んだ役を演じる場合（たとえば教師になりたくてなった場合）ならともかく、運命や偶然によって与えられる役もある。人は、いつどこで誰の子として、どんな外見でどんな素質をもって生まれるのかを選ぶことができない。にもかか

わらず、「息子」「娘」等々としての役割を演じることを求められる。さらに下の子が生まれれば、「兄」あるいは「姉」としての役割が与えられる。

　仮面をかぶって役を演じるときに私たちが依拠すべき「台本」は何か。第2節でみたように、それぞれの役割にたいする期待（役割期待）に応じたふるまい（役割行動）である。もちろん、私たちは操り人形ではないので、「台本」の一部を省略したり、「アドリブ」を加えたりして「役作り」することもできる。こうした自由が、役割距離である。もっとも、役割期待とあまりにかけ離れた言動は「逸脱」とみなされてしまう。

　ある役割、たとえば教師に求められることは1つではないし、期待されることも時と場合によって、また相手（上司や同僚、保護者、子ども）によってさまざまである。どのような行動が教師として適切なのか。正解は1つではないし、「これにしたがえば絶対大丈夫」という行動マニュアルもない。万能の行動マニュアルがないなかで、1つの指針になるのは、職業倫理と言われるものである。

　職業倫理を定めたものとしてよく知られているのは、医師としての心得を説いた「ヒポクラテスの誓い」である。ここには医師として守るべき心得が書かれているが、これも完璧ではない。現代医療の現場では、「誓い」に示された職業倫理と患者の要望がぶつかり合うこともある。たとえば「誓い」には「依頼されても人を殺す薬を与えない」とあるが、安楽死を望む患者の要望に応じれば、これに背く可能性がある。ベルギーやオランダのように安楽死が合法化されている国では、法的に何の問題も生じないが、現在の日本で、患者の自己決定権を尊重し、安楽死に積極的に手を貸した医師は、「自殺幇助」で訴えられてしまう。患者が安楽死を望んでいるとき、医師はどう行動すべきなのか。

　もちろん私たちの多くは、日常的にこうした難しい選択を迫られているわけではない。社会や世間のルール（法律や慣習）にしたがっていれば、与えられた役割を無難に果たすこともできる。だが、職業生活においては、自分ではやりたくないことを立場上行わなければならない場面、逆にやりたいことを立場上行えない場面もある。こうした場合で、「人格」としてふるまうとは、どういうことなのだろうか。

　これを考えるうえで参考になるのは、アーレントのアイヒマン裁判をめぐる

考察である。第2章第8節で触れたように、アイヒマンはナチスの親衛隊将校
で、ヨーロッパ各地からユダヤ人を強制収容所へ列車輸送する最高責任者で
あった。とはいえ彼は、ヒトラーを頂点としたナチスの権力機構において、
ゲッベルスやゲーリング、あるいはヒムラーやボルマンのようにナチスの中枢
に属する人間ではなかった。

　こうした悪名高き大物と比較すれば、アイヒマンは、ユダヤ人移送の実務上
の最高責任者とはいえ、階級も親衛隊中佐にすぎず、あくまでナチスという機
構の1つの駒にすぎなかったとも言える。実際彼は「自分は命令にしたがった
だけ」という趣旨の答弁を行っているし、彼がやらなければ、他の誰かがやっ
ていただけかもしれない。それゆえ彼は巨大組織の代替可能な「歯車」にすぎ
なかったとも言える。

　アイヒマンはユダヤ人への激しい憎悪もなく、ユダヤ人の殺害に直接手を下
したわけでもない。強制収容所でユダヤ人を待ち構えている運命を考えれば、
彼のやったことは恐るべきことであるが、ユダヤ人問題の「最終的解決」を決
定したのは彼ではない。ユダヤ人殺害が合法化されていたナチスの体制下で、
彼は上官の命令と当時の法にしたがっていたわけで、彼は自らの職務や職業倫
理に忠実だったとも言える。

　アーレントはアイヒマン裁判の報告をまとめた『エルサレムのアイヒマン』
に「悪の陳腐さについての報告」という副題をつけた。アウシュヴィッツをは
じめとする強制収容所で行われたことは、人類史上、前代未聞のものである。
しかし、この前代未聞の悪を実行した人間は、彼女に言わせれば、どこにでも
いる「ふつうの人」だったのである。その意味で、この恐るべき悪は「陳腐
（banal）」であった。

　すでに述べたように、アーレントの評価はアイヒマンの犯した罪を過小評価
するものだとして、激しい非難にさらされた。しかし、彼女はアイヒマンを免
罪しているわけでは決してない。裁判のさまざまな問題点を厳しく指摘しなが
らも、絞首刑という判決には首肯している。ただ彼女が絞首刑の理由として挙
げるのは、第二次世界大戦以降の戦争犯罪にたいして一般的に適用されている
「人道（Menschlichkeit）に対する罪」ではなく、「人類（Menschheit）に対する罪」[5]
である。

　「ユダヤ民族および他のいくつかの民族たちとともにこの地球上に生きる
ことを望まない——あたかも君と君の上司が、この世界に誰が住み誰が住
んではいけないかを決定する権利を持っているかのように——政策を君が
支持し実行したからこそ、何ぴとからも、すなわち人類に属する何ものか
らも、君とともにこの地球上に生きたいと願うことは期待し得ないとわれ
われは思う。これが君が絞首されねばならぬ理由、しかもその唯一の理由
である。」（EJ 279／訳 384）

　当たり前のことであるが、人類はさまざまな人種、民族で成り立っている。
人類という理念は、すべての人種や民族の相互承認によって支えられている。
私たちが社会的存在であるかぎり、異なる他者の存在を認めて他者とともに生
きなければならないからである。したがって、ある民族の存在を全否定するこ
とは、人類という理念に反するものである。ナチスが掲げたユダヤ人の殲滅と
いう政策は、まさにそうした「人類に対する犯罪」なわけである。

　この「人類に対する罪」という壮大な犯罪は、しかしながら、人びとを戦慄
させる大悪人ではなく、きわめて平凡な人間たちによって実行された。アーレ
ントは、アイヒマンという人間とその悪を総括して次のように述べている。

　「アイヒマンは〔シェイクスピアの作品に登場する極悪人〕イアーゴでもマクベ
スでもなかった。しかも〈悪人になってみせよう〉というリチャード３世
の決心ほど彼に無縁のものはなかったろう。自分の昇進にはおそろしく熱
心だったということのほかに彼には何らの動機もなかったのだ。そうして
この熱心さはそれ自体としては決して犯罪的なものではなかった。もちろ
ん、彼は自分がその後釜になるために上役を暗殺することなどは決してし
なかったろう。俗な表現をするなら、彼は自分のしていることがどういう
ことか全然わかっていなかった。まさにこの想像力の欠如（lack of
imagination）ゆえに、彼は数カ月にわたって警察で訊問にあたるドイツ・ユ
ダヤ人と向き合って座り、自分の心の丈を打ち明け、自分がSS中佐の階
級までしか昇進しなかった理由や、出世しなかったのは自分のせいではな
いということを、くり返しくり返し説明することができたのである。……
彼は愚かではなかった。まったく思考していないこと（thoughtlessness）

　　――これは愚かさとは決して同じではない――、それが彼があの時代の最
　大の犯罪者の１人になる素因だったのだ。」（EJ 287f.／訳 395）

　ユダヤ人を強制収容所へと送り込むという業務の意味をわずかでも理解し、
ユダヤ人の置かれた悲惨な状況に身を置いて考えるならば、ユダヤ人と向き
合って座り、その顔を正視できることなどできるはずはない。ましてや何の落
ち度もない何百万人という人間が殺害されたことに比べれば、彼自身の出世な
ど、まったくどうでもよい話である。彼にとっては、何百万人の死より官僚機
構における彼自身の出世の方が大事だったわけである。
　アーレントは、アイヒマンが未曽有の大犯罪に加担した理由を思考の欠如に
求める。だが、彼は本当に思考できない人間だったのだろうか。実際のところ
彼は、効率的にユダヤ人を大量移送する方法を立案・実行していたわけで、そ
の意味では合理的に思考できる人間だった。だとすると、ホルクハイマーやア
ドルノが『啓蒙の弁証法』において喝破したように、アウシュヴィッツの惨劇
は、啓蒙主義が旗印とした合理的思考の帰結ではないのか。あるいは、第二次
世界大戦後の歴史研究が明らかにしたように、ナチスによるユダヤ人絶滅政策
は、紛れもなく合理的思考の産物ではないのか。歴史学者の栗原優は力説する。

　　「従来、ナチズムの非合理主義の象徴のように考えられてきたユダヤ人絶
　滅政策は、実は徹底した合理的思考の産物であった。それは、あまりに徹
　底的で人道という限界を知らない、いわば狂気の合理主義ともいうべきも
　のであった。……ただ、いうまでもなく、……この合理主義の基礎には、
　中世以来の西洋文明の暗黒面である反ユダヤ主義が控えており、合理的思
　考そのものが、この非合理主義を実現するための手段であったという側面
　があることは否定できない。ただ、注意しておきたいのは、そもそも合理
　主義というものは、元来、非合理的に設定された目的にいかに有効に接近
　するかという、そのような限定的な意味しか持ちえない概念であるという
　ことである。」（1997, 287）

　ここで注意しなければならないのは、アーレントの考える「思考」は、こう
した合理的思考とは別物だということである。彼女はプラトンの定義にした

がって思考を、人間が自分と交わす「沈黙の対話」とみなす。「思考という営みそのものは、人間のその他の活動とは異なり、外から見分けられないという意味で、不可視な活動です。……プラトンからというもの、思考はわたしと自己とが沈黙のうちで交わす対話として定義されてきました。」(RJ 8／訳 16-17)

　ここでアーレントが念頭に置いているのは、プラトンが、たとえば『ソピステス』において、架空の人物「エレアからの客人」に語らせている次のような一節（263E）である。「思考（dianoia）と言表（logos）とは同じものではないかね。違う点はただ、一方は魂の内において音声を伴わずに、魂自身を相手に行われる対話（dialogos）であって、これがわれわれによって、まさにこの思考という名で呼ばれるにいたったということだけではないか？」(440／訳 153-154)

　プラトンによれば、思考とは自己内で行われる自分自身との対話である。これにより、第1章冒頭で見た「人間はロゴスをもつ動物である」というアリストテレスの人間の定義も、次のように解釈できる。「人間が他の動物と違うのは、会話をする能力がそなわっているというところにあるとすれば、……わたしが人間であることを示すのは、まさにこのわたし自身との沈黙の会話であるということになります。」(RJ 92／訳 153)

　だとすると、人間とは「自分自身のうちで、自分と語り合うことのできる存在」ということになる。では、私のうちで私と語り合っているのは、誰なのか？　もちろん私である。私がもう1人の私と話し合っているのである。つまり、私のなかには、私が2人いることになる。この〈1人のうちの2人〉、あるいは「自己との沈黙の対話」の歴史的事例として、アーレントが繰り返し取り上げるのは、ソクラテスである。

　ソクラテスは、『ゴルギアス』において「悪しきこと（不正）をなすよりも、悪しきこと（不正）をされる方がましだ」(469C) と語って、猛烈な反対にぶつかる。周りの者に言わせれば、このように馬鹿げた考え方に賛成する人など誰もいないというわけである。だが、こうした批判にまったく動じずに、ソクラテスは次のように答える (482C)。

　「世の大多数の人たちがぼくに同意しないで反対するにしても、そのほうが、ぼくは1人であるのに、ぼくがぼく自身と不調和であったり、自分に矛盾したことを言うよりも、まだましなのだ」(380／訳 111)。大多数相手なら、不調和

や矛盾があるとしても何ら不思議はない。しかし、私というたった1人の人間のうちに、不調和や矛盾が存在するとしたら、それは耐えがたい——このソクラテスの主張を、アーレントは次のように解釈する。

> 「悪しきことを行うと、わたしは自分のうちに悪しきことを行った者をかかえこんでしまい、この者と耐えられないほどの親しい間柄で一生を過ごすことを強いられるのです。この者を追いだすことは絶対にできないのです。ですからすべての神々と人間の眼を逃れる極秘の犯罪とか、誰も知る者がない犯罪などはないのです。……ものを考えるときは、わたしの自己がパートナーとなり、行動するときには、わたしの自己がみずからの証人となるのです。わたしは自己のうちに住む人を知っていて、その者とともに暮らさざるをえません。」(RJ 90／訳 149-150)

アーレントは、ナチス体制下の抵抗者たちにも、ソクラテスと同じ思考が見られたと考える。彼らも自分自身との矛盾や不調和を避けるために抵抗の道を選んだというのだ。彼女が念頭においているのは、7月20日事件の首謀者や関係者（戦争の早期終結を図るべくヒトラー爆殺によってクーデターを実行し、戦後「抵抗運動の英雄」として称えられることになった人々）ではなく、体制への参加や協力を人知れず拒否した名もなき人々である。これらの人々は、英雄でも聖者でもなかったし、その行動は人目につかなかった。彼らの「体制に参加しない」という選択は——作家ヴァイゼンボルンが、ナチス体制下の抵抗運動の記録をまとめた書名にならっていえば——「声なき蜂起（lautloser Aufstand）」であった。

> 「ナチ体制の始まったばかりの頃から何らの動揺もなくヒトラーに反対していた人々がドイツにいた。彼らの数がどれほどだったかは何ぴとも知らない。……彼らの声は決して人に聞かれなかったからである。だが、彼らはいたるところに、あらゆる社会階層のなかに見出された。庶民の中にも教養ある人々の中にも、すべての政党の中に、おそらくナチ党の党員のあいだにすらも。」(EJ 103／訳 145-146)

> 「彼らのうちのある者は真の深い信仰を持っていた。たとえば私は、ナチ党に入党する〈ちょっとした手続き〉をすることよりも、独立的な生活を

放棄して一介の工場労働者になることを選んだある職人を知っている。少数の人々はまた、宣誓というものを軽視せず、たとえばヒトラーの名によって宣誓するよりも大学の教職を断念するほうを選んだ。これよりももっと数が多いが、自分たちの知っているユダヤ人を助けようとした労働者たち——特にベルリンの——と社会主義的知識人たちのグループもあった。」（EJ 104／訳 146）

　ナチスの体制下では、入党や宣誓によって忠誠を示すことが、安定した地位の獲得や維持に不可欠であった。したがって、こうした「蜂起」の代償は非常に大きかった。『アンネの日記』で有名なアンネ・フランクの家族の支援者たちのように、ユダヤ人をかくまったり、援助したりしていることが密告されれば、悪名高き国家秘密警察（ゲシュタポ）に逮捕され、収容所送りや処刑という厳罰が待っていた。

　アーレントが取り上げている2人の農民少年の悲劇的な事例は象徴的である。親衛隊が何をするかを知っていた彼らは、入隊を拒んだがゆえに死刑を宣告された。そのうちの1人は、両親に宛てた最後の別れの手紙のなかで、「僕たちは、あのような残虐行為で私たちの良心を汚すよりは死んだほうがいいと思います」と書き残している（Weisenborn 1963, 111／訳 113）。この少年たちのように体制への参加を拒んだ人々は、加害者としての自分を抱えて生きていきたくなかったがゆえに死を選んだという。

　　「こうした人々は、何もしない方がよいと決めたのですが、それはこのことで世界がより善くなるからというのではなく、そうしなければ、自分とともに生きていくことができないことを見極めたからです。ですから参加を強制された場合には、これらの人々は死を選びました。残酷な言い方ですが、こうした人々が殺人に手を染めることを拒んだのは、「汝殺すなかれ」という古い掟をしっかり守ったからではなく、殺人者である自分とともに生きたくなかったからです。」（RJ 44／訳 73）

　なすべき仕事を粛々となしたアイヒマンは、親衛隊の残虐行為をなんとも思わない非情な人間だったのだろうか。決してそうではなく、むしろその反対で

あった。彼は、毒ガスによる大量殺害が本格的に始まるまえに視察したユダヤ人殺害の現場を見て、激しく動揺して逃げ出そうとした様子を生々しく証言している。

> 「……そのガスがこの建物の中に入ってユダヤ人は中毒死することになっていたのです。私にとってもこれは恐ろしいことでした。このような話を何の動揺もなしに聞いていられるほど私は神経が太くはありません……。今でも大きく開いた傷口など見せられたら、たぶん私は目をそらさずにはいられないでしょう。私はそういうタイプの人間ですから、医者にはなれないとよく言われたものです。」(EJ 87／訳 121-122)

> 「私はほとんど見ていなかった。見ることができなかった、ええ、できなかったのです。もうたくさんだった。……そして生まれてから一度も見たことがなかったような恐ろしい場面を見ました。……それから私は逃げ出した——自分の車に飛びこんで、もう一言も口をきかずに。……あのとき私はもううんざりしてしまったのです。私はもうおしまいでした。」(EJ 87f.／訳 122-123)

　こうした言葉を聞くかぎり、アイヒマンはまったく正常な感覚をもっていた。アーレントが指摘するように、ユダヤ人殺害を粛々と行ったのは、倒錯者でもサディストでもなく、「ふつうの人間たち (normale Menschen)」だった。むしろ「自分のしていることに肉体的な快感をおぼえているような人間は取り除くように周到な方法が講ぜられていたほどなのだ。……したがって、ここでかかわっていたのはふつうの人間たちで、問題は彼らの《正常な良心》をいかにして克服するかではなく、肉体的苦痛を目の当たりにしてふつうの人間がほとんど不可抗力的に感じてしまう動物的憐れみという反応から彼らをいかにして《解放》しえたのかということだった。」(EJD 194f.)

　アイヒマンが、憐れみを押し殺して遂行した業務とはなんだったのか。「二千年に一度きりの」困難な課題、すなわち、ヒトラーが命じたユダヤ問題の最終的解決という大事業である。この大事業の前では、憐れみから生じる苦痛は克服されなければならない。そして、アーレントによれば、親衛隊を率いるヒ

ムラーをはじめとするナチス幹部は、ユダヤ人抹殺が「恐るべき命令」であることを認めつつ、殺害の際に生じる憐れみの感情を、殺害されるユダヤ人ではなく、自分たちに向けるようにした。つまり、「私の恐るべき義務（Pflicht）の遂行にあたって、私はどれほど苦しまなければならないのか。この課題が私の肩にどれほど重くのしかかってくることか」（EJD 195）というように。

　このようにアイヒマンは、ユダヤ人殺害に「喜び」ではなく「苦しみ」を感じていた。しかし、その苦しみは、「恐るべき義務」の前では克服されなければならない。なぜなら義務は、その遂行がどれだけ苦しいものであっても、それが義務であるがゆえになされなければならないからである。カント倫理学に通じた人であれば、こうした言い回しがきわめてカント的であることに気づくであろう。

　まったく驚くべきことに、アイヒマン自身が「自分はこれまでの全生涯をカントの道徳の教え、特にカントによる義務にのっとって生きてきた」と強調し、「私の意志の原理がつねに普遍的な法の原理となり得るようなものでなければならない」と「カントの定言命法のおおよそ正しい定義を下してみせた」という（EJ 135f.／訳 190）。カント倫理にもとづくユダヤ人虐殺などありえるはずがないとアイヒマンの主張を一蹴するのはたやすいし、カントの名をもち出したからと言って彼の罪が道徳的に軽減されるわけでもない。

　しかし彼のいう「凡人の日常の用に供するための」カント解釈によって、彼の恐るべき職務が支えられていたとすれば、これは看過できない問題である。アーレントは言う。「カントにとっては、……人間はその〈実践理性〉を用いることによって、法の原理となり得る原理、法の原理となるべき原理を見いだすのであった。……この日常の用においてカントの精神のうち残されたものは、人間は法に従うだけではあってならず、単なる服従の義務を越えて自分の意志を法の背後にある原理──法がそこから生じてくる源泉──と同一化しなければならないという要求である。カント哲学においては、この源泉は実践理性である。アイヒマンのカント哲学の日常の用においては、それは総統の意志である。」（EJ 136f.／訳 191）

　アイヒマンは、第三帝国の法律にしたがっていただけでなく、法の源泉であるヒトラーの意志にも忠実だった。彼は、ナチスの弁護士でポーランド総督と

して君臨したハンス・フランクが主張した「総統が汝の行為を知ったとすれば是認するように行為せよ」という「第三帝国の定言命法」にしたがっていたわけである。それゆえ敗色が濃厚になって、ヒムラーがヒトラーから離反してユダヤ人政策を穏健にしたとき、アイヒマンはそれに抵抗してヒムラーに協力的だったライバルの同僚に先に昇進されてしまうのである。

カントの定言命法には、アイヒマンが言及していないもう 1 つの有名な定式がある。それは、「君自身の人格ならびに他のすべての人に人格に例外なく存するところの人間性（Menschheit）を、いつでもまたいかなる場合にも同時に目的として使用し、決して単なる手段として使用してはならない」（KA4, 429／訳 103）というものである。これは、すべての人間を、それ自体が「目的」であるような「人格」として扱い、何らかの目的の「手段」として用いられる「物」のように扱ってはならないという無条件の命令である。

アイヒマンは、目の前で殺害されるユダヤ人の苦しみに同情していたにせよ、ユダヤ人が自分と同じ「人格」であると考えてはいなかった。彼は、自己の内なる「人間性」がユダヤ人にも存するとは思わなかったのである。また、総統の意志に盲従することによって、自ら道徳法則を発見し、それにすすんでしたがう人格であることをやめていた。「凡人の日常の用に供するための」カント解釈において完全に抜け落ちていたのは、自他の人格の尊重という観点である。それゆえ、アーレントが言うように、彼の罪は「人類＝人間性（Menschheit）に反する罪」なのである。

アイヒマンはカント主義者を自認しながら、カントが人類に普遍的に妥当すると考えた定言命法を、総統の意志を自らの意志とする「第三帝国の定言命法」に置き換えて実践した。彼が良心の呵責を感じたのも、「第三帝国の定言命法」に反して行動したとき、つまり「人間性に反して」ユダヤ人を殺害したときではなく、ユダヤ人を殺害せよという「総統の意志に反して」行動したときであった。つまり、自分自身の出世や幸福よりも、総統の意志を優先させているかぎりにおいて、アイヒマンの良心は安らかでいられたのである。

アイヒマンの裁判を通じて、判事たちからくり返し発せられたのは、ユダヤ人殺戮にたいして彼の良心は何も反対しなかったのかという問いである。すでに見たように、彼はユダヤ人の殺害に喜びではなく、激しい嫌悪や憐れみを感

じていた。しかし、ユダヤ人の大量移送について、彼は良心の呵責に苛まれることはなかった。彼には、そもそも良心というものがあったのだろうか？

　カントは、道徳法則を適用する際に、何が義務であるかを示して、無罪か有罪かを判定する実践理性を「良心」と定義している（KA6, 400／訳268）。彼によれば、良心をもたない人間など存在しない。というのも、「良心は獲得されるべきものではなく、それを取得するという義務もない。むしろ人間はだれでも、道徳的存在者として、良心を根源的に自己のうちに<ruby>もっている<rt>・・・・・</rt></ruby>」からである。それゆえ「この人間は良心を<ruby>もたない<rt>・・・</rt></ruby>という場合、かれは良心の判決を気にかけない」という意味にすぎないという。だとすると、アイヒマンの良心も、ヒトラーの意志にしたがって行動するという「第三帝国の義務」にてらして、判決を下していたわけである。

　カントはさらに言う。「判断を誤る良心（irrendes Gewissen）なるものはナンセンスである。なぜなら、あることが義務であるか否かという客観的判断においては、確かに時には誤ることがありうるとしても、その判断を下すために、私がそれを自分の実践理性（ここでは、裁く理性）と比較したかどうかという主観的判断においては、私は誤ることがありえないからである。……もしだれかが、良心に従って行動したと自覚しているならば、負い目の有無に関して、そのひとにもうこれ以上要求することはできない。かれに必要なのは、何が義務であり何が違うか判断する自分の悟性を<ruby>啓蒙<rt>・・</rt></ruby>することだけである。」（KA6, 401／訳268-269）

　アイヒマンが依拠していたのが、彼の実践理性ではなく、「総統の意志」である点で、もはやカントのいう良心を語ることはできない。とはいえ「総統の意志」を実践理性と同一視して憚らないナチス信奉者（あるいは自らの信念の正しさを確信しているすべての人）が、カントにもとづいて自分たちを勝手に正当化するリスクはつねに存在する。というのも、「良心にしたがって行動したと自覚している」者にたいして、私たちは「負い目の有無に関して、そのひとにもうこれ以上要求できない」からである。

　アーレントは、アイヒマンの問題を、「良心の欠如」ではなく、むしろ「思考の欠如」と捉えている。「思考」が「自己との沈黙の対話」であるとすると、アイヒマンには「自分と対話する相手」がいなかったということだろうか？

アーレントによれば、人間は単数ではなく、複数で存在するもの、つまりつね
に誰かと〈ともに〉生きる存在である[6]。

　にもかかわらず、〈ともに〉いる者が誰もいないという事態が生じうる。つ
まり、自己から捨てられ、〈1人のうちの2人〉であることができなくなった
状態である。アーレントは、自己のうちに「対話する相手」をもたないこうし
た単数的な状態を「孤立 (loneliness)」と呼び、ここに悪への可能性を見る（RJ
96f.／訳159-160）。これこそ、カントのいう「良心の判決を気にかけない」状態
と言えるかもしれない。では「思考の欠如」は、なぜ「良心の欠如」へとつな
がるのか。そこで次に、自己内対話としての思考と自分を裁く存在としての良
心との関係を考えながら、アーレントの言いたかったことを明らかにしたい。

第4節　自分の「内なる他者」

　アーレントによれば、思考とは「自己内で行われる自分自身との対話」であ
る。これにより「ロゴスをもつ動物」という定義は、人間が他者だけではなく、
自分自身とも対話する動物であると読み替えられる。だとすると「人格」とは、
たんに「仮面」をかぶっているだけではなく、「仮面」の下で自分自身と対話
する存在なのである。

　では、私のなかで私と対話する相手である「もう1人の私」とは、いったい
何者なのであろうか？　古くはソクラテスのダイモニオンに始まり、神の声、
魂の声、自然の声、内面の声などと考えられ、一般に「良心」と言われている。
アーレント自身は、「対話の相手」を「自己」と呼び、「1人のうちの2人
(two in one)」について語っているが、この「自己」を、今日の意味において
「良心」と呼ぶのを躊躇しているようにも見える。なぜだろうか？　それを考
える手がかりになるのは、彼女の次のような説明である。

　「どんな言語でも良心 (conscience) という語はもともとは善と悪について知
り、判断する能力をさすものではなく、わたしたちがいま意識と呼ぶもの、す
なわちわたしたちがみずからを意識し、自覚する能力を指すものでした」（RJ
76／訳126-127）。ここでアーレントが指摘しているように、良心 (conscience) も
意識 (consciousness) も、もともとラテン語の conscio（共に知る）という言葉に

由来している。ホッブズは、『リヴァイアサン』で、良心と意識という言葉の意味とその語義の変化を次のように説明している。

> 「2人かそれ以上の人が同一の事実を知っている場合、彼らはお互いにそれを意識している（CONSCIOUS）と言われる。それはそのことを共に知っている（know it together）、というのと同じである。そしてそうした人びとはお互いの事実や第三者の事実についての最適な証人であるから、だれでも、自分の共知（conscience）に反して語ることや、そうするように他人を堕落させたり強制させたりすることは、非常に邪悪な行為と評価されたし、これからもずっとそう評価されるであろう。……のちになって人びとは、これとおなじ語をかれら自身の秘密の事実と秘密の思考についての知識に、比喩的に使用した。……そして、いちばんおわりに、自分たちのあたらしい意見（opinion）に（どのように背理的なものであろうと）はげしい愛着をもち、頑強にそれを維持しようとする人びとは、それらの自分の意見にもまた、良心というこの尊敬された名辞を与えた。……こうしてかれらは、せいぜいのところ自分たちがそう考えるということを知っているにすぎないときに、それらの意見が真実であることを知っていると、称するのである。」
> （EW3, 53／訳 I 119）

ホッブズによれば、「良心」という言葉は、「意識」同様、もともとの意味は、2人以上の人が同じ事実をともに知っていることであったが、のちに、自分しか知らない事実や思考にたいして比喩的に使用されるようになった。そして、最後には、自分の意見に固執する人が、自分の意見に「良心」という名称を与えるようになったという。

ここでホッブズが、良心（conscience）を「尊敬された名称」と呼んでいるのは、理由がある。とりわけ宗教改革の推進者によって、良心という概念に特権的な地位が与えられたからである。ローマ・カトリック教会に抗議したために、破門されたルターが、1521年にウォルムス帝国議会に呼び出され、その主張を撤回するよう求められ、次のような言葉でその陳述を締めくくったのは、有名な話である。「私の良心（Gewissen）は神の言葉に縛られているがゆえに、私は、何も撤回できないし、撤回するつもりもない。なぜなら、良心に逆らって

162

何かをすることは、危険であり不可能でもあるからだ。」(Luther 1990, 269)

　全知全能で無謬の神という後ろ盾がつくことで、良心はいかなる世俗権力にも屈しない絶対的権威を獲得する。もし良心がそうした「神の声」だとすれば、自分の良心にしたがいさえすれば、善悪を正しく判断し、正しく行動できることになる。それゆえ、たとえ地上のすべての人が反対しようと、自分の良心――それがどのようなものであれ――に忠実にしたがうべきである。「良心の道徳」はこう主張する。

　だが、自分の良心が絶対的信頼に足る根拠はどこにあるのか。そして自分の良心が正しいことを、どのようにして他人に証明できるのか。「良心の道徳」には、「他者と共に知っている」という原義、つまり自分の良心の正当性や妥当性を他者とともに検証するという観点が完全に欠落している。個人の主観的な意見や信念が「良心」という名で語られることによって絶対的な正当性を主張してしまう危険――ホッブズが危惧していたのは、こうした良心の独善化・絶対化である。

　もちろんルターのいう良心は「神との共知」に他ならないと反論する向きもあるだろう。しかし、ルターのような聖人であっても、自分の良心が「神との共知」であることの確実な保証はどこにあるのか。かりに信仰心がそうした保証になりうるなら、神を信じるすべての人が自分たちの良心の絶対的正当性を主張できてしまうのではないか。

　すでに見たように、ルソーは良心を「自然の声」と考えて、正しく行動するためには、この自然の声に耳を傾ければよいと考えた。しかし、堕落した文明社会に生きる私の良心が、純粋な自然の声である確実な保証はどこにあるのか。ホッブズが言うように、これらは、たんなる自分の意見（opinion）にすぎないのではないか。アーレントが、良心という言葉に留保をつける背景には、共知という観点を欠落させた近代的良心への懐疑があるように思われる。それを裏づけるように、彼女は次のように語る。

　　「思考する能力が欠如していることと、わたしたちがふつう良心と呼ぶものが存在しない壊滅的な状態とは、一致するものでしょうか。そしてどうしても問わざるをえない問い、それは思考の活動そのもの、……起きた事

柄を調べてつねに省察するという営みは、人間が悪のなすのを防ぐための〈条件〉となることができるのでしょうか（ところで良心という語は、それが〈私自身とともに、私自身によって知る〉という語義であるかぎりは、この問いにイエスと答えるべきであることを示すものです。良心はすべての思考プロセスで現実のものとなる知識の一種です）。」（RJ 160f.／訳297-298）

　ここで、アーレントは、良心が「自分とともに知る」という意味、つまり「自己との共知」であるかぎりで、「思考の欠如」は「良心の欠如」と一致し、良心＝共知が、悪の防止の「条件」になりうると言っている。しかしながら、自己との共知が、悪を防止しうる理由は明らかではない。自分の悪事を知っているのが自分だけなら、秘密を隠し通すかぎり、悪事は明らかにならないからである。

　この問題を考えるために、アーレントが引き合いに出すのは、またしてもソクラテスである。「ソクラテスにとっては、当人を除いて誰の眼にも〈現われ〉ない何かが少しでも存在するかというのは真面目な問題であった。ソクラテス流の解決は、行為者と目撃者……がまったく同一の人格に含まれているという非凡な発見にあった。近代的な個人の同一性と対照的に、この人格の同一性は単一性によってではなく、一者のなかの二者の絶えざる往復運動によって形成される。この運動の最高の形態ともっとも純粋な現実態は思考の会話のなかにあった。そして、ソクラテスが思考の対話と考えたのは、帰納、演繹、結論などのようにたった一人の〈オペレーター〉しか必要としない論理操作ではなく、私と私自身のあいだでおこなわれる会話の形式だった。」（R 102／訳151-152）

　ソクラテスに言わせれば、誰にも見られていない行為など存在しない。なぜなら、あらゆる行為者は、つねに自分の行為の目撃者でもあるからである。「彼がどこへ行こうと、どんなことをしようと、彼は自分を見ている者、すなわち観客（audience）を持つ。そして、それは……自ずと法廷となり、のちに良心と呼ばれるようになる裁きの場所となる」（R 102／訳152）。このように良心は、行為者としての自分と自身の行為の目撃者としての自分との「内なる対話」の「副産物」として生まれるのである（RJ 160f.／訳343）。

　とはいえ、徳において優る者がいないと称えられたソクラテスならいざ知ら

ず、「ふつうの人」の「内なる目撃者」は、何とも頼りない存在である。先に引用した「誇りの前では記憶が譲歩する」というニーチェの言葉のように、行為者が目撃者にたいして勝利を収めることは少なくない。「そんなことをしたはずはない」という行為者の強弁の前では、「それをやった」という目撃者の証言（記憶）は、沈黙させられる場合が多いからである。

　頼りない「内なる目撃者」に、大きな権限を持たせることで、行為者としての自分を公正に裁くことができると考えたのはカントである（KA6, 436ff.／訳315-319）。彼は、良心を私たちが何か悪事をなしたとき、それを告発し、その是非を裁く「内なる裁判官（innerer Richter）」と考えた。したがって、良心とは「内なる法廷（innerer Gerichtshof）の意識」である。そしてこうした法廷が成り立つためには、裁く人と裁かれる人が別々でなければならない。カントは言う。

　　「自分の良心によって告訴されたものが裁判官と同一の人格と考えられるということは、法廷というものについての不合理な考え方である。……それゆえ、人間の良心は、自己矛盾に陥ってはならないとすれば、あらゆる義務に際して、自己自身以外の他者……を自分の行為の裁判官と考えねばならないであろう。ところで、この他者というのは、現実の人格であってもよいし、あるいは理性が自ら創造する単に観念的な人格であってもよい。」（KA6, 438f.／訳316）

　良心の「内なる法廷」においては、裁く人も裁かれる人も私である。しかし、この２つの私がまったく同じなら、内なる裁判は一種の茶番になる。それゆえ、裁く私と裁かれる私は、それぞれ別の人格でなければならない。つまり、私を裁く裁判官としての私は、私のなかの他者でなければならない。カントは、この他者について「現実の人格であってもよいし、あるいは理性が自ら創造する単に観念的な人格であってもよい」と考えているが、彼の答えは、後者に傾いているようである。というのも、この「二重の人格性（doppelte Persönlichkeit）」について、彼は次のような注釈をつけているからである。

　「原告であり、しかし被告でもある私は、まさしく同じ一人の人間（数的に同一）である。しかし、……道徳的な立法、つまり自由の概念に由来する立法の

主体としての人間は、理性を賦与された感性的人間とは別人である（種的に異なる）……。そしてこの種的な相違は、人間の特徴となる人間の能力（上位能力と下位能力）の違いなのである」（KA6, 439／訳317）。つまり原告と被告の人格の違いは、いわば理性と感性という人間の能力の違いに由来し、純粋な道徳的な存在としての人間（可想人 homo noumenon）と、理性をもちながらも感性（傾向性）の支配下にある人間（現象人 homo phaenomenon）との違いに帰着する。裁く私は前者であり、裁かれる私は後者である。

　これにたいして「他者との共知」という観点から良心を論じ、カントとアーレントをつなぐ議論を展開している哲学者がいる。アダム・スミス（1723〜90年）である。名前を聞いて驚く読者もいるかもしれないが、「経済学の父」として知られるスミスは、もともとグラスゴー大学の道徳哲学（倫理学）の教授であった。スミスは最初の主著『道徳感情論』において、良心を「胸中の住人（the inhabitant of the breast）」「内部の人（the man within）」、さらには「私たちの行為の偉大な裁判官にして裁決者（the great judge and arbiter of our conduct）」と呼んでいる（MS 137／水田訳314）。スミスは、「胸中の法廷（tribunal within the breast）」（MS 129／水田訳306）を次のように描いている。

　　「私が、自分自身の行動を検査しようと努力するとき、私が、それにたいして判決をくだしてそれを是認または非難しようと努力するとき……私はいわば自分をふたりの人物に分割する……、そして、検察官であり裁判官である私は、自分の行動が検査され裁判される人物である他方の私とは、ちがった性格＝役柄（character）をあらわす……。前者は観察者（spectator）であって、……後者は行為者（agent）であり、私が私自身とよぶのが正当な人物＝人格（person）であって、その人物の行動について、私は観察者という性格＝役柄で、何らかの評価を下そうと努力していたのである。前者が裁判官であり、後者が被告である。しかしながら、裁判官が、あらゆる点で被告と同一であるということは……不可能である。」（MS 113／水田訳301-302）

　ここでは、カント同様に、1人の人間が裁判官と被告という2つの人格に分割されている。スミスにおいてユニークなのは、前者を「観察者」、後者を

「行為者」と呼んでいることである。ここで「観察者」と訳されている spectator は、事件などの「見物人」や「目撃者」、スポーツや催し物などの「観客」を表す言葉でもある。つまり、私の行為を見物・目撃していた「もう一人の私＝観察者としての私」が、私自身を評価するというわけである。しかし、私が私自身の「観察者」になるとはどういうことだろうか？　これに答えるためには、スミスの道徳論に立ち入る必要がある。

　スミスは『道徳感情論』に強い愛着をもち、よりよいものにすべく何度も何度も書き換えている。第４版以降には、「人間がまず隣人の、次に自分自身の行為や性格を自然に判断する際の原理の分析のための論考」という長い副題が付け加えられている。つまりこの著作は、私たちが他者や自分自身の行為を道徳的に判断する際の基準について論じている。スミスは道徳的判断の原理を「共感 (sympathy)」に求めるが、それは師ハチスンや親友ヒュームから継承したものであり、特段目新しくはない。『道徳感情論』の冒頭の有名な文章もそれを裏づけている。

> 「いかに利己的であるように見えようと、人間本性のなかには、他人の運命に関心をもち、他人の幸福を自分にとって不可欠にするいくつかの原理が含まれている。他人の幸福を眺めることで得られる喜びしか、そこから引き出せないにもかかわらず、そうなのである。憐れみ (pity) や同情 (compassion) がこの種のものであり、それは、我々が他人の苦悩を目にするとき、あるいはそれを生々しく想像するときに感じる情動である。」
> （MS 9／高訳 30）

　続けてスミスは、こうした感情が「高潔で慈悲深い人間」においてもっとも敏感に表れることを認めつつも、「手の施しようがない悪党」にもないわけではないと言う。ここだけ読めば、スミスは、ルソーのように、不幸な人への憐れみや同情を道徳の柱としたように思われる。実際『道徳感情論』はそのように解釈され、のちに『諸国民の富』において利己心を強調したため、スミスは利他心の思想家から利己心の思想家へと変節したと考えられてきた（これはかつて「アダム・スミス問題」と言われていた）。

　スミスによれば、共感は「想像上の立場の交換 (imaginary change of situations)」

（MS 19／高訳 49）によって生じる。つまり共感とは、たんに周りの者（観察者）が、不幸な人（当事者）の境遇に身を置くことで生じる感情のことではなく、当事者と観察者が、互いに相手の立場に身を置くことによって成り立つ感情の一致ないし調和なのだと言う。それゆえ、共感は、当事者と観察者、自分と他人が、それぞれ相手の立場に身を置いてみることで成立する双方向的なものである。

　したがって、不幸に見舞われた当事者は、激しい感情を露わにして嘆き悲しむだけではだめで、冷静な観察者がついていける程度にまで、自分の激しい感情を抑制しなければならない。その一方で、観察者の側でも、想像力を働かせて、当事者の状況を可能なかぎり理解しようとしないかぎり、相互の感情は一致することがない。つまり、当事者の自己抑制と観察者の感情移入という相互的な努力の結果として、共感は成立する[9]。

　もちろん、当事者と観察者の感情の一致は、両者の関係によって大きく変わってくる。相手のことをよく知っている家族や親友であれば、努力せずとも容易に分かり合えるであろうし、たんなる知人同士であれば、当事者はかなり努力をしないと、自分の気持を分かってもらえない。では、自分に関心のない見知らぬ人ならばどうだろう。スミスは見知らぬ第三者の共感を得ることが重要だと考えた。

　本書で繰り返し強調してきたように、私たちの自己理解や他者理解は、私たちの欲望や願望、利害や好悪などによって歪められ曇らされている。身内や好きな人には甘く、他人や嫌いな人には厳しくなりがちである。だが当事者に利害関心をもたない人は、偏見の眼差しで見ることはない。こうした第三者のことを、スミスは「公平な観察者（impartial spectator）」と呼ぶ。

　スミスによれば、私たちの行為が道徳的に是認されるのは、こうした利害関心のない「公平な観察者」の共感を得られる場合だという。だとすると、私たち自身が「公平な観察者」になって、つまり自分に利害関心のない第三者の目で自分自身の行為を検証してみれば、その道徳的な妥当性を判断できることになる。しかしながら、自分自身を「他者の目」で見ることなど、そもそも可能なのだろうか。スミスはこれを面白いたとえで説明している（MS 111f.／水田訳 298-300）。

　私たちは、自分たちの容姿や外観が他人に気に入られると喜び、そうでない
と悲しむ。だから外出する前に鏡の前に立って顔や身だしなみをチェックする。
その際に私たちが意識しているのは、「自分が他人にどう見えるか」である。
それゆえ「他者の目」で自分の顔や服装を厳しくチェックし、このチェックに
合格した場合、たとえ他人から少々悪く言われても、それに耐えることができ
る。これと同じことが、私たちの行為についても言える。自分の外観や容姿を
鏡の前でチェックするように、私たちは自分の行動についてもそれが果たして
妥当なものであったか、「他者の目」でチェックするという。

　　「われわれは、自分たちが、われわれ自身の態度の観察者であると想定し、
　　このように見たときにそれがどんな効果をわれわれにもたらすだろうかを、
　　想像しようと努力する。これは、われわれが、ある程度他人の目をもって、
　　われわれ自身の行動の適切さを検査することのできる唯一の鏡である。も
　　し、観察者の目から見て、自分の行動が気にいるならば、われわれはとり
　　あえず満足する。われわれは、他の人びとの喝采について、まえより無関
　　心でいることができ、ある程度は、他の人びとの非難を軽蔑することがで
　　きる。……反対に、もしわれわれが、自分の行動を不満に思うなら、……
　　かれらの明確な是認をえたいという気持ちを強め……かれらの非難は、２
　　倍の厳しさでわれわれを打つ。」（MS 112／水田訳 300）

　しかし、この「道徳的な鏡（moral looking-glass）」は、鏡を見る当人の姿をあ
りのままに映し出すわけではないとスミスはつけ加える。なぜなら、それは、
通常「きわめて欺瞞的」であり、「脇にいるすべての人にはあきらかな多くの
みにくさを、その当人のひいき目にたいしては隠す」からである（MS 112／水
田訳 301）。つまり私たちの「道徳的な鏡」は、私たちの行動をしばしば自分の
都合のよいように歪んで見せてしまう。さらに観察者＝裁判官が、裁かれる行
為者＝被告と同じなら、判決もついつい甘くなってしまう。こうした人間心理
を、スミスは実に巧みに描いている。

　　「われわれが行為しようとするとき、情念の激烈さは、われわれが利害関
　　心のない人物のもつ公平さをもって、自分たちがしようとしていることを

考察するのを、めったに許さないだろう。……行為がおわり、それを促進した諸情念が静まったときには、たしかにわれわれは、もっと冷静に、利害関心のない観察者の諸感情に、はいりこむことができる。……しかしながら、このばあいにおいてさえ、それらがまったく公平であることはまれである。」（MS 157f.／水田訳 324-326)

「自分たち自身を悪いと考えるのはたいへん不快なことであって、そのためにわれわれはしばしば意図的に、その判断を不利にしそうな事情から目をそらすほどである。自分自身の身体に手術を行うときに手が震えない外科医は、度胸のある外科医だといわれる。そして、自分の行動のみにくさをその目から隠している自己妄想の神秘のヴェールを、ためらいなく開く人は、しばしばこの外科医とおなじように勇敢である。」（MS 158／水田訳 326)

　外科医が、患者の身体にメスを入れるとき、患者の痛みを感じることはない。もし外科医が、患者の心に入り込み、その痛みに共感するとしたら、むしろそうした感情は、手術の円滑な進行を妨げるだけだろう。したがって自分自身を手術する外科医は、自分の身体があたかも他人の身体であるかのように、平然とメスを入れなければならない。同様に自分自身の行動を公平に裁こうとする者は、この度胸のある外科医に匹敵する勇気をもたなければならない。
　観察者の私が行為者としての私を公平に裁くためには、私は私の他者にならなければならない。というのも、私は自分に共感しない他者になってはじめて、自分を客観的に眺めることができるからである。では、自分の他者になるにはどうすればよいのか？　他者に共感するとき、私たちは他者の境遇に身を置いて、その感情を理解しようと努める。同様に、自分が当事者で他者の共感を得ようとするとき、観察者である他者の立場に立って、自分の激しい感情を抑え、自分の状況を理解してもらおうと努める。
　どちらの行為も、自分の立場や感情を離れて、他者であろうという努力で成り立っている。自分自身の行動を自分で評価する場合も、その原理は基本的に同じである。自分を行為へと駆り立てた激しい情動を冷却し、置かれた状況から見て自分の行為が適切であったかを「他者の目」で吟味すればよいのである。

もちろん、自分を公平に判断できる人は、手が震えずに自分の身体を手術できる度胸のある外科医のようにきわめて稀かもしれない。しかし、他者の行為を評価する目で自分の行為を評価する努力を積み重ねていけば、私の「胸中の住人」が、「公平な観察者」に少しずつ近づいていくことは可能である。

　スミスの「良心＝胸中の住人」とは、胸中の他者と言い換えられる。すると私の良心は、「私のなかの他者」との「共知」である。スミスの良心は、ルソーやカントが考えたような、人間に生まれながら備わっているものではなく、他者との関係で通じて作られていくものである。その点で、フロイトの考える良心＝超自我と似ているが、超自我が、とりわけ親との同一化（親が命じることを内面化するプロセス）を通じて生まれるのにたいして、スミスの良心は、社会のさまざまな立場や境遇の人々との「想像上の立場の交換」をくり返し、「公平な観察者の目」で自分を見る練習を積むことによって育まれる[10]。

　スミスは言う。私たちの目には、近くの物が大きく見え、遠くのものが小さく見えてしまう。その誤りを訂正するには、両者を等距離から比較できる場所に、想像力を使って自分を動かす必要がある。これを彼は「視覚の哲学（philosophy of vision）」と呼ぶが、私たちの「精神の目」についても同様のことがあてはまる。私たちの小さな損得は、見知らぬ相手の最大の関心事よりも大きく重要に見えるのが自然である。これを匡正するには、自分の目でも、相手の目でもなく、両者を等距離から比較できる「第三者の場所と目」をもつ必要がある（MS 135f.／水田訳310-311）。

　そして、この「第三者の目」をもつ「胸中の住人」こそ、「われわれが、大衆のなかの1人にすぎず、どんな点においても、そのうちのどんな他人にもまさらない」ことを、私たちに知らしめる存在なのである。「われわれが、自分たちおよび自分たちに関連するすべてのことの、本当の小ささを学ぶのは、彼〔この胸中の住人〕だけからであり、自愛心の自然のまちがった諸表現は、この中立的な観察者の目によってのみ、訂正されうるのである。」（MS 137／水田訳314-315）

　アーレントが問題にしたアイヒマンの「思考の欠如」も、これと同じ文脈で理解できる。彼女は思考することを「誰か他の人の立場に立って考えること（think from the standpoint of somebody else）」と言いかえ（EJ 49／訳69）、アイヒマ

ンの性格の「決定的な欠陥」を、「物事を他者の観点から見ることがほとんど
まったくできない」点に見ている（EJ 47f.／訳 66）。ここでアーレント（WP 98,
222／訳 82, 192）はカントの『判断力批判』第 40 節における「拡張された思考
法（erweiterte Denkungsart）」（KA5, 294f.／訳 181-182）に依拠しているが、これこ
そまさにスミスが共感論で展開している思考法である。

　「私のなかの他者」という考え方は、先に紹介した社会学者のミードにも見
られる。彼によれば、幼児期の「ごっこ遊び」は「他者になる一番簡単な形
態」であり、やがて子どもは、野球のような「組織化されたゲーム」を通じて、
「一般化された他者」の視点を身につける。役割取得とは、いわば他者になり、
他者の視点と考え方を習得する練習である。[11] スミスと同じようにミードに影響
を与えたヘーゲルは、より大きなパースペクティヴからこれを論じている。

　第 2 章第 2 節で紹介した『精神現象学』は、精神の生成と発展を論じた著作
であるが、精神の自己形成にとって核となるのが「教養（Bildung）」という概
念である。「教養形成」あるいは「陶冶」とも訳される Bildung は、もともと
「形作る（bilden）」という動詞から派生した肯定的な言葉である。しかし、ヘ
ーゲルによれば、肯定的なものは、否定を通じて生み出される。精神は否定的
な経験を通じて形成されるという。

　ヘーゲルは、そうした否定的経験を「疎外（Entfremdung）」という言葉で表
現する。「疎外」とは、簡単に言えば、自分が自分にとってよそよそしい存在
になること、自分が「自分の他者」になることを意味する。スミスに引きつけ
て言えば、自分と無縁の第三者の立場から自己理解を厳しく吟味することに
よって、人間はより適切な自己理解に到達できる。

　このように精神は、正しいと信じていた自己理解や世界認識が、実は誤って
いたと思い知らされることによって、今の段階から次の段階へと進む。した
がって、精神の成長・発展とは、これまでの自己理解が崩れ落ち、新しい自己
理解を模索する「自己発見の旅」であり、それは自己分裂や自己否定をともな
う長く厳しい道のりである。

　私の「内なる他者」という考え方からさらに進んで「私は他者である」と考
えた人もいる。天才詩人として知られるアルチュール・ランボー（1854〜91 年）
は、青年時代の有名な手紙（「見者の手紙」）のなかで次のように語っている。

「私は考える（Je pense）、というのは誤った言い方です。人が私を考える（on me pense）と言うべきでしょう。——言葉遊びの点は許して下さい。私とはひとつの他者なのです（JE est un autre.）。」(1972, 249／訳431)

　言うまでもなく、「私は考える（cogito）」は、デカルトが世界理解の起点にすえたもっとも明らかな自己認識である。ランボーはこれに根本的な疑問を呈しているわけである。なぜなら、私が私と考えているものは、1つの他者にすぎないのだから。「私は他者である」と言うとき、「である」を意味する動詞（être）の一人称（suis）ではなく、彼があえて三人称（est）を使っているのは示唆的である。

　「言葉遊び」に込めたランボー自身の思いはともかく、ヘーゲル的に言えば、私は他者になることによって私になることができるのである。坂部恵（1976, 89）の的確な表現を使うなら、「わたしの自覚、わたしがみずからを一個のひととして構成することは、まさに「われ自身が他者にとってまた他者であることの理解」「われにとっての他者がまたそれ自身"われ"であることの理解」をまって、はじめて可能になる」。そう考えると、「私は他者である」という言い方は、決して奇抜とは言えない。

　だが、私が他者ならば、私は私の行為にたいして責任を負う必要がなくなるのだろうか。もし、私が仮面をかぶり、他者の役割を演じるだけの存在であれば、私の行為は、いわば他者の行為になる。私たちの行動において、自分の意思や裁量以外の要因で決定されている部分の大きさを考えると、「自由な意志にもとづいて行為する主体」という近代的な想定自体が一種の理論的な虚構にすぎないように思われる。

　アイヒマンをめぐる議論においても、彼がナチスという巨大な機構の1つの「歯車」にすぎなかったという主張はくり返しされた。だがアーレントは、こうした「歯車理論」を断固拒否する。彼女は、全体主義体制が人びとを歯車にするシステムであったことを認めつつも、法廷で裁かれるのはシステムではなく、あくまで人格とその行為であることを強調する。そして、こうしたシステムへの参与を拒否した人びとが取った行動に注意を促す。これらの人々は、参加を拒んだがゆえに、体制に参加した多数派から「無責任（irresponsible）」と非難された。

「ここで論じている問題の文脈では、どれほど強い人でも、他者の支援なしには、善きことも悪しきことも何も実行することはできないという洞察が重要になります。……「指導者」に服従しているようにみえる人々も、実際には彼とその営みを支援しているのです。こうした「服従」なしでは、彼も無援なのです。……この意味では、独裁体制のもとで公共生活に参加しなかった人々は、服従という名のもとにこうした支援が求められる「責任」のある場に登場しないことで、その独裁体制を支持することを拒んだのです。十分な数の人々が「無責任に」行動して、支持を拒んだならば、積極的な抵抗や叛乱なしでも、こうした統治形態にどのようなことが起こりうるかを、一瞬でも想像してみれば、これがいかに効果的な武器になりうるか、お分かりいただけるはずです。……たとえば市民的不服従が潜在的にもつ力をお考え下さい。」(RJ 47f.／訳 77-78)

　体制参加者から「無責任」という非難を受けた人々は、実のところ自分が負うべき責任にたいしてきわめて自覚的だったわけである。これらの人々が、ユダヤ人迫害を実行する体制への服従を拒否したのは、体制が参加を求める行為にたいして自分は責任をもてないと考えたからである。だから、これらの人々は、「責任のある場」から身を引き、体制内の地位を断念しただけではなく、失業や貧困、逮捕や投獄といった高い代償をも甘受したのである。
　スミスは、道徳的存在としての人間について次のように述べている。「道徳的存在は、責任ある（accountable）存在である。責任ある存在は、そのことばが表現するように、自己の諸行為についての説明を、だれか他人に与えなければならない存在であり、……人間は、神と、彼の同胞被造物たちにたいして、責任を有する。」(MS 111／水田訳 296-297)
　「責任」に相当する英語のうち、本書の議論にとって重要なのは responsibility と accountability である。いずれも他者にたいして自分の意思や態度を明らかにする「応答する（respond）」「説明する（account）」という言葉に由来している（それぞれの言葉のニュアンスを生かして「応答責任」「説明責任」と訳されることもあるが、ここでは両者の異同については深く立ち入らない）。つまり、人格とは他者に応答すべき存在なのである。それはどういうことなのか。次にこの点を掘り下げて考

えてみたい。

第5節　人が人の「神」になる

　「人格」とは自己のうちに他者をもつ存在であり、「内なる他者」は他者の役割を演じ、他者の立場に立つことで形成されることが、前節で明らかになった。それゆえ、自分と他人は水と油のように交じり合わないものではなく、相互に浸透し合っている。だとすると、私や他者に固有のもの、つまり1人ひとりのアイデンティティなど存在しないのだろうか？

　前節の最後で紹介したヘーゲルの議論によれば、精神の形成とは、他者（私ではないもの）と出会うことによって、私が私であることを自覚し、私ではないと思っていたものが、私自身に他ならないことを自覚していく過程である。それは、いわば「私」が「私たち」になっていく過程である。

　私たちには多くの共通点があるとはいえ、1人ひとりはやはり異なっている。相手のことを分かっているようで、実は何も分かっていないということもある。それは、家族間でも友人間でもそうである。むしろ、親しい者同士だと、分かってもらえるだろうという期待が大きいだけに、分かってもらえないときの落胆も大きい。

　自分の他者になること、あるいは「内なる他者」をもつことが、「人格」の前提であるにしても、完全に他者になることは不可能であるし、他者を完全に理解することも不可能である。私たちの他者理解は、私たちの不完全な理解力もさることながら、他者が私たちに与えてくれる情報に依存しているからである。私たちは他者をどこまで理解し、他者からどこまで理解されるのか。

　この問題を考えるうえで、ぜひとも最後に参照しておきたいのが、エマニュエル・レヴィナス（1906～95年）の他者論である。レヴィナスはリトアニアのカウナスに生まれ、フランスで活躍したユダヤ人哲学者である。ちなみに、第二次世界大戦中に迫害されてポーランドから逃れてきた大量のユダヤ人にたいして、外務省の指示に反して杉原千畝が「命のビザ」を発給したのはこのカウナスであり、レヴィナスの家族のほとんどが強制収容所で命を落としている。

　レヴィナスは、他者を「絶対的に他なるもの」と考える。他者は私たちの理

解を「超越」した存在だという。ユダヤ・キリスト教的な伝統において、こうした超越的存在は神である。目に見えず、その声を聴くこともできない神が、私たちの理解を超えているのは当然であろう。しかし、目に見えて声を聴くこともできる他者は、それなりに理解可能なのではないのか。

レヴィナスは、私たちが他者を理解する際の「理解」を問題にする。「理解する」は、英語で comprehend、フランス語で comprendre と言うが、これらのもとになったラテン語の comprehendo は、「ともに」や「完全に」を意味する接頭辞 com と「つかむ」を意味する動詞 prehendo からできている。それゆえ、理解するとは「まとめてつかむ」ことであり、「包摂する」「統合する」ことを意味する。つまり他者の理解とは、他者を自分のうちに包摂・統合することとも言える。

種としての人類にとって他者とは、私たちを取り囲む動植物、総括して言えば自然であろう。フランシス・ベーコン（1561〜1626 年）の「知は力なり」という有名な言葉のように、人類は知性を用いて自然を理解し、自分たちの都合のよいように利用し支配してきた。だが、人間は自然だけでなく、自分たちの同胞にも同じような関わり方をしてこなかったか。フィヒテにとって、自我に対立する他者は「非我（Nicht-Ich）」という否定的存在であった。そしてヘーゲルに言わせれば、他者との出会いは、支配をめぐる「生死を賭けた闘争」に他ならない。

レヴィナスによれば、そもそも私＝自我とは、他者を自分の一部として取り込み、自分に同一化する働きなのだという。「〈私〉であるとは、……同一性を内容として所有しているということである。〈私〉とは、つねにおなじものにとどまる存在なのではない。それが存在することが自らを同一化することであり、じぶんにおこるすべてのことがらを横断してみずからの同一性を再発見することであるような存在が〈私〉である。〈私〉とはだからとくべつな同一性であり、同一化の本源的なはたらきなのである。」(1990, 25／訳, 上 45-46)

ヘーゲルの考える精神とは、自己を疎外し（他者になり）、他者のうちに自己を見ることで、より大きな自己になっていくものである。だとすると、精神の発展とは、他者を自己の一部として取り込み、拡大していくプロセスとも言える。レヴィナスによれば、自己を分割して対立させるヘーゲルの自己意識論も

「私はひとつの他者である」というランボーの詩的想像力も、同一化する自己の変容に他ならない。

　なぜなら「自己による〈私〉の否定は、〈私〉による自己同一化のまさしく一様態」であり、「《私》はその変容の果てまでも同一的なもの」だからである(1990, 25-26／訳, 上 46-47)。レヴィナスにしたがえば、伝統的に西洋の哲学は〈他〉を〈同〉に還元する「存在論」であり、存在論によって、「〈同〉の同一化としての自由、〈他〉によって疎外されない自由」が昂進してきたという。ここでいう自由とは、自己による他者支配に他ならない。それゆえレヴィナスが構想するのは、他者をその他者性において思考する哲学である。

　他者を包摂・支配しない関係とはどのようなものか。この問いは、レヴィナスに先立って、同じユダヤ人哲学者マルティン・ブーバーによって提起されていた。ブーバーによれば、人間は世界にたいして2通りの態度をとるという。1つは「私－あなた (Ich‐Du)」、もう1つは「私－それ (Ich‐Es)」の関係である。後者の「それ」は、彼 (Er) や彼女 (Sie) とも置き換え可能なので、前者が二人称、後者が三人称で示されるものとの関係になる。ブーバーは、「私－あなた」と「私－それ」を根元語 (Grundwort) と呼ぶ。根元語は個別の言葉ではなく、「言葉のペア」なのだという (BW, 79／訳 5)。

　ブーバーによれば、「私自体なるものは存在しない。存在するのは根元語《私－あなた》の私と《私－それ》の私だけである」(BW, 79／訳 6)。そして、《私－あなた》における私と《私－それ》における私とは根本的に異なっている。つまり、はじめにあるのは、デカルトやフィヒテが考えたように「私＝自我 (Ich)」ではなく《私－あなた》であり、《私－それ》は、「自己を私＝自我として認識することによってはじめて、つまり私＝自我の分離によって始めて可能になるのである。」(BW, 93／訳 32)

　「私－あなた」の「あなた」は、そもそも経験できない。私たちが経験できるのは「それ」、つまり対象化される事物のみである。「あなた」が経験可能になるとすれば、「あなた」が「物 (Ding)」になってしまっているからにすぎない。このようにブーバーは、人間相互の関係は、対象化し合う関係ではなく、互いに「あなた」と呼び合う相互的・対話的関係であることを強調した。

　レヴィナスは、ブーバーの「対話の哲学」を高く評価しつつも、自我と他者

の関係を「相互性」で捉えることを拒否する。というのも、伝統的な正義の概念が、まさにこうした相互性にもとづくものであったからである。アリストテレス以降、狭義の正義は、配分的正義と交換的（もしくは匡正的）正義とに区別されてきた。これらは「目には目を」という応酬関係に示されているように、算術的・比例的関係に帰着するものである。つまり、こうした相互性にもとづく正義とは、ある共同体の各成員にたいして、利益や負担を平等に配分すること、もしくは業績や能力に応じて配分することを意味してきた。

　だが、このような相互性は、ある人間と別の人間との比較、つまり本来は比較不可能なものの比較にもとづいている。ここでは、人間が能力や素質によって比較され、いわば数量化されてしまう。そうなると、人間は代替不能な「かけがえのない」存在ではなく、あたかも「物」のように取り替えたり捨てたりできてしまう。日々のニュースで報じられる殺人事件から、ナチスによる何百万のユダヤ人虐殺まで、かけがえのない存在の抹殺は、こうした考え方にもとづいている。レヴィナスはそう考える。

　彼によれば、相互性にもとづく正義の前提として、それに先立つ他者との関係がある。それは、まったく非対称的で、自己にたいする他者の優越によって特徴づけられる。他者は、私のうちに包摂できない無限の超越者であり、私の理解を超えた「まったき他性」である。これは先に述べた「神」のような存在である。ブーバーやレヴィナスが、「あなた」や他者を語るとき、ユダヤ教における「神」との関係が意識されているのは、たしかである。しかし、目の前にいる他者が「神」のような存在であるとは、いったいどういうことなのだろうか。

　レヴィナスによれば、他者の「超越」と「無限」は、「顔（visage）」に現れるという。ふつうに考えれば、見たり触ったりできる人間の顔は有限物であり、「超越」でも「無限」でもない。だが、彼の考える「顔」はこうした有限物の集合ではない。「顔は鼻、額、目などの集まりではない。確かに顔はそうしたものすべてではあるが、顔としての意味を持つのはそれがひとりの存在の知覚のうちに開く新たな次元によってである。……顔は、存在がそのアイデンティティ（identité）において現前しうるひとつの還元不可能な様式である。物は、決して人格として（pesonnellement）現前しないものであり、要するにアイデン

ティティをもたない。……物には顔がないのだ。」(1976, 20／訳 10)

　レヴィナスのいう「顔」は「見られることも触られることもない」。「顔は、内容となることを拒絶することでなお現前している。その意味で顔は、理解されえない、言い換えれば包括されることが不可能なものである。顔が見られることも触られることもないのは、視覚あるいは触覚にあっては〈私〉の同一性が対象の他性を包含し、対象はまさしく内容となってしまうからである。」(1990, 211／訳, 下 29)

　もし、「顔」が見たり触ったりできるものであれば、認識や所有の対象になってしまう。他者に決して認識も所有もされない「顔」というのは、他者が見ることのできる外面ではなく、誰も見ることのできない内面に近い。私たちはそれを「心」とか「魂（精神）」などと呼んでいるが、レヴィナスは、なぜそれをあえて「顔」と呼ぶのだろうか。難しい問題なので、少し回り道をして考えてみよう。

　日本を代表する哲学者・倫理学者の和辻哲郎は、「面とペルソナ」という有名な短文で、人間の「顔」と役者がかぶる「面」について実に含蓄のある話を展開している（1963, 289-295）。彼によれば、「問題にしない時にはわかり切ったことと思われているものが、さて問題にしてみると実にわからなくなる」ものの１つが顔だという。顔の不思議さは、体の一部にすぎないのに、体全体、さらにはその人全体を表現している点にある。

　私たちが誰かを思い浮かべるときに、真っ先に思い浮かぶのが顔であり、顔以外の一切を排除したとしても、思い浮かべることはできるが、顔だけは取り除くことはできない。つまり、顔は人を代表するのであって、顔が人の存在にとって中心的地位を占めている。「このことを端的に示しているのは肖像彫刻、肖像画の類である。芸術家は「人」を表現するのに「顔」だけに切り詰めることができる。我々は四肢胴体が欠けているなどということを全然感じないで、そこにその人全体を見るのである。しかるに顔を切り離したトルソーになると、我々は……決して「人」の表現を見はしない。」(1963, 290)

　こうした顔の機能をさらに一層突き詰めたのが、役者が舞台でかぶる面（仮面）である。和辻は、人格の語源となった「仮面（persona）」を念頭に置きながら、次のように語る。「面は元来人体から肢体や頭を抜き去ってただ顔面だけ

を残したものである。しかるにその面は〔舞台で役者が演じることで〕再び肢体を獲得する。人を表現するためにはただ顔面だけに切り詰めることができるが、その切り詰められた顔面は自由に肢体を回復する力をもっている。そうしてみると、顔面は人の存在にとって核心的な意義を持つものである。それは単に肉体の一部分であるのではなく、肉体を己れに従える主体的なるものの座、すなわち人格の座にほかならない。」(1963, 293)

　和辻が言うように、顔は肉体の一部でありながら、肉体をつかさどる主体としての人格をも表現する。顔にまつわるさまざまな表現は、これを裏づけている。「顔が立つ」「顔に泥を塗る」という言い方は、顔が名誉や誇りの象徴であることを表している。日常生活においても、私たちは、自分が世間に「顔向け」できるように、また他人の「顔を潰さない」ように心がけている。たとえば、誰かが転倒して醜態をさらしたとする。それを笑いものにすれば、本人は面目を失う。だが同情すれば、その人は面目を保つことができる。

　こうした相互行為に着目したのが、本書でたびたび言及している社会学者のゴフマンである。彼は人々が自分や相手の顔＝面目（face）を保つためにどのようにふるまい、そして面目を失ったときに、どのように修復するかを分析し、これらの行為を「面目行為（face-work）」と総称している（1967, 5ff.／訳 5 頁以下）。彼によれば、面目行為は、「社会的相互行為のいろいろな交通規則」のようなものであり、私たちはなぜこうした規範を守るべきなのか深く考えることもなく、一種の「儀礼」として実践しているという。そして、こうした儀礼的な行為が、宗教的な儀礼と似ていることに着目する。

　ゴフマンによると、人々の信仰の対象であった神々がその力を失っている現代においては、人間 1 人ひとりが、いわば「生きている神」だからだという。神の祀られた神殿が、侵害を許さない「神聖なもの」とされているように、私たちは自分のプライベートな領域が他人によって侵されると、自分の権利や人格が侵害されたと考える。それゆえ、私たちは互いの領域に立ち入らないようにするし、意図的に侵害された場合には、罰や制裁を求める。また、相手に敬意や好意を示すために、お辞儀をしたり、贈り物をしたりする。これは、かつて人々が神々にたいして礼拝したり、供物をしたりするのと本質的に変わらない（1967, 91／訳 96）。

しかし、敬意をもって扱われたのは、神々だけではなかった。王や貴族のような特権階級に属する人間もそうであった。現代では、少なくとも理念的には、すべての個人は、このように扱われる権利をもった「人格」とみなされている。それを私たちの多くは「あたりまえ」と考えているが、そんな「あたりまえ」が通用しない場所もある。ゴフマンに言わせれば、それは精神病棟である（1961a）。

精神病院の病棟では、プライバシーと距離にかかわるルールが日常的に侵害されている。患者は、入院時に持ち物を全部チェックされ、定期的に持ち物が検査される。病室におけるマイク（今なら監視カメラ）の設置、手紙の検閲をはじめ、侵害にはかぎりがない。患者の手足をベッドに縛りつける身体拘束を考えればよいだろう。見方によっては、そもそも治療自体が侵害と言えるかもしれない。精神病棟の患者たちは、「プライバシーと距離にかかわるルール」の適用外に置かれることで「人格」としての尊厳を剥奪されているのである。

それゆえゴフマンによれば、「聖なるもの」としての人格は、他人にたいして品位をもって行為し、また他人から敬意をもって扱われるという儀礼的ゲームによって、形成され維持されるのである。「それゆえ、自己（self）がある程度まで、儀礼的なもの、つまり神聖な対象（sacred object）であることを理解することは重要である。神聖な対象としての自己は、それにふさわしい儀礼的配慮（ritual care）をもって扱われ、他者に対してはそれにふさわしい光のもとで呈示されなければないのである。」（1967, 91／訳92）

和辻とゴフマンという「回り道」によって、顔が人間全体、つまり身体だけではなく、その「人格」をも表現していること、それゆえ人間同士の関係でも、相手の「顔を立てる」ことは、相手の人格を尊重することに他ならないこと、そしてそのための儀礼的な行為は、一種の「礼拝」であり、人間たちは互いを「生きている神」のように扱っていることが分かった。

この見方に立てば、かつてホッブズが『市民論』において、「人は人に対して狼である（homo homini lupus）」という恐るべき状況の対極として挙げた関係「人が人に対して神である（homo homini deus）」（LW2, 135f.／訳4）は、現代社会において実現しつつあるとも言える。つまり、現代において他者とは「生きている神」なのである。ここから、他者の「超越」を説くレヴィナスの「顔の倫

理」も理解できる。彼は言う。

> 「〈他者〉が私に対置するのは、……まさに〈他者〉の超越という無限なものである。この無限なものは殺人より強いのであって、〈他者〉の顔として私たちに抵抗している。この無限なものが〈他者〉の顔であり本源的な表出であって、「あなたは殺してはいけない」という最初のことばなのである。無限なものは殺人に対する無限な抵抗によって権能を麻痺させる。この抵抗は堅固で乗り越えがたいものとして、他者の顔のうちで、無防備なその眼のまったき裸形（nudité）のうちで煌めく。」（1990, 217／訳, 下 41）

　上で強調したように、レヴィナスが「他者の顔」というとき、それは私たちが日常的に見ている他者の顔ではない。私たちが見ている他者の顔とは、他者が見られることを意識しながら私たちに呈示している「仮面」である。レヴィナスのいう「顔」は、そうした「仮面」の下に隠された傷つきやすい「裸の姿」に他ならない。したがって、「汝殺すなかれ」という言葉を発するのは、強大で威厳のある唯一神ではなく、この言葉以外にほかに自分を守るすべをもたない裸の「顔」なのである。

　「裸形（nudité）」とは、もちろん比喩的な意味である。しかし、比喩は難しい事柄を分かりやすくするために用いられるから、文字通り「裸の姿」を考えてみよう。私たちは、衣服を脱いで裸になったとき、実に脆い存在となる。というのも、私たちの身体を覆う肌は他の動物と違って、柔らかく傷つきやすいからである。転んだりぶつかったりしたら、すぐに切れて血が出てしまう。身体を鍛え上げた屈強な人は、多少の傷などものともしないかもしれないが、肌が傷つきやすいこと自体は変わらない。

　だが、傷つきやすいのは、肌だけではない。裸にされること、あるいは裸を誰かに見られることによって私たちは深く傷つく。温泉や銭湯で裸になることにまったく抵抗がない人でも、無理矢理に裸にされるのは、屈辱的なことである。自分の裸が、他人の遠慮ない「まなざし」に無抵抗にさらされることになるからである。たとえ温泉や銭湯でも、他人の身体を無遠慮にじろじろ眺めるとしたら、それは「人格」にたいする一種の侵害である[12]。

　それゆえ、衣服はたんに寒さからだけではなく、他人のまなざしから自分を

守るものでもある。スミスが言うように、私たちは他者のまなざしにさらされる前に、他者の目を意識しながら、鏡の前で身なりや髪型をチェックする。それによって他人のまなざしにたいして心の準備をするためである。私たちが他人の突然の訪問に困惑するのは、まだ他人に見せられる顔になっていないからである。同様に、他人の目を意識していないときに、急に他人の視線を感じると困惑するのである。

第2章第8節で触れたように、レヴィナスと同年代の哲学者サルトルは、この「他人のまなざし」を問題にした。サルトルによれば、見られているという意識は、自分が「傷つきやすい（vulnérable）」こと、自分が無抵抗でありながら逃げられないことの自覚に他ならない（1943, 316／訳Ⅱ107）。サルトルは言う。「他者のまなざしは、私の身体をその裸の姿（nudité）においてとらえ、それを誕生させ、それを彫刻し、それをあるがままに提出し、私には決して見えないであろう姿のままにそれを見る。……他者は、私を存在させ、まさにそのことによって、私を所有する。」（1943, 431／訳Ⅱ367-368）

他者のまなざしに取り込まれることを、サルトルは他有化（aliénation）と呼ぶ。これは、ヘーゲルの疎外（Entfremdung）に対応する言葉である。もちろん見られるだけで、私たちは奴隷のように「所有（possession）」されるわけではない。しかし、他者の目を意識することで、私たちの自由が制限されるならば、他者の支配下に置かれることになる。第2章第8節でみたフーコーのパノプティコンの恐ろしさは、人間が一方的かつ全面的に他有化される点にある。

しかし、私は見られるだけではなく、他者にまなざしを向けて、他者を「我有化＝占有（appropriation）」することもできる。それゆえ人間は、見る／見られるというまなざしの応酬、いわば「相克（conflit）」（1943, 431／訳Ⅱ367）の関係にある。[13] これは、ヘーゲルの「生死をかけた闘い」、さらにはホッブズの「万人の万人に対する闘争」を連想させる。「我有化＝占有」と「他有化＝疎外」がせめぎ合うこうした世界は、人間が相互に他者を同化し支配しようとする世界である。

だが、レヴィナスに言わせれば、倫理とは、他者の現前によって、自己の〈同〉が問いただされることによって始まる。つまり、自分の前に他者がいること、そして他者が自分の理解を「超越」した「まったき他者」であること、

こうした他者の面前で思考することによって、倫理は実現する。

> 「〈同〉を問いただすことは、〈同〉のエゴイスティックな自発性によって
> はおこりえない。それは〈他〉によってなされるのである。〈他者〉の現
> 前によって私の自発性がこのように問いただされることが、倫理と呼ばれ
> る。〈他者〉の異邦性——〈私〉に、私の思考と所有に〈他者〉が還元さ
> れないということ——が、まさに私の自発性が問いただされることとして、
> 倫理として成就される。」（1990, 33／訳, 上 61-62）

　では、「超越」した他者と私たちはどのようにかかわればよいのだろうか。
レヴィナスは、両者をつなぐのは「ことば」や「語り」だという。「ことば
（langage）によって現に達成されるのは、ふたつの項がその関係のなかで境界
を接しておらず、〈他〉と〈同〉が関係しているにもかかわらず〈他〉が〈同〉
に対して超越的でありつづけるような関係である。〈同〉と〈他〉との関係
……は、本源的に語り（discours）として機能する。」（1990, 28-29／訳, 上 53）

　私たちは、期せずして（あるいは必然の導きによって）本書の出発点にしたアリ
ストテレスの人間の定義「ロゴスをもつ動物」に差し戻された。だが、ここで
いうロゴスとは、思考する「理性」ではなく、対話する「ことば」である。ア
ーレントは、思考とは「沈黙のうちに行われる自己との対話」だと考えた。私
のうちに「もう１人の自分＝内なる他者」がいて「内なる対話＝思考」が成り
立つわけである。

　これにたいしてレヴィナスの他者は、自己を完全に超越した外部にいる。そ
れは私の理解を超えており、対話によっても近づくことはできない。もし、言
葉を通じて他者を引き寄せることができるとしたら、それは、自己による同
化に他ならない。それゆえ、語りは、「〈私〉と〈他者〉とのあいだの隔たり
（distance）」、つまり私と他者との「根源的な分離」を維持するものである（1990,
29／訳, 上 54）。

　アーレントのいう自己内対話とレヴィナスのいう語りは非常に対照的であり、
両者の思想的立場も異なっている。だが、両者に共通するのは単一性（同一性）
に還元されない複数性（他者性）へのこだわりであり、それを支える言語の強
調である。もちろんここで考えられている言語とは、不特定多数の人々へ向け

て発信し、人々を支配、扇動、動員するプロパガンダではなく、私のなかで私とともにいる他者、あるいは私の目の前にいながら私を「超越」している他者と語り合うことばである。

　本書は人間の認識が自己中心的で、利害関係に囚われやすいことを強調してきた。いじめ理解においても、それはまったく同じである。レヴィナスが言うように、こうした自己中心性を厳しく問いただすことから倫理が始まる。だが、利他主義あるいは共同体主義の実践によって直ちに自己中心性から脱却できるわけではない。レヴィナスが指摘しているように、自我は自己との同一化を進める働きをもつ。一見利他主義的に見える「思いやり」や「共感」の倫理も、同一化や同調を志向する。個人の利益よりも共同体の利益を優先するはずの共同体倫理も、「滅私奉公」といったスローガンのもとで、実際には構成員の個人的利益が追求されていることが少なくない。

　本書で扱った哲学者たちは、人間の利己主義がいかに強固であるかをよく認識していた。本章で扱ったさまざまな議論は、人間の自己中心性をいかにして克服するかという問いに答える試みでもある。スミスの「想像上の立場の交換」や「公平な観察者」、カントの「内なる裁判官」、ヘーゲルの「教養＝疎外」、ニーチェの「仮面」、ミードの「役割」、アーレントの「思考」、ゴフマンの「演技」や「儀式」、レヴィナスの「他者」——これらはいずれも自己や他者との「距離（ディスタンス）」の必要性を強調している。

　これにたいしてルソーが強調した憐れみや同情は、他者と自分の距離を縮めるものである。アーレントは「同情は距離を破壊する（compassion abolishes the distance）」（R 86／訳 129）と言っている。ルソーは、「仮面」や「偽善」のない直接的で透明な交わりを求めた。それはショーペンハウアーのたとえで言えば、やまあらしが「ぬくもり」を求めて相互に近づいていくようなものである。だが、そのルソーが、他者との関係で傷ついて、人生の最後にたどり着いたのは「孤独」であり、最後に語り合った相手は彼自身であった。それを象徴的に表しているのが、『孤独な散歩者の夢想』という彼の最後の著作である。

　私たちは、仮面をかぶって演じているかぎりで人格であり、人格として扱われる。仮面をかぶって演じるのは、自分の攻撃性を抑制すると同時に、他者からの攻撃にたいして傷つきやすい自分を守るためでもある。それは、ショーペ

ンハウアーのやまあらしのたとえのように、自分の棘（攻撃性）が相手を刺すことにないよう、また逆に相手の棘によって刺されないよう「適当な距離」を維持するのによく似ている。

　それだけではない。仮面の意義は自己と距離をとることにもある。スミスが言うように、自分にとって大切なものは大きく重要に思える。しかし自分から離れて、第三者の目でみると、大きく見えたものが実は小さいものだったことが分かる。「公平な観察者」になるために、私たちは「視覚の哲学」に精通し、適切な距離感を習得しなければならない。終章では、こうした「距離の哲学」を実践するための具体的なアイディアを考えてみたい。

注

1）近年の脳科学研究（Damásio 1994; 2003）によって、哲学において対立的に捉えられてきた理性と情動とが深く関連していることが明らかになってきた。最近では、情動と理性との間で適切にバランスを取る能力が「情動的知性（emotional intelligence）」などと言われている（Evans 2001）。なお、情動にかんしては、伝統的な情動理論にたいして「構築主義的情動理論」が登場している（Barrett 2017）。

2）リップス自身は「感情移入（Einfühlung）」を「共感（Sympathie）」と言い換えており（1922, 16／訳 23）、心理学的「共感」概念の源流も 18 世紀の道徳哲学にあると言えるだろう。

3）もちろん、これによって本書は共感の意義や役割を全面的に否定するわけではない。本書が問題視しているのは、同情や共感が過大に評価され、万能の道徳原理へと高められることである。ルソーが言うように、憐れみや同情が援助や協力行動を促進し、攻撃を抑制するのに役立っているのは事実である。したがって、近年の共感ブームにたいして説得力のある批判を展開しているポール・ブルーム（2016）と並んで、共感のメカニズムや道徳的機能を包括的に論じている澤田（1992）、ディヴィス（1994）、ホフマン（2000）等が参照されるべきである。

4）「心理学の父」としても知られる哲学者ウィリアム・ジェイムズは、大著『心理学原理』（1890）のなかでこれを次のように語っている。「厳密に言えば、ひとりの人は、その人を認識する個人の数と同じだけ多くの社会的自己をもっている。それだけの数の個人がその人のイメージを心に抱いているからである。こうしたイメージのうちのどれを傷つけようとも、それはその人自身を傷つけることになる。……私たちが自分の子どもに見せる自分は、クラブの仲間に見せる自分とは異なっているし、雇っている人に見せる自分は、顧客に見せる自分とは異なっている。同様に、主人や雇い主に見せる自分は、親友に見せる自分とは異なっている。ここから結果として、ひとりの人がいくつかの自己（several selves）に分割されるという事態が生じる。」（1890, 294）

5）アーレントは、英語の Crime against humanity が、「人道に対する罪（Verbrechen gegen die Menschlichkeit）」というドイツ語に訳されていることに不満を表明している（EJ 275f.／訳 379-380; EJD 398ff.）。彼女にしてみれば、1 つの民族を地上から抹殺しようとしたアイヒマンやナチスがなしたのは、たんなる非人道的残虐行為ではなく、「人類＝人間性（Menschheit）」に反する罪なのである。これについては、訳者大久保和郎の解説（訳 416-417）も参照のこと。

6）「ソクラテスとプラトンが提示したこの思考というプロセスについての考察が重要なのは、たとえ暗黙的な形でも、人間が単数ではなく、複数で存在すること、地球で暮らしているのは大きな文字で書かれた〈人類〉ではなく、人々であることを示しているからである。……わたしたちはつねに誰かと〈ともに〉あるのです。少なくとも自己とともに。」（RJ 96／訳 159）

7）「内なる法廷」としての良心という考え方は、カント以前の哲学者にも見られる。たとえばホッブズは、『市民論』において、「外なる法廷」との対比で「内なる法廷」を語っている。彼によると、自然法が普遍的な拘束力をもつのは「内なる法廷すなわち良心において（in *foro interno* sive *conscientia*）」（LW2, 195／訳 89）である。

8）各版の異同は、とりわけ良心論にとって重要な意味をもつが、本書の性格上ここでは深入りしない。なお、各版の違いについては、グラスゴー版の解説（MS, Introduction 15ff., 34ff.）や Raphael（2007）等を参照されたい。

9）スミスの共感論は、キリスト教的人間愛とストア的な自己抑制との結合によって成立する（MS 23ff. 140f.／水田訳, 上 61 頁以下, 上 320-322）。共感や同情を道徳の原理とみなす立場は、一般に観察者の感情移入を強調するが、当事者の感情抑制に着目したところにスミスの独自性がある。

10）フロイトの良心は、石川文康（2001, 24）にならって「他律的良心」と呼ぶことができる。これにたいしてルソーやカントの良心は「自律的良心」と言えるが、本書はこうした自律的良心の自律性を疑う。それは、自然的存在としての人間の自律性への疑いでもある。

11）ハーバマスは、ミードの役割取得論に自らの提唱する「討議倫理」の先駆を見いだしている。公平な判断は、関与するすべての人が他のすべての人のパースペクティヴを採るという「普遍的役割交換」によって可能になるという（1983, 75／訳 108）。したがって「討議倫理」は、カントの「定言命法」だけでなく、スミスの「公平な観察者」論にまで遡ることができる。

12）強制収容所に到着したユダヤ人の女性たちが裸で走らされ、兵士達の視線にさらされている有名な写真が残されているが、服を強制的に脱がせることは、相手の「人格」を剥奪する。服を脱がせるいじめが、これと同じ残酷さの人権侵害であるのは言うまでもない。

13）サルトルも「他者は、私の超越ではない 1 つの超越として、何らの媒介なしに、私に対して現前する」（1943, 329／訳Ⅱ136）と「他者の超越」を語るが、自他が相互を対

象化・占有するために、「他者の超越」は「超越する超越」ではなく、「超越される超越」と把握されている（1943, 352／訳Ⅱ190）。

終　章　「公平な観察者」から「完璧な偽善者」へ

> 「長期間にわたって、道徳的な手本に基づいて行動するように強いられている人は、この手本がみずからの欲動の動きの表現でない場合には、心理学的な意味では、自らの力量を超えた生活をしていることになるのであり、客観的には偽善者と呼ばれてしかるべきなのである。それはその人がこのギャップを明確に認識しているかどうかにはかかわらないのである。そして現代の文化が、この種の偽善を異例なほど多く助長しているのは否定できないことである。現代文化はいわばこうした偽善に頼って構築されている……。」
>
> 　　　　　——ジークムント・フロイト（GW10, 336／訳62）

　いじめは、人間存在や人間社会にその根をもっている。つまり、いじめの原因は私たちのうちにある。したがって、いじめをなくすためには、動物としての人間の本性や文明社会が抱える構造的・制度的問題と向き合わざるをえない。その核心にどれだけ近づくことができたかは、読者の判断に委ねるしかないが、本章でいじめをなくすために歩むべき方向性を端的に示して、本書を締めくくりたい。そのために、今までの章で得られた知見を簡潔にまとめてみる。

　序章では、私たちの認識や理解は、自分に都合のよいように歪曲されやすいことを指摘し、いじめ問題の認識や理解においても、これがきわめて重要であることを確認した。第1章は、人間の本性といじめとの関連を論じ、他の動物と同様に人間にも生物としての攻撃性が備わっていることを指摘した。続く第2章では、社会の設立や維持にはさまざまな力（権力、暴力、圧力など）が用いられており、これによってさまざまないじめが生じることを見た。最後に第3章では、人間は相手によって「顔＝仮面」を使い分けており、「仮面」をか

ぶって演じることで私たちは「人格」になりうることを述べた。

　これらの主張はいずれも論理やデータによって論証されたものではなく、あくまで推論的ないし経験的なものである。しかし、序章の最後で強調したように、本書の目的は、いじめにかんする厳密な科学的研究ではなく、いじめをなくすという実践的課題の解決である。それゆえ、いじめの原因を一義的に確定できなくても、いじめにつながりやすい人間的・社会的要因をピックアップし、それらに適切に対応することで、いじめが減るのであれば、それで満足したい。

　いじめにかんする哲学的考察を締めくくるにあたって、あらためて想起したいのは、本書の最初に取り上げた古代ギリシャの格言「汝自身を知れ」である。デルポイの神殿の入口に刻まれたこの格言の一般的な解釈は、死すべき存在としての人間はおのれの分を弁えよというものである。人間は、神になれない不完全な存在である以上、おのれの欠点や弱さを正しく理解することが大切である。本書で取り上げた哲学者・思想家が目指したのも、こうした適切な自己理解であった。

　いじめ理解を深める議論を展開した哲学者・思想家たちのモットーは、いじめをなくすためのモットーにもなりうるはずである。したがって、これからの教育の第一のモットーは、「汝自身を知れ」になるだろう。この場合の「汝」とは、自分自身のことだけではない。自分がその一員である家族や学校、社会や国家、さらに世界、そして自分が属するホモ・サピエンス（「知恵のある人」というこの名称自体が人間中心的な響きをもつ）という動物種の特性をできるかぎり客観的に理解することである。一言で言えば、それは自分と他人の、そして人間社会や人類の「公平な観察者」を育成する教育である。

第1節　汝自身を知れ

　自分で自分を理解するのは実に難しい。自分を観察対象にするには、自分から離れて、自分と「距離」をおく必要があるからである。自分を観察の対象にすること、それが自己理解の第一歩であるが、自分を「自分の目」で見ていては、自分の見方が間違っていても気づくことがない。スミスが言うように、自分にとって大切なものは、自分の目には大きく重要に見えるからである。

　また、行為者と観察者が同じ場合、自分の行為を合理化・正当化しやすい。他の子をぶったり、悪口を言ったりしても、観察者の私は「相手が悪い」「自分の守るためにやった」などと言って、行為者の私を弁護してしまう。当然ながら、自分の見方や判断の歪みは見えてこないし、自分のもつ攻撃性も自覚できない。

　それゆえ利害関係をもたない第三者の目で自分を見ることを学ばなければならない。これは、大人でも非常に困難で、かく言う筆者も十分にできていない。だが、「仮面」をかぶって、他者になる練習をすればよい。ある役割を演じ、社会的な役割期待から、自分を眺めてみると、自分が違って見えてくる。筆者のおもな役割は、教師や父親であるが、役割期待に照らしてみるだけでも、教師としても父親としても不完全な自分が見えてくる。

　子どもたちは、行動範囲の拡大とともにさまざまな役割を担い、さまざまな人と関わるようになる。つまり、自分がかぶる仮面も色々になり、自分の見せる顔も相手によって変わってくる。そこで、自分が人によって見せる顔を変えていることを、つまり、相手に応じて自分の情報管理をしていることをしっかり自覚することが大事である。こうした自覚こそが、リアルな他者理解の前提になるからである。

　いじめられていることを知られたくない子は、それを秘密にする。いじめられることは、道徳的に悪いことではないが、名誉なことでもない。先生や親に心配をかけたくないとき、あるいは相談しても助けてもらえそうもないとき、それどころか、先生や親に告げ口をしたことで報復されそうなとき、いじめを隠す。いじめが見つかりにくいのは、加害者だけではなく、被害者の多くがそれを秘密にするからである。

　したがって、自分も他人も多くの顔をもつことを理解することは、非常に大切である。1つの例で説明したい。筆者が保育園に子どもを迎えに行くときに、やんちゃなよそのお子さんから叩かれたり蹴られたりすることがあった。相手が子どもだからと思ってきつく叱らなかったところ、暴力はどんどんエスカレートした。ところが、その子は自分の親の前では筆者に暴力を振るうことはなかった。親の前では見事に「よい子」を演じていたのである。

　親と筆者に見せる顔のギャップに驚いたが、その子にしてみれば、小さな子

に大の大人がやりかえすことはないと踏んでいたのだろう。その点で、その子は小さいながら、異なる仮面を見事に使い分けていたのである。仮面をかぶることが人格の条件ならば、この子は、もう立派な「人格」だと言えるだろうか？　否である。人格とは仮面をかぶって役割にふさわしい演技を行うことである。クラスメートの親に暴力をふるっている時点で、この子はすでに「人格の仮面」を脱いでしまっている。

　舞台の役者と同様に、私たちも台本にしたがって演技しなければならない。この場合の台本とは、簡単に言えば、ある役割に社会が期待する行動規範、つまり役割期待とか職業倫理と呼ばれるものである。もちろん台本が常に正しいとはかぎらないし、台本が不十分と思える場合もある。そのときには、台本の一部を削ったり、アドリブを加えたりしても（役割距離）、役から大きく「逸脱」しないかぎりで許される。

　本物の役者の場合、正義漢を演じた後に、極悪人を演じても、何ら問題はない。演じた役柄にギャップがあればあるほど、役者としての幅や力量が評価されることもある。しかし、「人格」の場合、分人相互のあいだで大きなギャップがあると、「この人にはこんな面白い一面もあったのか」と積極的に評価されることもある一方で、「実はこういう人だったのか」という失望に変わることもある。

　たとえば、ある人がAさんに「あなたが好き」と言っておきながら、Bさんには「Aさんは嫌い」と言っていることをAさんが知ったら、この人は二枚舌を使っているように思える。2つの発言が明らかに矛盾しているからである。すべての分人を監督する「人格」として、AさんとBさんに説明責任（accountability）を果たさなければならない。

　AさんやBさんにたいする関係に応じて自分を変えること、つまりある人が分人 α と分人 β を使い分けること自体には問題はない。ユダヤ人虐殺に関わったナチスの高官のなかには、家庭ではよき父親、よき夫である者が少なくなかった。彼らは、血も涙もない殺人鬼のような人物ではなかったのである。アイヒマンも家族思いで、結婚記念日には妻に花束を贈るような人間だった。だからと言って、親衛隊将校である分人 α の責任が、よき父親や夫である分人 β の存在によって、免除されたり、軽減されたりするわけでもない。

　子会社の最終的責任を負うのが、子会社を監督する親会社であるように、ある分人の行動の責任を負うのは、別の分人ではなく、すべての分人を監督する「人格」なのである。そして、社会において私たち1人ひとりに求められる道徳や倫理とは、この「人格」という役にたいする役割期待（標準的な台本）に他ならない。

　だとすると、この「人格という仮面」は、さまざまな役割＝仮面とともにつねにかぶっていなければならない基本的な仮面、いわば仮面のなかの仮面である。この仮面のうえに、人間関係上の役割に応じてさまざま仮面＝分人（α、β、γ……）がつけ加わっていくわけである。この考え方にたてば、ナチス将校としての自分（分人α）は、官僚機構の「歯車」にすぎず、「人格」としての私ではなかったという主張は成り立たない。

　アイヒマンはじめナチスの高官たちは立場上課された義務を遂行していたにすぎないという主張がある。しかし、義務の遂行によって何の現世的利益も得られないカント的倫理とまったく異なり、アイヒマンが遂行した「過酷な」任務は、実生活の利益と固く結びついていた。彼は、任務を忠実に遂行することによって官僚機構で着実に昇進し、その地位が与える快適な生活を享受していたのである。

　つまり、彼らの「第三帝国の定言命法」への服従は、「利害＝傾向性」をその動機としていたのである。「第三帝国の定言命法」の提唱者ハンス・フランクをはじめ、ナチスの高官の多くが、全体主義体制を利用して私腹を肥やしていた事実は、それを裏づけている。彼らの「無私の服従」は、「見返りへの期待」によって支えられていたのである。アイヒマンが、官僚機構内での昇進に執着し、親衛隊中佐までしか昇進できなかったことを嘆いていたこと考えると、彼は自らすすんで「歯車」になっていたわけである。

　とはいえ、アイヒマンのように、体制によって利益を得られた人は限られている。ともかく体制内で生き延びるために何らかの形で協力せざるをえなかった人も少なくなかったはずである。全体主義的な体制に組み込まれた個人に、自由な社会における自発的行為とまったく同じ責任を負わせるのはおかしいという反論は、もっともである。そもそも行為の原因を行為主体の「自由な意志」にみる近代的な考え方自体、人間の置かれた社会的現実を反映していない

かもしれない。

　哲学者の中島義道が言うように、意志という概念が必要なのは、私たちが「過去の取り返しのつかない行為に対して責任を課す」必要があるからである。〇〇したいという意志があって、行為が起こるのではなく、行為が起こってしまった後に、それがなされたのは、それをする意志があったからだ、という具合に事後的に構成されるものと考えた方が適切である。つまり「ある行為の行為者に責任を負わせることをもって、事後的にその行為の原因としての（過去の）意志を構成する」のである（1999, 162）。

　その意味で、「自由意志は責任のための必要条件ではなく、逆に、因果論的な枠組みで責任を把握する結果、論理的に要請される社会的虚構に他ならない」（小坂井 2013, 125）と言える。小坂井（2008）が言うように、自由意志とセットで考えられる責任も、同じような社会的虚構である。もし責任が「虚構」であるならば、私たちは、それに囚われる必要はないのではないか。

　そうではない。「責任という虚構」があることで、起こった行為の「責任」の所在が明らかにされ、取り返しのつかない行為も「清算」される。たとえ当事者にとっては納得できない仕方であっても、責任追求と処罰によって、世間的にはその行為に「けじめ」をつけることができるのである。それゆえ、それが社会的な虚構であっても、それによって社会秩序が維持されているかぎり、私たちは、あたかもそれが実体をもった現実であるかのようにみなさなければならない[1]。

　「自由な意志」が虚構であるなら、その担い手である「自由な主体」も虚構になる。生物として心理的・物理的に制約された人間は、さまざまな制約から完全に自由になることはできない。したがって、私たちは、真の意味で「自由な主体」にはなりえない。「自由な主体」なるものが存在するとすれば、おそらくそれは神であろう。にもかかわらず、私たちは、自分たちを、自らの行動に責任を負いうる「自由な人格」とみなして社会制度を作り上げてきた。

　したがって、そうした社会の構成員である以上、私たちは「虚構としての人格」を演じなければならない。つまり、私たちは、衝動的に何かをしてしまった後で、おそらくそれ以外の選択肢がなかったにもかかわらず、「あの場面では、別様にも行動できたのではないか」と問うことを求められる存在なのであ

る。つまり、観察者の立場から、自分がどう行動すべきだったのか判断し、自分の行動を説明しなければならないのである。

　アイヒマンはナチスという強大な組織のなかで、命令を忠実に遂行した。だが、彼の場合、本当に望むなら、自分が担うべき職務から身を引くという選択肢もありえたのである。つまり、失職や降格あるいは左遷を覚悟して職務を拒否すれば、あるいは任務において無能ぶりを発揮すれば、ユダヤ人移送の最高責任者の地位にまで登り詰めることはなかったのである。任務遂行に全力を尽くしたアイヒマンと対照的なイギリス将校の話を、第2章の冒頭で引用したダイソンが紹介している。

　第二次世界大戦の末期、ドイツの都市に絨毯爆撃を繰り返していたイギリス空軍において、爆撃連隊を率いていた空軍少将ハリソンは、ドイツの海岸線に沿って機雷をひそかに敷設するといった地味な任務を好んで引き受けた。この将校は、自分の任務の意味を深く考えて、任務を無理して実行せず、可能なかぎり手を抜くという道を選んだのである。つまり、彼は機雷敷設のような任務を選ぶことで、ドイツ市民の大量殺戮という「愚行」に自分の部下を巻き込まないようにしていたのである。

> 「38年たったいま、振り返ってみると、連隊司令官の中でハリソンこそ一番賢明だったように思える。ドイツの都市に絨毯爆撃を仕掛けることは、誤った戦略であって、彼の隊員たちの英雄的行為に値しないということを、彼は他の誰よりも先に悟っていたに違いない。多分、彼はこの攻撃方針に反対したり、変更したりすることはできないと考えた。彼はなしうる最善のことをした。」(1984, 8／訳9)

　軍人の仮面をかぶっているかぎり、命令にはしたがわなければならない。しかし「命令に従っても、効率を上げすぎず、なくせない悪事を無言のうちに改善する」(ibid.)ことはできる。つまり、この将校は、機雷敷設のような任務を選ぶことで、ドイツ市民の大量殺戮という「誤った戦略」に部下を巻き込まないようにしていたのである。ただそれは、作戦遂行に役立たない無能な指揮官という不名誉なレッテルを甘受し、ドイツの都市の破壊と何千何万の市民の殺害という手柄にたいする勲章や昇進を断念するという代償を伴っていたに違い

ない。

　ハリソンは、爆撃作戦の技術的助言をするために派遣されていたダイソンと、爆撃ではなく、自分が温室で飼っている蚕について語りたがった。何千人の生死にたいして責任のある人物が、蚕の飼育で時間をつぶしていることにダイソンは驚いたが、それには理由があった。この将校は、自分の好きな蚕の飼育をすることで、戦争の狂気のなかで正気を保とうとしていたのである。

　ダイソンは、ハリソンと同じ精神の持ち主として、「余り夢中になるな（Pas Trop de Zèle)」というタレーランの言葉をモットーとしているアメリカの将軍を紹介している。これは「演じている役と距離（ディスタンス）を保て」というメッセージと解釈できる。周りの人がみな「夢中」になっている状況で、対話の相手を周りの人から選ぶなら、自分も「夢中」になりかねない。だから、自分の正気を保つための相手は、上司でも部下でもなく、「蚕」であったのである。つまり蚕の飼育をしている間、ハリソンは軍人の仮面を脱いで、航空連隊の指揮官として自分がやっていることの意味を考えることができたのである。

　第2章第7節でみたように、私たちはまわりに流されやすい。同調圧力が強いといわれる日本ではどこでも「空気を読む」ことが求められる。学校でも職場でも地域でもそれは変わらない。山本七平が『「空気」の研究』で強調しているように、第二次世界大戦末期の無謀とも言える戦艦大和の沖縄出撃は、データや根拠にもとづくものではなく、「その場の空気」で決まった（2018, 16頁以下）。

　だとしたら、空気を読めない人（いわゆるKY）の存在は、貴重である。山本（2018, 97）の表現を借りれば、絶対的な支配力をもつ「空気」に「水を差す」ことによって、その場の「空気」を「崩壊」させるからである。それゆえ「空気」に支配された人々は、「水を差す」人々をなんとかして沈黙させようとするが、一度水が差されると、その場の「空気」が驚くほどあっけなく崩れていく。

　それを印象的に示したエピソードを紹介しているのは、岡檀（2013）である。彼女は、徳島県海部町の自殺率の低さの理由を突き止めるために、現地に入って町民に聞き取り調査を行った。そして、多様性を許容する町民の「いろんな人がいてもよい、いろんな人がいたほうがいい」というメンタリティにその第

一の理由を見いだす。そして、「空気」を読まない「スイッチャー（流れを変える人）」の重要性に着目し、次のようなエピソードを挙げている。

> 「海部町での出来事ではないが、あるとき私は電車の中で、女子高生たちの会話に聞き耳を立てていた。……4人の少女たちは、そこにはいないクラスメートの女子のことを噂していた。噂の女子は、カレシができたばかりで有頂天になっているらしく、カレシとの一部始終を絵文字満載の甘ったるい文章で毎日ブログに書き綴っているという。電車の少女たちはその女子の「馬鹿丸出し」のブログが気に障ってしかたがない。誰もあいつの恋バナなんて知りたかねえんだよ。ばーか。うざい。いらつく。吐きそう。教室で会っても絶対シカトしようぜ。
>
> 　電車の少女たちの、クラスメート女子をなぶる言葉はどんどんエスカレートし、不穏な空気が漂い始めた。そのとき、4人のうちのひとりがのんびりとした口調で「ある意味、うらやましいなぁ」と言ったため、残り3人がきょとんとした。「だってぇ、あたし、こんないろいろ絵文字つくる技ないしい。技あったとしても、カレシいないしい。」
>
> 　これを聞いた少女たちは「えっ、そこ？」と叫んで笑い転げ、私も吹き出しそうになるのをかろうじて堪えた。少女たちの笑い声がおさまった後、話題は他へと移っていった。……ひとりのスイッチャーが混ざっていたことで、噂のクラスメートはさらに鋭くなっていたかもしれない言葉の刃から逃れることができたのだ。……「いろんな人がいたほうがよい」という海部町コミュニティの処世観は、こうした集団力学をふまえてのことであったかもしれない。」（岡 2013, 102-104）

　クラスメートを攻撃する「不穏な空気」に「水を差した」のは、残りのメンバーの攻撃性に隠された嫉妬心を見事に言い当てた「空気を読まない」メンバーであった。その「のんびりとした口調」によって、「空気」に支配されていた集団は、通常の感覚を取り戻したのである。第2章第6節で紹介したアッシュの実験も、これを踏まえて読み直してみると違って見えてくる。

　多数派のサクラの影響を受けて（「その場の空気」にのまれて）判断を誤った人々は、実験後にサクラがいなくなる（「水を差される」）と、線分の長さを誤る

ことがなくなったというのだ。実際のところ、アッシュ自身が示そうとしたの
は、被験者の３分の１の判断が多数派によって影響されたことではなく、むし
ろ大多数の被験者が多数派に抗して独立を守ったことだったのである。にもか
かわらず、社会心理学の歴史において、アッシュの実験の意味が誤解されてき
たという（小坂井 2013, 237-238）。

　「空気」を読めない（読まない）人は、まわりに同調しない。それゆえに、
「空気」を読む集団においては厄介な存在と見なされ、しばしばいじめ（制裁）
の対象になることもある。しかし、こうした人は、「水を差す」ことによって、
「不穏な空気」を崩してくれる存在でもある。周りの「空気」を読めないため
に対人コミュニケーションに困難を抱える広汎性発達障害の人々は、同調圧力
に耐性があると言われる。実際、アッシュの実験と同じように実施した実験に
おいて、自閉症の子どもたちは、一般の子よりも同調圧力に強かったという報
告もある（Yafai et al. 2014）。

　しかし、圧倒的多数にたいしてたった１人が「水を差し」ても、そうした異
分子は、個人的偏向、つまり「変な人」として無視されがちである。しかし、
この異分子が、一貫して自分の意見を主張し続けることで、少数意見の妥当性
を吟味し、それを支持する人が出てくると、「空気」は変わってくる。多数派
のなかにも、ひょっとしたら少数意見が正しいかもしれないと考える人が出て
くるからである。

　これはいじめ問題でも同じである。クラスの中にいじめを許さない「空気」
が作られているとき、いじめは起きづらいし、たとえ起きても、いじめを告発
する人が必ず現れてくる。逆に、いじめを許す「空気」がクラスを支配してい
るとき、子どもたちは見て見ぬふりをする。だが、そのなかに勇気をもって声
をあげる異分子がいて、それを支持する子どもが出てくれば、その「空気」は
変わりうる。

　自分が加害者にも、被害者にも、観客にも、傍観者にもならないためには、
私たち１人ひとりが、自分のうちに「公平な観察者」をもち、自分がいじめを
構成するこれらの役を知らず知らず演じていないか、厳しく検証する必要があ
る。そのために、私たちは１人ひとり、自分の身体を自分で手術する「大胆な
外科医」の勇気をもたなくてはいけない。さらに、いじめを告発したり制止し

たりすれば、加害者側の仕返しも覚悟しなければならない。

だとすると、よほどの正義漢か道徳的英雄でもないかぎり、そんなことは無理なように思えてしまう。だが、たとえいじめを止められなくても、空軍少将ハリソンのように「悪事を無言のうちに改善する」ことはできる。被害者にさりげなく連帯を示したり、「秘密」を守ってくれる友人や大人にこっそり相談したりすることは、大きなリスクなしにできることである。

ユダヤ人の迫害と抹殺を国家的事業としていたナチス体制下でも、ナチス体制を阻止しようと地下で活動した人々や人目を避けてユダヤ人を助けた人々が少なからずいた。それは文字通り自分の生命を危険にさらすことであった。アーレントが『エルサレムのアイヒマン』で紹介しているヴァイゼンボルンの『声なき蜂起』は、ナチス時代の名もなき市民の勇気ある行動の感動的な記録である。

第2節　他者を知れ

「公平な観察者」になるためには、私たちは、いわば他者となり、他者の視点を自分のうちに取り入れる必要がある。そのためには、フィヒテやヘーゲルが考えたように、私たちは他者と出会い、自分が他者にとっての他者にならなければならない。私たちにとって、人生で初めて出会う他者は、おそらく自分をケアしてくれる人（多くの場合は母親）であろう。親子関係（とりわけ母子関係）は、無私の愛情関係として美化されることが多いが、実際の関係はそうではないだろう（少なくとも筆者が経験した子育ては、そうではなかった）。

愛や憎しみが攻撃性に由来するというローレンツを引き合いに出すまでもなく、無防備に見える赤ん坊にも攻撃性を見て取れる。歯のない口で噛みつき、泣き声でいかなる言葉よりも雄弁に自己主張する。親子（母子）関係から始まる私たちの人生は「承認をめぐる闘い」の歴史だと言ってもよいだろう。なぜなら、他者との出会いによって、私たちは自己を発見し、他者と関わりながら、自我が形成されるからである。

小さな子どもの相手をしていると、よく「見て、見て」と言われる。子どもたちが「見て」とさかんに言うのは、「自分がこんなこともできる」ことを、

つまり自分の力を認めてもらいたいからである。子どもが求めている返事は、「わ〜、すごいね！」である。そして自分の力を認めてもらった子どもは、満足する。しかし、子どもがこのような形で承認欲求を満たすのは、かなり発達が進んだ段階である。

　自我が芽生えてくるときに、子どもがもっとも口にするのが、「イヤ」「ヤ・ダ・」という否定的言動である。この「イヤイヤ期」の次に出てくるのが、なんでも「自分が」「自分で」という独占的・排他的な要求である。それで「魔の２歳児」とか「悪魔の３歳児」などと呼ばれるが、ここにはヘーゲルが描いた自我の２つの運動——徹底した自己主張と他者の暴力的排除——がはっきりと示されている。自我の形成は、第一次反抗期とともに始まると言ってよいかもしれない。

　この時期の子どもは、自分がやりたいことを自分のやりたいようにできないと、すぐに癇癪を起こすし、親が邪魔しようものなら、力ずくで抵抗する。暴れても力が弱いので、傍から見ている第三者には微笑ましく映るかもしれないが、対応する親は大変である（筆者はほとんどノイローゼ状態であった）。そして、この闘いは、弟や妹というライバルの出現によってさらに激化する。下の子の誕生は、上の子には、これまで享受してきた親の愛情や関心を失う危機をもたらすからである。

　第一次反抗期が過ぎても、「承認をめぐる闘い」は、形を変えて続いていく。親が自分よりも圧倒的に力があり、力では負けることを自覚した子どもは、「見て、見て」のように、自分の大きさ（成長）や力（能力）を誇示するだけではなく、「弱さ」や「小ささ」を強調して甘えることで、承認や愛を得ようとする。それは、たとえば下の子が生まれたときの「赤ちゃんがえり」に見られる。自分も下の子のように小さくて弱い存在になることで、同じように愛されケアされようとする。「赤ちゃんがえり」は「幼児退行」とも呼ばれるが、「退行」は、第１章第２節で触れた自我の防衛メカニズムの１つである。

　親にたいして身体的に敵わないことが分かると、「承認をめぐる闘い」の攻撃性は、力が拮抗している兄弟や同年齢の子どもに向けられる。兄弟姉妹がいると、おもちゃの取り合い、順番争いなど、子どもたちの間では争いやけんかは絶えない。やがて、力関係がはっきりしてくると、ある程度序列も決まって

くるのだが、それでも「闘い」は終わらない。力の弱い下の子は、上の子の「被害者」を演じて、親の同情を誘い、親の力を借りることで、上の子に対抗しようとするからである。

こうした「闘い」は、当然いじめに発展しうる。ヘーゲル＝コジェーヴが考えたように、他者との出会い＝自己の発見・形成とは、平和的なものではなく、対立と排除をともなう暴力的なプロセスである。おもちゃの取り合いから始まって、殴り合いのけんかまで、子どもたちが暴力を用いて自己を主張し、他者を否定しようとするのは、何ら異常なことではなく、人間の成長にともなう否定的側面である。

だとしたら、子どもたちは、自分の攻撃性の抑制だけではなく、他者の攻撃にたいする心構えを学ぶ必要がある。つまり、やまあらしのように相手に近づきすぎると、自分の棘で相手を刺すだけでなく、逆に相手の棘で刺されることを学ばなければならない。それを子どもたちに予め教えると、他人への不信感を早くから植えつけてしまうという批判の声もある。だが、そういう大人の私たちは、自分の同胞をどれだけ信用しているのだろうか。ホッブズが言うように、私たちは夜は戸締まりをして鍵をかけて眠りにつかないだろうか。

大人たちのそうした欺瞞をフロイトは次のように批判している。「若者がいずれ他者の攻撃欲動の対象となるのは確実であるのに、そのための準備をさせておかないことも、教育の重大な過ちなのである。教育は、若者たちに正しい心理学的な準備をさせずに人生に送り込む。これはまるで極地に探検に出かける人々に、夏服とイタリア北部の湖水地方の地図をもたせて送り出すような間違ったことなのである。」(GW14, 494／訳271)

子どもの善性から出発するルソー主義は、事後的に攻撃を非難するだけで、事前に準備させることはない。フロイトのように、人間社会を過酷な南極や北極にたとえるのは、さすがに極端かもしれないが、子どもたちに自分の内なる攻撃性を自覚させると同時に、他人からの攻撃にたいして心の準備をさせておくのは、決して悪くない。

誤解がないように言うが、それは「自分の身を守るために格闘技や護身術を習いなさい」といったアドバイスではない。子どもの場合でも、攻撃性にはたいてい抑制が働いているので、剥き出しの暴力ではなく、まずは悪口や意地悪

などで表れることが多い。憎しみや怒りの対象を弱い相手にずらす「置き換え」、いわゆる「やつあたり」や「とばっちり」もある。それゆえ「他人に悪口を言われたり、意地悪されたりしても、まずは適当に聞き流したり、かわしたりしなさい」といったアドバイスであろう。

　攻撃を受けた側がやりかえして、けんかになってしまうこともある。けんかが暴力的な敵対や支配関係に発展するとしたら問題であるが、ルールを守ってけんかすること自体は、悪いことではない。けんかが避けられないのなら、攻撃がエスカレートしない方法（動物なら儀式化）や、仲直り（和解）の技術を磨けばよいのである。とはいえ、それはそう簡単ではないので、問題解決に協力してくれる仲介者（教師や友人）が必要になる。

　問題は、やり返せない相手から攻撃を受けた場合である。動物同士の場合、縄張りをめぐる争いで、負けた（あるいは戦う気のない）側のとる行動は「逃げ」、つまり闘争の回避である。逃げるのは「かっこ悪い」ように思えるが、動物のように相手の活動範囲（なわばり）から出て、自分の居場所を見つけることだと考えればよい。だが、逃げて衝突を回避することで、自分のやりたい活動（勉強、遊び、部活動等）を断念せざるをえないとしたら、「逃げ」は解決にはならない。

　「逃げ」によって被害者が大きな不利益を被るときや、そもそも逃げられないときは、他人の力に頼るべきである。第2章第8節で見たように、そもそも学校は、動物や魚の飼育用の檻や水槽のように、子どもたちを閉じ込めておく空間なので、逃げ場が作られていない。逃げ場になりうるのは、理解のある養護教諭がいる保健室ぐらいである。だから、自分の力でどうにもならないときは、遠慮なく信頼できる人の力を借りるよう子どもたちに指導しておくべきだろう。

　親や担任の教師がそうした相談相手であればよいが、親や担任にそれを望めない場合は、他の先生やスクールカウンセラー、それもだめなら国や公共機関の相談窓口でもよい。とにかく自分の状況を真剣に理解してくれる人に一緒に考えてもらう。そして、そうしたときのために、日頃から相談に乗り問題解決に協力してくれる友人や大人を見つけておく必要があるだろう。どの先生が本当に信頼できる人か、裏切らない友人やクラスメートは誰か、「仮面舞踏会」

のなかで失敗を繰り返しながら、仮面の下に隠れた人間性を見る目を養うしかない。これは大人でも一緒で、人を見る目がない筆者は、人間関係で今なお苦労している。

友情や信頼は自然に与えられるものではなく、時間をかけて作り、努力して維持するものである。気が合うとか、趣味が同じとか、似たもの同士は、すぐに仲良くなりやすいが、そうした関係は、互いの立場や境遇が変わると変わりやすい。関係が疎遠になってから、友情と思っていたものが、実は共通の利害関係にすぎなかったことに気づくこともある。たとえ互いの立場や境遇が変わっても、関係が変わらないのが理想であるが、そうした関係を築くのは容易ではない。だから信頼や友情は「有り難い」のである。

人間関係を良好に維持する努力を怠りがちな筆者は、偉そうなことは何も言えない。だが、困った筆者を助けてくれたのは、多くの場合、近すぎず遠すぎず、適度な「距離（ディスタンス）」をもってつき合ってきた友人であった。近いと自分の状況や感情を分かってもらえるだろうという期待も高いので、期待が外れたときの失望も大きくなる。スミスが言うように、私たちは互いに歩み寄ることによって、相互理解に到達できる。

それゆえ、他者を理解する努力が必要であるが、ここでも注意が必要である。私たちは、しばしば他者への感情移入（共感）によって、相手を理解しようとする。相手が自分と同じような考え方や感じ方をしているなら、理解可能であろう。しかし、考え方や感じ方は人それぞれであるし、似た者同士でも置かれた立場によって変わってくることもある。すでに見たように、共感は人間の等質性を前提としているので、共感にもとづく共同体では、特定の考え方や感じ方への同調圧力が働く。親密圏で力を発揮する共感が、社会の一般原理になることで、共感の対象にならない人への攻撃が正当化されてしまう危険性があることは、第3章第1節で見たとおりである。

それゆえ他者を理解するためには、他者が自分と異なった好み（選好）や考え方（思考法）をもっているという前提から出発しなければならない。したがって、自分の考え方と好みが万人に共通するものとして、他人に感情移入するとしたら、他者を自分に「同化」させる、つまり自分の思考や感情の枠組みに相手を取り込むことになりかねない。好みや考え方の多様性を考慮すると、

「相手の立場で考える」ことは決して容易ではない。

　「他者の立場で考える」を、英語で言うと put oneself in another's shoes となる。ふつう「靴」を意味する shoes はここでは「境遇」「立場」という意味であるが、このように訳してしまうと、大事なニュアンスが消えてしまうようにも思える。そこで、「他人の靴を履く」という文字通りの意味で考えてみよう（筆者は、ネイティヴでも英語の専門家でもないので、あくまで素人の議論である）。

　他人の靴を間違って履いて帰ってしまった経験のある人はどれだけいるだろうか。足が小さい筆者の場合、たいていの靴は大きすぎてすぐに気がつくので、他人の靴を間違って履いて帰ったことは一度もない（と記憶している）。靴が足の形や大きさによってかなり異なるように、私たち1人ひとりの境遇や立場、好みや利害もかなり異なる。自分にぴったりの靴が、他人にぴったり合うとは限らない。むしろ、ぴったり合わないのが普通であろう。

　だとしたら、「他人の靴を履く」ためには、他人の好みや欲求、そして他人が置かれている状況にかんする情報をできるかぎり集めて、いわば身も心も他人になってみてはじめて、その人がどう考えているか理解できることになる。[3)]実際には、与えられる情報も自分の想像力も限界があるので、他者を完全に理解するのは不可能である。「理解を超えた存在としての他者」というレヴィナスの他者論は、他者を他者にそくして理解しようと努力する人にこそリアルに感じられる議論かもしれない。

　他者との違いに着目するならば、まったく同じ人間は存在しない。人格を象徴する顔は、それを示している。よく似た顔は「瓜二つ」と言われるが、完全に同じ顔の人間は存在しない。瓜にしても完全に同じ瓜は存在しない。どれも同じに見えるのは、その違いを見ようとしないからにすぎない。個体の唯一性を強調した哲学者ライプニッツは、ある書簡のなかで、このことを印象的に語っている。

　　「識別できない2つの個物はありません。私の友人に才気煥発な1人の貴族がいて、ヘレンハウゼンの庭の中、選挙候夫人の御前で私と話していたことがありますが、その時彼は全く同じ2つの葉を見付けられると思っていました。選挙候夫人はそんなことはできないとおっしゃいました。そこ

で彼は長い間駆けずり回って探したのですが無駄でした。」(Bd. 7, 372／訳 301)

遠くから見れば、木々の無数の葉はどれも同じに見える。しかし、近寄って1つひとつの葉をじっくり観察してみると、同じように見える葉もそれぞれ異なっている。動物だってそうである。群れのなかの鳥はどれも同じように見えるが、1羽1羽違っている。動物行動学が示してきたように、多くの動物は個体識別能力をもっていて、自分のパートナーや子どもを群れのなかから探し当てることができる。

相手が誰でもよいのであれば、愛情や友情は成り立たない。愛情や友情は、任意の誰かではなく、この人やあの人との間でのみ成立するものである[4]。たとえば、筆者の娘たちは、どこにでもいる平凡な子どもであるが、筆者にとってはかけがえのない存在である。同様に、筆者はどこにでもいる平凡な父親であるが、筆者の娘たちにとっては、「ただ1人」という点では、かけがえがないとも言える。

私は、私以外の他者にとっての他者である。そして他者も、その人自身にとっては私である。こうした「想像上の立場の交換」によって、すべての人がかけがえのない存在であることを理解できる。ニュースでは毎日のように事件や事故で人が亡くなったという報道を目にするが、犠牲者は誰しもかけがえのない存在であり、金銭的な賠償では決して償われることのないものである。その人がいなくなったことで、深い悲しみに打ちひしがれたり、その後の人生がまったく変わってしまったりする人がいるからである。

こうした「かけがえのなさ」をカントは、次のように表現した。「価格(Preis)をもつものは、何かほかの等価物で代替できるが、これに反して価格を超えているもの、したがってまたいかなる等価物も許さないものは、尊厳(Würde)をもつ」(KA4, 434／訳116)。市場で売られる物は、別のものと比較したり交換したりできる。それは相対的な価値、つまり「価格」をもっている。しかし、「人格」は代替不可能であり、そうしたものだけが「尊厳」をもつ。

第3節　自ら人格であれ、そして他者を人格として尊敬せよ

「自ら人格であれ、そして他者を人格として尊敬せよ（sei eine Person und respektiere die anderen als Personen）」とは、ヘーゲルの『法哲学要綱』の言葉である（HW7, 95／訳232）。私が私にとってかけがえのない存在であるように、他者にとっても他者自身はかけがえのない存在である。私たちは「尊厳」をもつ人格として互いを尊敬しなければならない。カントは言う。

　　「人間だれにも、自分の隣人からの尊敬を求めることは正当である。そしてそのかわりにまた、ひとはすべての他人に対して尊敬するよう義務を課されている。人間性それ自体が尊厳なのである。なぜなら、人間は、だれからも（他人によっても、また自分自身によってさえも）単に手段として使用されることはできず、常に同時に目的として使用されねばならないからである。そしてこの点に、まさに人間の尊厳（人格性）が存するのであり、それによって人間は、世界における人間以外の、しかも使用可能なすべての存在者に、したがってすべての物に優越するのである。それゆえ、人間が自己自身をいかなる価格でも売り払うことができない（それをすれば自己尊重の義務に反するであろう）のと同様に、同じ人間である他人の必然的な自己尊重を損なう振る舞いはできない。すなわち人間は、あらゆる他人の人間性の尊厳を実践的に承認するよう義務を課されている。したがって、あらゆる他人に対して尊敬を必ず示すべきであるという義務が、人間には存するのである。」（KA6, 462／訳350）

　人間を「物」や「手段」として利用するのではなく、それ自体が目的である「人格」として扱う道徳的な世界、カントはそれを「目的の王国」と呼ぶ。第2章第2節で見たフィヒテは、他者を「人格」として承認しない場合、「物」として扱うことになると語っている（1971, 47／訳65）。支配関係とは他者を自分と同じ「人格」としてではなく、「物」として扱う関係である。コジェーヴが人間関係の基本と考えた主人と奴隷との関係では、奴隷が主人の所有物に貶められている。

　現代ドイツの社会哲学者アクセル・ホネット（1949 年〜）は、他者を「人格」ではなく、「物」と認識してしまう事態を「物象化」と呼んで批判している。「物象化（Verdinglichung）」とは、ハンガリー出身の哲学者ゲオルク・ルカーチ（1885〜1971 年）が、『歴史と階級意識』において用いた概念である。もともとマルクスに由来する「物象化」とは、市場経済の発展とともに、人間が「商品」や「物」のように扱われ、人間と人間との関係が、物と物との関係に転化する事態を指す。ルカーチはこれを発展させ、市場経済において労働力という商品に貶められた人間は、思考や感情すらも「物」のようになると論じた。

　ホネットが着目するのは、人間が「物象化」されると、自分が関係する人間や社会にたいして「何の働きかけもしない傍観者（einflußloser Zuschauer）」のようにふるまうというルカーチの指摘である（Lukács 1968, 265／訳 172）。ホネットは、他者の観察的な認識には他者への共感的な承認が先行していると主張する。それゆえ、もし人間が、他者にたいする共感的関心を欠落させ、他者にたいして「傍観者」のように振る舞うとすれば、それは他者にたいする「承認の忘却」、つまり「物象化」に他ならない。それゆえ、承認論的な文脈における物象化とは、「他の人間についてのわれわれの知識や認識において、それらがどれほどまでに先行的な承認に依存しているのかという意識を消え去らせてしまう過程」（2005, 68／訳 83）なのだという。

　ホネットは承認の形態を、感情的配慮（愛情・友情）、認知的尊重（法律・権利）、社会的価値評価（連帯）という 3 つに分類している（1994, 211／訳 175）。最初の承認形態は、感情的レベルの承認である。発達心理学でも強調されているように、乳幼児期に良好な感情的な結びつきに恵まれて育った子どもは、自己肯定感が高く、他者と良好な関係を築きやすい。親や家族によって大切な存在として扱われてきた人は、「自分はこのままでよい」という安心感をもって他者と接することができると言われている。

　2 番目は、法的レベルにおける承認であり、権利の主体（あるいは道徳的主体）として尊重されることである。私たちに馴染みの日本国憲法の第 3 章「国民の権利及び義務」に明記されているように、すべての国民は、個人として平等に扱われ、その権利は尊重されなければならない。法的に個人として尊重されることで、人は自分の権利を主張できるようになる。承認論のパイオニアである

フィヒテが考えていたのはこのレベルの承認である。

　３番目は、能力や資格にたいして社会的に与えられる承認である。私たちが周りからの評価として、おそらく一番気にかけるものであろう。子どもであれば、学業成績や運動能力、大人であれば、地位や業績への世間的評価であり、ここに容姿や人柄の評判を加えてもよいだろう。アブラハム・マズロー（1908〜70年）の欲求５段階説の第４段階「承認欲求（esteem needs）」は、おおよそこのレベルの承認に相当する（1970, 45f.／訳70-71）。

　これらの承認形態にはいずれもその否定的形態が対応している。たとえば感情的配慮（愛情）なしに子どもやパートナーを扱うことは、「虐待」や「暴行」（児童虐待やドメスティック・バイオレンス、モラルハラスメント）であり、本来対等であるべき同胞市民にたいして同等の権利を認めないことは「差別」である。さらに社会が、個々人の能力や仕事にふさわしい評価を認めない場合、「辱め」や「侮辱」になる。

　社会的に認められていない存在は、たとえ認識されても、「存在していない」とみなされてしまうことがある。たとえば、性を「男」と「女」の二者択一と考えると、これに分類されない性のあり方は、ありえないもの、あってはならないものとみなされてしまう。日本を「単一民族国家」だと主張する人々も、国内における民族的マイノリティの存在自体は知っているはずである。それゆえ問題は、ホネットが強調するように、その存在を知っているかどうか（認識の問題）ではなく、それを認めるかどうか（承認の問題）である。

　私たちの自己理解や自己評価は、他者による承認がないかぎり、あくまで主観的なものにとどまる。私たちが「自分の個性」あるいは「自分らしさ」というものも、他者に認められてはじめて妥当性や客観性をもつ。その意味で、私たちの自己理解や自己評価は、他者の承認に支えられているのである。したがって、すでに述べたように「承認をめぐる闘い」は、「アイデンティティをめぐる闘い」でもある。ホネットは言う。「それぞれの人間の規範的な自己像は……つねに他者において保証される可能性を頼みとしている以上、尊重されないという経験には、全人格のアイデンティティを崩壊させるほど傷つける危険が伴う。」（1994, 212／訳177-178）

　「対話の哲学」のブーバーも、相互承認を人間や人間社会にとって根源的か

つ不可欠なものと見なす⁵⁾。彼によれば「人間の人格は、承認されることを必要とする。なぜなら人間は人間として承認を必要とするからである」（BW, 423／訳26）。そして、「人間の社会においては、そのあらゆる発展段階にわたって、個人は、その個人的な資質と能力において、なんらかの度合いで相互に実践的に承認し合っている。従って、社会の構成員が相互に承認し合うということに応じて、社会を人間社会と名づけることができる。」（BW, 419／訳18-19）

　ブーバーによれば、現在のあるがままの自分、さらには将来の自分を、他者から認めてもらうと同時に、他者をそのようなものとして認めることは、人間の共存に欠くことのできない基盤である。そして、人間性とは、自他の承認願望が満たされるところ、つまり相互承認が成立している場で、実現するものである。なぜなら、「人間は、自己の存在において他の人間に承認されることを欲し、他者の存在の中に証されることを欲する」（BW, 423／訳26）からである。

　ブーバーの考える「人間性」は、「他性（他者であること）を受け入れること」、つまり「他者を、この人として、こういう性格の存在として無条件に受け入れ、承認する」ことによって実現する（BW, 421／訳21-22）。ところが、私たちの多くは、他者を受け入れ、承認することは怠りながら、他者から認められたいという承認欲求──ブーバーに言わせれば「単に承認されようとする空虚な要求」──ばかりが強いように思える。これを、ブーバーは、人間に生得的な承認能力の沈滞として批判している（BW, 419／訳18-19）。人間にとって承認が決定的に重要でありながら、人間社会においては相互承認関係が実現していないという認識では、ブーバーもホネットも一致している。

　ブーバーの言うように、相手を認めないで、相手に自分だけ認められようとする承認要求は空しい。第2章第2節で見たように、自分と対等と思わない相手から認められたとしても、十分な自尊心は得られないからである。自尊心は、自分が認めている相手から認められることによって獲得できるからである。他人の評価を自尊感情の支えにしたいなら、まず他人を自分と対等な「人格」と認めなければならない。

　気をつけなければならないのは、人は自分と利害や立場をともにする人々を高く評価しがちなことである。それらの人々は、多くの場合、同じ理由から自分を高く評価してくれる人でもある。「共感」はこうした利害の共通性を背景

としていることが多い。しかし、「自分と同じ考え方や立場だから認める」では、「自分のことを認めてもらいたい」という承認欲求の延長にすぎないし、相手を認めることが「得になる」なら、承認が自己利益の手段に堕してしまう。

　社会的な承認関係を支える「連帯」とは、利害関係や党派性によるものではない。ホネットによれば、連帯とは、「主体が、相互に対称的な立場で価値評価しあうために、異なった生き方にたいして互いに関与する相互行為の関係である」(1994, 208／訳173)。つまり、立場・境遇や考え方の違いを前提としつつ、それを認め合い協力し合う関係が連帯である。ここでは、異質な他者を受け入れ、積極的にリスペクトする姿勢が大切になる。

　学校には、さまざまな子どもが集まっている。勉強の好きな子、嫌いな子、スポーツが得意な子、苦手な子、経済的に恵まれた子、そうでない子、障がいをもつ子、外国籍の子等々。世界のグローバル化とともに、学校でも文化的・民族的な多様性が増している。グローバルな社会に出て行く子どもたちが学ばなければならないのは、自分と違った背景や考え方をもつ人と平和的に共生していくスキル、異質な他者と連帯していく方法である。

　理想的な社会とは、構成員の相互承認にもとづく社会であろう。学校なら子どもたちが互いを対等な存在として認め合っているクラスである。それは、みんなが同じになるということではなく、自他の差異（体格や性格や能力の違い）を自覚しながら、自他の同一性（ともに「人格」であること）を認め合える関係である。承認論のパイオニアであるフィヒテが強調するように、個性化（他者との違いを意識して自分らしくなること）と社会化（自分と異なる他者を同じ仲間として認めて協調すること）とは関連している (1971, 47f.／訳65)。

　しかしながら、相互承認にもとづくクラスづくりは簡単ではない。力の差異は主人と奴隷の関係を生み出しやすいし、学校のような集団では同調圧力や平等志向が強くなりやすい。したがって、子どもたちが互いの違いを認めつつ、互いを等しく尊重し合う関係を築いていけるよう、何よりも教師が配慮すべきである。そして教師は、依怙贔屓をしないことはもちろんだが、他者（子どもや同僚）を尊重する点で、お手本になるべきである。

　しかし、他者を尊重するとは、具体的にどういうことであろうか？　レヴィナスは、フランソワ・ポワリエとの対話のなかで、「他者を尊重するとは、他

者に一歩を譲る」、つまり「お先にどうぞ、と道を譲ること」だと言っている（Poirié 1987, 95／訳 123）。そこで生じてくるのは、譲るのがなぜ自分の方なのかという疑問である。出会いは相互的であり、相手も同じように自分に向かって来ている。だとしたら、自分が必ず先に譲らなければならない理由はない。しかし、レヴィナスによれば、そもそもこうした相互性を考えないことが倫理なのだという（1995, 110-113／訳 105-108）。

「目には目を、歯には歯を」という原理に見られるように、伝統的な正義は「相互性」にもとづいてきた。それにしたがえば、相手が先になるなら、自分にも先になる権利がある。しかし、ホッブズが雄弁に示したように、互いに対等であろうとすることが、人々を闘争に導いてきた。だとすれば、お互いが相手に優先権を認める関係になれば、争いは起こりようがない。

レヴィナスは、相手に譲ることを「紳士の礼節（courtoisie）」と呼ぶが、言うまでもなく、これは女性に道を譲るレディーファーストの精神にかぎらず、他者を尊重する人間の礼儀正しさのことである。ゴフマンが、人格にたいする儀礼的ふるまいと考えたものもこれに相当する。だが、「人格」として未熟な筆者は、譲られるのは好きだが、譲るのは嫌いである。見ず知らずの人には譲れても、嫌いな人にはなかなか譲れない。どうすればよいのだろう。

ゴフマンが描いたように、私たちは「人格」を「神聖で不可侵のもの」とみなし、互いに敬意をもって接することを期待・要求している。私たち1人ひとりは小さな「神」なのである。だが、本当の神ではないので、あくまで「神であるかのように」扱うということである。その意味で私たちは、他者を神のように超越した存在とみなしたレヴィナスの思想を、不十分かつ不完全ではあれ、それなりに実践しているのである。[6]

神もいろいろである。慈悲深い神もいれば、嫉妬深い神、怒る神、復讐する神までいる。どんな神とかかわるにせよ、神の怒りを買わないためには、神に敬意をもって接する必要がある。神を冒瀆するなど、もっての外である。世界にいろいろな神がいるように、世間にはいろいろな他者がいる。「神々の争い」を回避するためには、神々がそれぞれの「なわばり」を尊重することが大切である。つまり神々が平和的に共存するためには、互いを同じ「神」として承認しなければならない。

　たとえ相手が「神」とは思えなくても、「神であるかのように」扱わなければならないのである。「触らぬ神に祟りなし」と言うが、「敬して遠ざける」こと、埋められない「ディスタンス（距離）」を認めて尊重することが重要である。とはいえ、虫の好かない相手を「神」のように尊重するのは「偽善」ではないか。その通りである。そこで本書の最後に、偽善者の養成こそがいじめ撲滅につながることを示す。

第4節　完璧な偽善者になれ

　人間は仮面をかぶって人格を演じるかぎりで、人格として扱われる。つまり、人格とは、自分の真の姿を隠す偽善者のことである。なぜなら、フロイトが言うように、人は自分の真の姿などそもそも知ることすらできないし、かりにできたとしても自分だと認めたくないような代物だからである。偽りや飾りのない「真の自己」や「素の自分」などを求めて自分探しを続けたがる人は、他人だけではなく、自分をも騙している。

　哲学者の多くは、現象（見かけ）ではなく、本質（真の姿）こそが大切だと説いてきた。筆者も長くそうした教えを信奉してきた。しかし、エラスムスやシェイクスピアは、人間を世界という舞台でさまざまな役を演じる役者だと考えた。だとすれば、社会にとって重要なのは、仮面を外した後の「真の私」ではなく、演じている「私の仮面」の方である。つまり私の本質（私は本当は何者なのか）は社会にとってはどうでもよく、圧倒的に重要なのは、私の現象（自他にたいしてどのような私を演じているか）である。

　この考え方に立てば、自分の本当の姿を隠し続け、役になりきって立派に演じた人こそ、立派な人格者である。自分と利害をともにする相手には共感し、利害が対立する相手を憎む正直者は、偽善者ではないが、人格者でもない。人格者とは、自分の「本当の気持ち」を隠し、嫌いな相手にも好きな相手と同じように敬意と好意をもって接する偽善者のことである。

　自分の気持ちに正直になるのは簡単だが、偽善者になるのは難しい。自分の欲望や感情を抑制して、役に徹しなければならないからである。そして仮面をかぶって演じていることを他人に悟られないのは、はるかに難しい。魔が差し

て仮面をはずし「素の自分」に戻ったり、台本を忘れて役から逸脱したりする方がずっと簡単だからである。

　偽善者の育成などけしからんとお叱りを受けそうだが、偽善を勧めているのは、筆者が最初ではない。『痴愚神礼讃』の訳者で、エラスムスに劣らぬ風刺精神をもつフランス文学者の渡辺一夫（1901〜75 年）は、「偽善の勧め」という皮肉のきいた短文を残している（1976, 535-538）。ここで渡辺は、「偽善とは、良い人間・立派な人間のふりをし、一生涯立派にその仮面をかぶること」だとして、偽善の仮面をかぶっていることを誰にも見破られないような「完璧な偽善者」になるよう読者に勧めている。

> 「誰にでもあたりのよい人のことを、八方美人と呼びますが、八方では不十分なので、百方美人、千方美人、万方美人、億方美人、兆方美人になってほしいのです。わずか八方だけの美人では、偽善者としては下の下です。億兆の人々を、うまくだまし切れるほどの完璧な偽善者になることこそ、私の理想のするところであり、皆様にも、ぜひそうなってほしいとお願いいたします。ところが、このような完璧な偽善者になることは、なかなかむつかしいのです。つまり、偽善者として、九十九人をだませても、一人をだませなかったら、偽善者としては落第になってしまうからです。上役にばかり取り入って、同僚や後輩につらく当る人間は、偽善者の風上には置けぬ似而非偽善者であり、家以外の人々にはにこにこし、女房子供には暴君のような人間もそうですし、公明選挙のたすきをかけて、市民には聖人面をし、料亭では政治献金と利権とを交換しながら赤い舌を出す人間も、同じく似而非偽善者と呼ばねばなりますまい。」（1976, 536）

「完璧な偽善者」とは、自分が悪人であることを徹底的に隠し、少しもぼろを出すことなく、死ぬまで善人の仮面を外すことなく生きていく人間である。真の偽善者とは、あらゆる人にたいして善人を装うことができる人であり、誰の前でもどんなときにも人格の仮面を決して外さない偽善者のことである。言い換えれば、自分のすべての分人が偽善者になるよう監督できる人である。ある人の前では善人（みんなの前ではいじめをしない人）を装いながら、別の人にたいしては悪人の本性をさらけ出す人間（人に隠れていじめをする人）は、善人を装

う悪人、いわば「似而非偽善者」にすぎない。

　これにたいして、すべての人に善人としてふるまい続ける「完璧な偽善者」は、自分の分人たちの仮面と演技を知っているがゆえに、自分の偽善を自覚している。だからこうした人がもし本当に実在するとすれば、きっと自分は偽善者だと正直に認めるにちがいない。にもかかわらず、こうした「完璧な偽善者」は、他人や世間の目には紛れもなく「完全な善人」として映るだろう。

　そうすると「偽善者になれ」という渡辺の一見反道徳的な勧めは、誰にたいしても善人であれという「平凡な勧め」にすぎない。にもかかわらず、この勧めは皮肉がよくきいているだけに誤解された。この文章が公表されると、高校生らしい人たちから「けしからん勧めだ」「人間は誠実に生きるべきだ」といった趣旨の批判があったという（1976, 538）。

　誤解された理由は、「八方美人」や「だます」という言葉にある。八方美人という言葉は、現代ではもっぱら否定的に使われている。つまり「誰にたいしてもよい顔をする人」という意味で使われることが多い。だとすると、八方美人とは周囲の色に合わせて自分の色を変えるカメレオンのような「信用できない人」になる。八方美人は、英語では「すべての人の友（everyone's friend）」と言われるが、「八方美人に友達なし（everyone's friend is no one's friend.）」という諺が示しているように、否定的な意味で使われている。

　渡辺のいう「八方美人」は、この言葉のもともとの意味、どの方向から見ても欠点のないすばらしい美人、つまり、誰がどこから見ても美しい人のことである。これにたいして、世間で言う八方美人は、誰からもよく見られたいと愛想よくふるまう人である。こちらは、「誰からもよく見られたい」という本心が見透かされている時点で、すでに「完璧」ではないのである。「完璧な偽善者」は、演じていることを見透かされることなく、あたかも自然にそうであるかのようにふるまう。

　だが「平凡な勧め」を説きたいのであれば、なぜ渡辺は「善人になれ」と言わずに、「偽善者として他人をだませ」と言うのだろうか。その理由は、彼自身の謙虚な自己理解にある。彼は「自分が善人とは思えない」と言い、読者に次のように問う。「皆様にしても、自分が善人であると、心から確信しておられるでしょうか？　ほんとうに、そう信じている方々がおられたら、私は困却

いたします。と申しますのは、そのように思っている方々に対して、私は常に恐怖を抱いているからです。つまり、自分は善人だから……と思っている人くらい、何をしでかすか分かりませんし、少くとも、私は、こわくてとうてい附き合えないからです。私は、どう考えても、自分が善人とは思えません。」
(1976, 535-536)

　自分を善人と思っている人ほど、たちの悪い者はない。どんなに悪いことをしても、善人の自分がやっているのだから問題ないと思って悪をまき散らすからである。つまり自分のなかの悪に無自覚のまま善人面をしている人こそ危険である。それゆえ善人を目指すなら、つねに自分のなかの悪に自覚的でなければならない。

　自分のなかの悪しき欲望や感情を完全になくすことができないなら、せめてそれが外に出ないよう細心の注意を払うべきである。渡辺の言葉を使えば、「自分のなかに住みついている悪人を、うまい具合に飼い慣らして自分の悪人があまりあばれ出ないように心がけ」なければならない (1976, 537)。渡辺のいう「完璧な偽善者」とは、自分のなかの悪と真摯に向き合い、悪を人格という仮面の下に完全に抑え込むことのできる人である。

　舞台でも映画でも、一流の役者は「演じている」と思わせない。演じている本人も、すっかり登場人物になり切っていて、演じているという意識すらないのかもしれない。観客の側でも、素晴らしい演技を見ると、演技と分かっていながら感動する。迫真の演技に引きずり込まれて、それが演技であることすら忘れることもある。だが、私たちは「うまい演技にだまされた」などと憤ることはない。ところが嘘っぽい演技を見せられると、すべてがお芝居であることが分かって、私たちは白けてしまう。これは現実の世界でも同じである。

　無理をして善人を演じれば、必ずぼろがでる。演技に無理や白々しさが見えてしまうと、何もかもが嘘っぽくみえる。それにたいして善人を自然に演じられる人がいたら、つまり道徳や義務が命じることを喜んで行っているような人がいたら、それこそ「完璧な偽善者」である。詩人で哲学者のフリードリヒ・シラーは、この道徳的理想を「美しき魂 (schöne Seele)」(Bd. 2, 408) と呼んだ。彼によれば、美とは「現象における自由 (Freiheit in der Erscheinung)」(Bd. 2, 365／訳48) である。

「現象における」とわざわざ但し書きがあるのは、人間は動物の一種であるかぎり、動物としての制約から逃れられないからである。その点で、人間は完全には自由ではありえない。カントのいう自由とは、道徳の命令に自らすすんでしたがうこと（自律）であるが、自然的欲求や感情に逆らってまで道徳にしたがう姿は、どこか痛々しく見える。つまり美しくない。それにたいして、自分の感情の赴くままに道徳的行為を行えるとしたら、本来自由でないはずの人間があたかも本当に自由であるかのように見えるというわけである。

　演技であることを見透かされないように演じるには、どうしたらよいだろうか？　たとえばファミレスやコンビニのアルバイト店員のなかには、マニュアル（＝台本）にしたがって、演技とは思えないぐらい自然な接客をする人もいるし、台本にないアドリブまで挿入して、役をふくらませたり深めたり人もいる。

　「役を演じる」いう点では、アルバイト店員も、教師や親と本質的に同じであろう。世の中には、不真面目な生徒や学生を辛抱強く教育する立派な教師や、言うことを聞かない子にどこまでも寄り添う素晴らしい親がいる。こうした人々も生まれつきそうだったわけではなく、教師や親といった役を熱心に演じているうちに役にはまっていったはずである。筆者ですら、長期間教師や父親を演じていると、それなりに板についてきて、演技なのか自然なのか自分でも分からなくなることがある。

　哲学者たちは習慣のことを「第二の自然」と呼んだ。私たちは、早起きを習慣化することによって朝型の人間になる。アリストテレスは、道徳も習慣づけによって身につくと考えた（EN 1103a）。善人を演じることから始まって、やがて演じることが習慣になり、最後には本当の善人になるというわけである。もっとも、習慣化するまでには時間も努力も必要である。ましてや善人を演じることは簡単ではない。

　しかも習慣化したからといって、安心できない。朝型人間も、夜更かしをすれば寝坊もする。善人を演じることに慣れていても、激しい感情にとらわれたときや、集団心理に陥ったとき、善人の仮面を脱いでしまうことがある。だから、筆者のような大根役者は、つねに「今は教師役を演じているのだ」と自分に言い聞かせておかなければならない。そうしないと、仮面の下の自分がうっ

かり出てきてしまうからである。人生が舞台である以上、舞台＝人生が終わるまで、しっかり演じ続けなければならない。

　仮面をうっかり脱いで演技がばれないためには、簡単に脱がなくてもよい仮面、演技していても疲れないような仮面がいい。つまり自分に合った仮面をつけることが大切である。筆者の場合なら、台本も演技もさほど難しくない三流の教師、だめな父親でいい。立派な教師やよき父親を演じ続けるのは大変で長続きしないからだ。立派な教師を演じるのに労力を使い果たして、家に帰って子どもをネグレクトしても困るし、わがままな子どもにどこまでもつき合って、学校で学生をほったらかしにしても困るからだ。

　「完璧な偽善者」になるには、自分のすべての分人が仮面を脱がないようにマネージメントしなくてはならない。しかもぼろが出ないよう自然に演じなければならない。与えられた台本（社会規範や役割期待）にしたがって機械的に演じるだけでは不十分で、台詞を削ったり、アドリブで台本を補ったりする必要がある。さらに、台本を読んで、この役は演じられない（演じたくない）と思ったら役を引き受けてはならない。

　「完璧な偽善者」を演じ続けるのは、至難の業である。渡辺が言うように、私たちはみな仮面の下に悪人を抱えて生きているからである。内なる悪人のやりたいようにさせておくと、反社会的で非倫理的な悪行も平気でやってしまう。かといってこの悪人を徹底的に退治しようとすると、居場所を失った悪人が捨て身で暴れ出す可能性もある。他人を傷つけることなく、また自分自身を損なうことなく、自分のなかの悪人といかに平和的に共生していくか。道徳教育で教えるべきことは、そのためのノウハウであろう。

　自分のなかに悪人を抱えながら、それを認めずに善人面をしている私たちはみな偽善的である。ならば潔くそれを認めることこそ道徳的ではないのか。ヘーゲルは『精神現象学』の精神章最後の良心論において、和解にいたる相互承認は、対立する人間同士が自分たちの偽善性を認め合うことで成立すると語っている（HW3, 485ff.／訳, 下 359 頁以下）。

　他人の行為を評価するとき、私たちは他人の「偽善の仮面」を暴こうとしたがる。たとえば、偉人の英雄的行為のうちに功名心を見たり、資産家や有名人の慈善活動を売名行為とみなしたりする。しかしながら、自らは行動せず観察

者として他人の批評に専念しようとしても、ひとたび行為すれば同じように偽善的にならざるをえない。行為者と観察者の双方が自らの偽善性を認め、互いに同じだと自覚したとき、真の和解にいたるとヘーゲルは言う。

　私たちはみな偽善者である。問題は仮面をかぶって偽善者を演じることではなく、演じている自分を偽りのない本当の自分だと思い込むことである。こうした自己欺瞞に陥っている者こそ、世間一般で批判されている偽善者に他ならないとアーレントは言う。「私たちは公的な場で、政治的な場ではいっそうのこと、「仮面」なしにやっていくことができないがゆえに、〔仮面をかぶって演じている自分を〕ありのままの自分だと偽証する偽善者は、非常に危険なのだ。」（RD 137）

　私たちは自分が偽善者であることを自覚しつつ、偽善者を演じ続けなければならない。そして、どれほど演技が下手でも、死ぬまで偽善者の仮面を脱いではならない。なぜなら、それによって「人格の仮面」も一緒に脱いでしまうからである。同時に私たちは、他人の仮面がどれほど気に入らなくても、他者の仮面を脱がしてはならない。これによって他者の人格をも否定することになるからである。

　私たち人間は、「人格の仮面」をかぶっているかぎりで平和的に共生できる。それゆえ、これから社会に出る子どもたちは、まず「人格という仮面」のかぶり方、つまり「偽善者＝人格者」としての演技を学ばなければならない。「人格という仮面」のかぶり方を教え、「偽善者＝人格者」としての役割を習得させること──これこそ筆者の考える道徳教育である。

　だが子どもたちは、それを自分たちだけで習得することはできない。演技をまねるための「お手本」が必要である。そこで、私たち大人が「人格の仮面」をかぶり、「偽善者＝人格者」のお手本を子どもたちに示さなければならない。「育児は育自である」という言葉があるが、子どもたちへの道徳教育は、同時に私たち自身の道徳教育でなければならない。

結　論

　本書は、悪しき大人社会が善良な子どもたちを道徳的に堕落させるというル
ソー主義の検討から始めた。ルソーが正しく指摘したように、文明社会は偽善
的であり、私たち文明人も偽善者である。しかし私たちの社会は、こうした偽
善によってしか維持・存続できない。それゆえ、私たちがなすべきことは、偽
善の告発や批判で満足することでも、偽善から目を背け自己欺瞞に耽ることで
もない。むしろ私たち自身と人間社会の偽善性を潔く認め、それを徹底させる
ことである。

　「子どもがいじめをするのは、大人社会にいじめがあるからだ」とルソー主
義者は言う。この命題にしたがえば、大人社会からいじめがなくなれば、子ど
もの世界からもいじめもなくなるはずである。かりにそうだとすれば、いじめ
撲滅のためには、まず筆者や読者を含めて私たち大人が、「公平な観察者」と
なって自他の行動を検証し、さらに「完璧な偽善者」として自分たちの身の回
りにあるさまざまないじめを許さない偽善的態度を身につけなければならない。

　それは非常に困難な道のりである。だが、私たち大人が偽善者になろうと一
生懸命に努力する姿を見せないことには、子どもたちは「人格という仮面」の
かぶり方を学ぶことはできないし、「偽善者＝人格者」になりたいとも思わな
い。「親の背を見て子は育つ」あるいは「子は親を映す鏡」などというが、私
たち大人が「完璧」は無理にしても、子どもにとって模範的な偽善者にならな
ければならない。それをせずして「いじめはいけない」といくら説教したとこ
ろで、簡単にぼろが出て子どもに見破られるのが関の山である。

　そのためには、まず私たち自身の悪しき欲望や攻撃性に真剣に向き合わなけ
ればならない。私たちは「人格という仮面」を脱げば、いとも簡単にいじめの
加害者になることができる。そうならないためには、何よりも自分に用心しな
ければならない。私たち大人が自分の内なる悪や攻撃性に自覚的な「偽善者＝
人格者」となること、そして未来の人間社会を担う子どもたちをそうした「偽
善者＝人格者」に育てること——これこそ本書が考える「いじめ撲滅の道」で
ある。

注

1）私たちの社会生活はこうした虚構によって機能しており、こうした虚構性なしには、社会は成り立たない。小坂井は言う。「制度を正当化するために我々が持ち出す根拠と、制度が機能する本当の理由との間に齟齬があるのは矛盾でも何でもありません。それどころか、社会制度の真の姿が人間に隠蔽されなければ、社会は成立しない。贈与や貨幣などの交換制度、支配・平等・正義の仕組みも同じです。」(2013, 116)

2）「場の空気」や「相手の気持ち」を読めないと言われる人は、「仮面」をかぶって自己の感情や情報を巧みに管理している「ふつうの人たち」の「仮面舞踏会」にうまく参加できない人である。本書の「仮面＝偽善」論は、筆者自身を含めた「ふつうの人たち」の自己欺瞞にたいする批判的認識にもとづいている。

3）グローバル化が進み、異なる民族的・文化的背景をもつ人が自分の隣人になりうる現代においては、「他人の靴を履く」ために必要な知識や想像力が、これまで以上に求められている。それゆえ、スミスの「公平な観察者」はもちろん、ファースの「理想的観察者」(1952) やヘアの道徳哲学 (1981; これについては山内 1997) が、グローバルな世界においてどの程度まで現実的な妥当性をもちうるか、慎重に検討する必要があるだろう。

4）これは動物の場合も同じで、ローレンツは動物の個体間の「かけがえのない」関係を表現するために「人格」という言葉を用いる。「動物は人格（Person）ではないと反論されるならば、私はこう答える。パーソナリティ＝人格性（Persönlichkeit）というのは、2つの個がそれぞれ相手の世界の中で、他の仲間によっては決して代わることのできない役割を演じる場合、まさにそこで始まるのだ、と。」(L 137／訳 196)

5）ブーバーは、フィヒテやヘーゲルに由来する「承認（Anerkennung）」という概念ではなく、一般的に「確証」と訳される Bestätigung を用いている。ただし、相互承認を社会的存在としての人間にとって根源的と見なす点では同じである。

6）自分も含めてすべての人の「人格」を「あたかも神であるかのように」扱うことによって、第3章第3節で引用したカントの定言命法「君自身の人格ならびに他のすべての人に人格に例外なく存するところの人間性を、いつでもまたいかなる場合にも同時に目的として使用し、決して単なる手段として使用してはならない」も実現するのである。

おわりに

「自分のことを理解している者がごくまれにしかいない最大の理由の
1つは、たいていの著述家が、人間はどうあるべきかということはい
つも説いているくせに、人間の現実にあるがままの状態についてのべ
ようなどと頭を悩ますことが、ほとんどないためである。」
　　　　　　　──バーナード・マンデヴィル（1988, 39／訳 37）

　西洋哲学に詳しい人が本書を読んだとしたら、「さまざまな哲学者や思想家
の学説は紹介されているが、オリジナルな哲学的考察は何一つ見出せない」と
がっかりするかもしれない。それもそのはず、そもそも筆者は哲学することを
生業とする哲学者ではなく、哲学者や思想家たちの思考の軌跡を辿る哲学史・
思想史の研究者にすぎないからだ。筆者の商売道具は、自分の思考ではなく、
他者の思考である。他者の思考に依存している人間が、なぜ自分の本を書いた
のか、最後に弁解しておきたい。
　筆者は教育大学に勤務している。学生たちの多くは将来学校の先生になる
人々である。しかしながら、筆者は教員免許状をもたず、学校現場での教育経
験もない。こんな自分が教育大学で教えていてよいのだろうかと自問していた
ときに、勤務先の偉い先生方の面接を受ける機会があった。「教員養成を主な
目的とする本学の教育に、あなたはどのような貢献ができますか」と問われた。
　小中学校での教育経験もなく、哲学研究の第一線で活躍しているわけでもな
い筆者は、回答に窮して、思わず「学問の世界と教育現場とを橋渡しできるの
ではないかと思います」と答えてしまった。その場はなんとか切り抜けること
ができたが、心にもないことを言ってしまったようで、非常に後味が悪かった。
ただ、そう言ってしまった以上、「嘘つき」と言われないように、いずれ何か
しなければという思いが残った。
　それ以来、「橋渡し」を意識しながら教育や研究に携わっていると、学問の
世界ではよく知られていながら、教育現場で知られていないことが少なくない

ことが分かってきた（もちろん逆もまた然り）。いじめにしても、いじめ理解・分析に役立ちそうな学説がたくさんあるのに、それらが十分活用されていないように思えてきた。そこでこうした学説を広く紹介して、いじめ防止の取り組みに役立ててもらえるなら、「橋渡し」という「宿題」を果たすことができるのではないか──そうした思いから書き始めたのが本書である。

　しかし、専門的な学術論文しか書いたことがない筆者にとって、執筆は試行錯誤の連続で、本書の内容を勤務先の授業や現職の先生方を対象とした教員免許状更新講習で扱うことで、分かりやすく説明する練習をさせてもらった。筆者の「宿題」にお付き合いいただいた学生さんや現職の先生方に心から感謝すると同時に、筆者の授業や講習が、単位取得や免許更新という目的以外にも少しは役立っていることを願っている。

　「学問の世界と教育現場との橋渡し」という大きな目標を掲げたものの、本書の読者層と考えている大学生や現職教員、あるいは教育関係者にとっては、まだまだ読みづらい本かもしれない。うまく「教育現場への橋渡し」ができているかどうかは読者の判断に委ねたいが、本書がいじめ理解やいじめ防止に何らかの形で役立ってくれるなら、筆者としてはうれしい。また実生活で何の役にも立たないと思われている哲学や思想が、生きていくうえで意外に役に立つ知恵を授けてくれることを実感してもらえるなら、さらにうれしい。

　他方「学問の世界への橋渡し」のために、煩雑になるのを承知のうえで、文献からの引用に際しては原書と邦訳の該当頁を掲載した。引用文に興味をもった読者は、哲学者や思想家の著作を直接手に取っていただければと思う。また、専門用語の原語を付記したことにも理由がある。哲学者や思想家が共通に使っている言葉が、異なる日本語に訳されていることが少なくない。そこで原語を付記することで、本書で紹介した哲学者や思想家が、分野や立場が異なっていても、同じような問題を論じていることを示そうとした。煩わしく感じる読者もいるかと思うが、どうかご了承いただきたい。

　本書は、筆者にとっては2冊目の単著で、日本語ではじめての著作である。母語での処女作がいじめにかんする本になるとは、若い頃には考えもしなかったが、教育大学に勤務し、家庭でも育児を経験し、また職場でパワハラやセク

ハラ、アカハラなどの相談窓口を務めているうちに、いじめが取り組むべき重要なテーマの1つとなった。哲学者や思想家の著作を読んで解説することを仕事と考えていた筆者が、他人の思考に依存しながら、曲がりなりにも「哲学する」ようになったのは、こうした日常の生活や業務、とりわけ子育てのおかげである。それゆえ本書は、人間として未熟な筆者を1人の父親へと厳しく育ててくれた2人の娘と、仕事や家事に逃避しがちな筆者に父親としての責任を強く自覚させてくれた妻に捧げる。

　このような本でも、なんとかでき上がったのは、さまざまな人のおかげである。妻の友人の湯山英子さんは、本書の企画段階で親身に相談に乗ってくださり、筆者の背中を押してくださった。勤務先では、哲学の中川大先生をはじめ、臨床心理学の平野直己先生、教育学の粟野正紀先生、特別支援教育学の齊藤真善先生など、すぐれた同僚の先生方から多くを学ばせていただいた。また勤務先図書館の職員の方々には、本書の執筆に必要な文献を収集するためにご尽力いただいた。さらに「橋渡し」という点では、広く一般に向けて発信されている優れた研究者の解説や翻訳（参考文献一覧を参照）から学ぶところが多かった。これらの方々にも、この機会に感謝しておきたい。

　とある学会で筆者に声をかけてくださった晃洋書房編集者の井上芳郎さんなくして、本書は日の目を見ることはなかった。出版の約束をしてから、さまざまな出来事（北海道胆振東部地震やコロナ禍など）や多忙な校務（教育実習の責任者など）によって、執筆を何度も中断せざるをえなかった。こうした紆余曲折にもかかわらず、井上さんは最後まで筆者を見捨てずに刊行まで導いてくださった。記して感謝したい。

　2022年8月26日　札幌にて

佐 山 圭 司

参考文献一覧

1. 哲学・思想関係の参考文献は多岐にわたるので、本書の性格上、本文で引用したもの以外は、一般読者向けで入手が比較的容易な文献を中心に掲載した。外国語文献で邦訳のあるものは、併記した邦訳を参照したが、筆者の判断で適宜変更させていただいた。訳者の方々にはご寛恕いただきたい。

2. 本文で度々引用する文献については、略号（全集・著作集の場合は巻数）と頁数で引用箇所を明示した。それ以外の文献からの引用は、著者名、刊行年、頁数で表記したが、文脈から明らかな場合には著者名や刊行年を割愛した。

3. 引用は、筆者が用いた版にもとづいているので、初版とは異なっている場合がある。また引用文中の〔　〕内の言葉は、筆者が説明のために補足したものである。なお、引用した外国語のなかには、綴りが現在と異なっているものもある。

4. プラトンおよびアリストテレスからの引用は、慣例にしたがって、それぞれステファヌス版、ベッカー版の頁数を掲げた。

5. ホッブズの著作はラテン語版（LW）ならびに英語版全集（EW）を、アーレントの著作は英語版のほか、彼女が翻訳に関与・校閲したと思われるドイツ語版を参照した。

6. スミスの『道徳感情論』については、初版の邦訳である水田洋訳と第6版の邦訳である高哲男訳の双方を参照し、それぞれ「水田訳」「高訳」と略記した。

外国語文献

Anders, Günther : *Wir Eichmannsöhne, Offener Brief an Klaus Eichmann*, C. H. Beck, München 2001. 邦訳、岩淵達治訳『われらはみな、アイヒマンの息子』晶文社、2007年。

Arendt, Hannah : *The Origins of Totalitarianism*, New Edition with Added Prefaces, Harvest Book, New York 1973. 邦訳、大久保和郎・大島通義、大島かおり訳『全体主義の起原［新版］』全3巻、みすず書房、2017年。

────── : *Elemente und Ursprünge totaler Herrschaft, Antisemitismus, Imperialismus, totale Herrschaft*, Piper, München/Zürich 1986.

────── : *Vita activa oder Vom tätigen Leben*, Piper, München/Zürich 1981.（略号：VA）邦訳、志水速雄訳『人間の条件』筑摩書房、1994年。

────── : *On Revolution, Penguin* 1990.（略号：R）邦訳、志水速雄訳『革命について』筑摩書房、1995年。

────── : *Über die Revolution*, Piper & Co Verlag, München 1963.（略号：RD）

────── : *Eichmann in Jerusalem, A Report on the Banility of Evil*, Penguin 2006.（略

号：EJ）邦訳、大久保和郎訳『エルサレムのアイヒマン——悪の陳腐さについての報告［新版］——』みすず書房、2017 年。

――――― : *Eichmann in Jerusalem, Ein Bericht von der Banalität des Bösen*, Piper, München/Zürich 2011.（略号：EJD）

――――― : *Responsibility and Judgement*, ed. by Jerome Kohn, Schocken Books, New York 2003.（略号：RJ）邦訳、中山元訳『責任と判断』筑摩書房、2016 年。

――――― : *Was ist Politik? Fragmente aus dem Nachlaß*, Piper, München 2003.（略号：WP）邦訳、佐藤和夫訳『政治とは何か』岩波書店、2004 年。

Aristotle : *Politics* with an English Translation by H. Rackham, The Loeb Classical Library, Cambridge/London 1932.（略号：Pol）邦訳、神崎繁・相澤康隆・瀬口昌久訳『政治学』、『アリストテレス全集 17』岩波書店、2018 年。

――――― : *The Nicomachean Ethics* with an English Translation by H. Rackham, The Loeb Classical Library, London/Cambridge 1934.（略号：EN）邦訳、神崎繁訳『ニコマコス倫理学』、『アリストテレス全集 15』岩波書店、2014 年。

――――― : *The "Art" of Rhetoric*, translated by J. H. Freese, The Loeb Classical Library, London/Cambridge 1947.（略号：Rhe）邦訳、堀尾耕一訳『弁論術』、『アリストテレス全集 18』岩波書店、2017 年。

Asch, Solomon : Opinions and social pressure, *Scientific American*, 193（5）, 1955, pp.31-35.

Axelrod, Robert : *The Evolution of Cooperation*, Basic Books, New York 1984. 邦訳、松田裕之訳『つきあい方の科学——バクテリアから国際関係まで——』HBJ 出版局、1987 年。

Barrett, Lisa Feldman : *How Emotions Are Made, The Secret Life of the Brain*, Houghton Mifflin Harcourt, Boston 2017. 邦訳、高橋洋訳『情動はこうしてつくられる——脳の隠れた働きと構成主義的情動理論——』紀伊國屋書店、2019 年。

Becker, Howard S. : *Outsiders, Studies in the Sociology of Deviance*, Free Press, New York 1997. 邦訳、村上直之訳『完訳　アウトサイダーズ　ラベリング理論再考』現代人文社、2011 年。

Bloom, Paul : *Against Empathy, The Case for Rational Compassion*, Ecco, New York 2016. 邦訳、高橋洋訳『反共感論——社会はいかに判断を誤るか——』白揚社、2018 年。

Buber, Martin : *Werke, Erster Band, Schriften zur Philosophie*, Kösel-Verlag u. Verlag Lambert Schneider, München/Heidelberg 1962.（略号：BW）

――――― : *Ich und Du*, in : BW, S. 79-170. 邦訳、田口義弘訳「我と汝」、『ブーバー著作集 1　対話的原理 I』みすず書房、1967 年。

――――― : *Elemente des Zwischenmenschlichen*, in : BW, S.267-289. 邦訳、佐藤吉昭・佐藤令子訳「人間の間柄の諸要素」、『ブーバー著作集 2　対話的原理 II』みすず書房、1968 年。

─────── : *Urdistanz und Beziehung*, in : BW, S.411-423. 邦訳、稲葉稔訳「原離隔と関わり」、『ブーバー著作集 4　哲学的人間学』みすず書房、1969 年。

Coser, Lewis A. : *The functions of social conflict*, Free Press, Glencoe, Illinois 1957. 邦訳、新睦人訳『社会闘争の機能』新曜社、1978 年。

Damásio, António : *Descartes' Error, Emotion, Reason, and the Human Brain*, Putnam, New York 1994. 邦訳、田中三彦訳『デカルトの誤り──情動、理性、人間の脳──』筑摩書房、2010 年。

─────── : *Looking for Spinoza, Joy, Sorrow, and the Feeling Brain*, Harcourt, 2003. 邦訳、田中三彦訳『感じる脳──情動と感情の脳科学　よみがえるスピノザ──』ダイヤモンド社、2005 年。

Darwin, Charles : *The Descent of Man, and Selection in Relation to Sex*, in 2 Vols, Reprint of the 1871 edition published by J. Murray, Princeton University Press, Princeton, New Jersey, 1981. （略号：DM）邦訳、長谷川眞理子訳『人間の由来』上下巻、講談社、2016 年。

Davis, Mark H. : *Empathy, A Social Psychological Approach*, Westview Press, Boulder 1994. 邦訳、菊池章夫訳『共感の社会心理学──人間関係の基礎──』川島書店、1999 年。

Dawkins, Richard : *The Selfish Gene*, New Edition, Oxford University Press 1989. 邦訳、日高敏隆ほか訳『利己的な遺伝子』紀伊國屋書店、1991 年。

de Waal, Frans : *Chimpanzee Politics, Power and Sex among Apes*, Johns Hopkins University Press, Baltimore 2007. 邦訳、西田利貞訳『政治をするサル──チンパンジーの権力と性──』どうぶつ社、1984 年。

─────── : *Peacemaking among Primates*, Harvard University Press, Cambridge/London 1990. 邦訳、西田利貞・榎本知郎訳『仲直り戦術──霊長類は平和な暮らしをどのように実現しているか──』どうぶつ社、1993 年。

─────── : *The Age of Empathy, Nature's Lessons for a Kinder Society*, Souvenir Press, London 2010. 邦訳、柴田裕之訳『共感の時代へ──動物行動学が教えてくれること──』紀伊國屋書店、2010 年。

Dyson, Freeman : *Weapons and Hope*, Harper & row Publishers, New York 1984. 邦訳、伏見康治ほか訳『核兵器と人間』みすず書房、1986 年。

Erasmus, Desiderii : ΜΩΡΙΑΣ ΕΓΚΩΜΙΟΝ, in : *Opera Omnia, Tomus IV*, Leiden 1703, Nachdruck: Georg Olms, Hildesheim 1962. 邦訳、渡辺一夫・二宮敬訳『痴愚神礼讃』、『世界の名著 17　エラスムス；トマス・モア』中央公論社、1969 年。

Erbe, Annette : *Schikane an japanischen Schulen, Aspekte eines Erziehungsproblems*, Berliner Beiträge zur sozial- und wirtschaftswissenschaftlichen Japan-Forschung Bd.23, N. Brockmeiyer, Bochum 1994.

Evans, Dylan : *Emotion, The Science of Sentiment*, Oxford University Press, 2001. 邦訳、

遠藤利彦訳『感情』岩波書店、2005 年。

Festinger, Leon : *A Theory of Cognitive Dissonance*, Row, Peterson and Company, Indiana 1957. 邦訳、末永俊郎監訳『認知的不協和の理論──社会心理学序説──』誠信書房、1965 年。

Festinger, L. & Carlsmith, J. M. : Cognitive consequences of forced compliance, *Journal of Abnormal and Social Psychology*, 29, 1959, pp.703-709.

Fichte, Johann Georg : *Grundlage des Naturrechts nach Principien der Wissenschafts-lehre*, in : *Fichtes Werke*, Bd. 3, hrsg. von I. H. Fichte, Walter de Gruyter, Berlin 1971. 邦訳、藤澤賢一郎訳「知識学の原理による自然法の基礎」、『フィヒテ全集 6　自然法論』哲書房、1995 年。

Firth, Roderick : Ethical absolutism and the ideal observer, *Philosophy and Pheno-menological Research*, 12 (3), 1952, pp. 317-345.

Foucault, Michel : *Surveiller et punir, Naissance de la prison*, Gallimard, Paris 1975. 邦訳、田村俶訳『監獄の誕生──監視と処罰──』新潮社、1977 年。

Freud, Anna : *Das Ich und die Abwehrmechanismen*, Kindler Verlag, München 1977.

Freud, Sigmund : *Gesammelte Werke in 18 Bde.*, Fischer Verlag, Frankfurt am Main 1964ff.（略号：GW）

───── : *Drei Abhandlungen zur Sexualtheorie*, in : GW5, S.27-145. 邦訳、中山元訳「性理論三篇」、中山元編訳『エロス論集』筑摩書房、1997 年。

───── : *Totem und Tabu*, in : GW9. 邦訳、門脇健訳『トーテムとタブー』、『フロイト全集 12：1912-13 年』岩波書店、2009 年。

───── : *Zeitgemäßes über den Krieg und Tod*, in : GW10, S.323-355. 邦訳、中山元訳「戦争と死に関する時評」、中山元訳『人はなぜ戦争をするのか──エロスとタナトス──』光文社、2008 年。

───── : *Massenpsychologie und Ich-Analyse*, in : GW13, S.71-161. 邦訳、藤野寛訳「集団心理学と自我分析」、『フロイト全集 17　不気味なもの；快原理の彼岸；集団心理学：1919-22 年』岩波書店、2006 年。

───── : *Das ökonomische Problem des Masochismus*, in : GW13, S.369-383. 邦訳、中山元訳「マゾヒズムの経済論的問題」、竹田青嗣編『自我論集』筑摩書房、1996 年。

───── : *Die Zukunft einer Illusion*, in : GW14, S.323-380. 邦訳、中山元訳『幻想の未来／文化への不満』光文社、2007 年。

───── : *Das Unbehagen in der Kultur*, in : GW14, S.419-506. 邦訳、中山元訳『幻想の未来／文化への不満』光文社、2007 年。

───── : *Neue Folge der Vorlesung in die Psychoanlyse*, in : GW15. 邦訳、道籏泰三訳「続・精神分析入門講義」、『フロイト全集 21　続精神分析入門講義；終わりある分析とない分析：1932-37 年』岩波書店、2011 年。

───── : *Warum Krieg?* in : GW16, 11-27. 邦訳、中山元訳『人はなぜ戦争をするのか

———エロスとタナトス——』光文社、2008 年。

Girard, R. : *Des Choses scahées depuis la Fondation du Monde, Recherches avec J-M. Oughourlian et G. Lefort*, Bernard Grasset, Paris 1978.（略号：G1）邦訳、小池健男訳『世の初めから隠されていること』法政大学出版局、1984 年。

——— : *Le Bouc émissaire*, Bernard Grasset, Paris 1982.（略号：G2）邦訳、織田年和・富永茂樹訳『身代りの山羊』法政大学出版局、1985 年。

Goffman, Erving : *The Presentation of Self in Everyday Life*, Doubleday, New York 1959. 邦訳、石黒毅訳『行為と演技——日常生活における自己呈示——』誠信書房、1974 年。

———（1961a）: *Asylums: Essays on the Condition of the Social Situation of Mental Patients and Other Inmates*, Doubleday, New York 1961. 邦訳、石黒毅訳『アサイラム——施設被収容者の日常世界——』誠信書房、1984 年。

———（1961b）: *Encounters, Two Studies in the Sociology of Interaction*, Bobbs-Merrill, Indianapolis 1961. 邦訳、佐藤毅・折橋徹彦訳『出会い——相互行為の社会学——』誠信書房、1985 年。

——— : *Stigma, Notes on the Management of Spoiled Identity*, Touchstone Edition, Simon & Schuster, New York 1986.（略号：S）邦訳、石黒毅訳『スティグマの社会学——烙印を押されたアイデンティティ——』改訂版、せりか書房、2001 年。

——— : *Interaction ritual, Essays on Face-to Face Behavior*, Anchor Books, New York 1967. 邦訳、浅野敏夫訳『儀礼としての相互行為——対面行動の社会学——』法政大学出版局、2012 年。

Habermas, Jürgen : *Theorie und Praxis, Sozialphilosophische Studien*, Suhrkamp, Frankfurt am Main 1978. 邦訳、細谷貞雄訳『理論と実践——社会哲学論集——』未來社、1975 年。

——— : *Moralbewußtsein und kommunikatives Handeln*, Suhrkamp, Frankfurt am Main 1983. 邦訳、三島憲一・中野敏男・木前利秋訳『道徳意識とコミュニケーション行為』岩波書店、1991 年。

Hare, Richard : *Moral Thinking, Its Levels, Method and Point*, Clarendon Press, Oxford 1981. 邦訳、内井惣七、山内友三郎監訳『道徳的に考えること——レベル・方法・要点——』勁草書房、1994 年。

Harris, Judith Rich : *The Nurture Assumption, Why Children Turn Out the Way They Do*, Free Press, New York 1998. 邦訳、石田理恵訳『子育ての大誤解——重要なのは親じゃない——〔新版〕』上下巻、早川書房、2017 年。

Hegel, Georg Wilhelm Freidrich : *Werke in 20 Bänden*, hrsg. von E. Moldenhauer u. K. M. Michel. Suhrkamp, Frankfurt a.M. 1969ff.（略号：HW）

——— : *Phänomenologie des Geistes*, in : HW3. 邦訳、熊野純彦訳『精神現象学』上下巻、筑摩書房、2018 年。

——— : *Grundlinien der Philosophie des Rechts*, in : HW7. 邦訳、藤野渉・赤沢正敏訳

「法の哲学」、『世界の名著 44 ヘーゲル』中央公論社、1978 年。

――――― : *Enzyklopädie der philosophischen Wissenschaften III, Die Philosophie des Geistes*, in : HW10. 邦訳、船山信一訳『精神哲学』上・下巻、岩波書店、1965 年。

――――― : *Vorlesungen über die Philosophie der Geschichte*, in : HW12. 邦訳、長谷川宏訳『歴史哲学講義』岩波書店、1994 年。

Heinemann, Peter-Paul : *Mobbning – gruppvåld bland barn och vuxna*. Natur och kultur, Stockholm 1972.

Hobbes, Thomas : *Opera philosophica*, studio e labore G. Molesworth, Londini 1839-45. (略号：LW)

――――― : *De homine*, in : LW2, pp.1-132. 邦訳、本田裕志訳『人間論』京都大学学術出版会、2012 年。

――――― : *De Cive*, in : LW2, pp.133-432. 邦訳、本田裕志訳『市民論』京都大学学術出版会、2008 年。

――――― : *The English Works of Thomas Hobbes*. 11 vols., ed. by Sir William Molesworth, London 1839-45. (略号：EW)

――――― : *Leviathan*, in : EW3. 邦訳、水田洋訳『リヴァイアサン』全 4 巻、岩波文庫、1985-1992 年。

――――― : *Tripos in Three Discourses*, in EW4, pp.1-278.

――――― : *The Elements of Law, Natural and Politic*, Edited with a Praface and Critical Notes by Ferdinand Tönnies, Frank Cass & Co., London 1969. (略号：EL) 邦訳、高野清弘訳『法の原理――自然法と政治的な法の原理――』筑摩書房、2019 年。

Hoffman, M. L. : *Empathy and Moral Development, Implications for Caring and Justice*, Cambridge University Press, Cambridge 2000. 邦訳、菊池章夫・二宮克美訳『共感と道徳性の発達心理学――思いやりと正義とのかかわりで――』川島書店、2001 年。

Honneth, Axel : *Kampf um Anerkennung*, Suhrkamp, Frankfurt am Main 1994. 邦訳、山本啓・直江清隆訳『承認をめぐる闘争〔増補版〕』法政大学出版局、2014 年。

――――― : *Verdinglichung, Eine anerkennungstheoretische Studie*, Suhrkamp, Frankfurt am Main 2005. 邦訳、辰巳伸知・宮本真也訳『物象化――承認論からのアプローチ――』法政大学出版局、2011 年。

Horkheimer, Max und Adorno, Theodor : *Die Dialektik der Aufklärung, Philosophische Fragmente*, in : *Max Horkheimer Gesammelte Schriften, Bd.5*, hrsg. von G. S. Noerr, Fischer Taschenbuch Verlag, Frankfurt am Main 1987. 邦訳、徳永恂訳『啓蒙の弁証法――哲学的断想――』岩波書店、1990 年。

Hume, David : *A Treatise of Human Nature*, ed., by L. A. Selby-Bigge, 2nd Ed., with text rev. and variant readings by P. H. Nidditch, Clarendon Press, Oxford 1978. 邦訳、大槻春彦訳『人性論』全 4 巻、岩波書店、1948-52 年。

――――― : *An Enquiry concerning the Principles of Morals*, ed., by L. A. Selby-Bigge, revised by P. H. Nidditch, Clarendon Press, Oxford 1975. 邦訳、渡部峻明訳『道徳原理の研究』哲書房、1993 年。

James, William : *The principles of psychology*, Vol.1, Henry Holt and Company, New York 1890.

Jhering, Rudorf : *Der Kampf um's Recht*, Manz, Wien 1872. 邦訳、村上淳一訳『権利のための闘争』岩波書店、1982 年。

Kant, Immanuel : *Kants Gesammelte Schriften*, hrsg. von der Königlich Preußischen Akademie der Wissenschaften, Berlin 1905ff.（略号：KA）

―――― : *Kritik der reinen Vernunft*, 2. Auflage, in : KA3. 邦訳、篠田英雄訳『純粋理性批判』全 3 巻、岩波書店、1961-62 年。

―――― : *Die Grundlegung zur Metaphysik der Sitten*, in : KA4, S.385-463. 邦訳、篠田英雄訳『道徳形而上学原論』改訳、岩波書店、1976 年。

―――― : *Die Kritik der Urteilskraft*, in : KA5, S.165-485. 邦訳、牧野英二訳「判断力批判　上」、『カント全集 8　判断力批判　上』岩波書店、2000 年。

―――― : *Die Metaphysik der Sitten*, in : KA6, S.203-493. 邦訳、樽井正義・池尾恭一訳「人倫の形而上学」、『カント全集 11　人倫の形而上学』岩波書店、2002 年。

―――― : *Idee zu einer allgemeinen Geschichte in weltbürgerlicher Absicht*, in : KA8, S.15-31. 邦訳、篠田英雄訳「世界公民的見地における一般史の構想」、『啓蒙とは何か　他四篇』改訳、岩波書店、1974 年。

―――― : *Bemerkungen zu den Beobachtungen über das Gefühl des Schönen und Erhabenen*, in : KA20, S.1-192. 邦訳、久保光志訳「『美と崇高の感情にかんする観察』への覚え書き」、『カント全集 18　諸学部の争い・遺稿集』岩波書店、2002 年。

Kojève, Alexandre : *Introduction à la lecture de Hegel, Leçons sur la Phénoménologie de l'Esprit professées de 1933 à 1939 à l'École des Hautes Études*, réunies et publiées par Raymond Queneau, Éditions Gallimard, Paris 1947. 邦訳、上妻精・今野雅方訳『ヘーゲル読解入門―――『精神現象学』を読む―――』国文社、1987 年。

Lagerspetz, K. M., Björkqvist, K., Berts M. and King, E. : Group aggression among school children in three schools, *Scandinavian Journal of Psychology*, 23, 1982, pp. 45-52.

Laing, R. D. : *Self and Others*, Tavistock Publications, London 1969. 邦訳、志貴春彦・笠原嘉訳『自己と他者』みすず書房、1975 年。

Le Bon, Gustave : *Psychologie des foules*, Félix Alcan, Paris 1895. 邦訳、櫻井成夫訳『群衆心理』講談社、1993 年。

Leibniz, Gottfried Wilhelm : *Die philosophischen Schriften*, hrsg. von C. I. Gerhardt, Berlin 1875ff., Nachdruck: George Olms, Hildesheim 1960f.

―――― : *Monadologie*, in: Bd.6, S.607-623. 邦訳、西谷裕作訳「モナドロジー〈哲学の原理〉」、『ライプニッツ著作集 9』工作舎、1989 年。

―――― : *Streitschriften zwischen Leibniz und Clarke*, in : Bd.7, S.345-440. 邦訳、米山

優・佐々木能章訳「ライプニッツとクラークとの往復書簡」、『ライプニッツ著作集 9』工作舎、1989 年。

Lerner, Melvin J. : *The Belief in a Just World, A Fundamental Delusion*, Plenum Press, New York 1980.

Lerner, M. J., and Simmons, C. H. : Observer's reaction to the "innocent victim": Compassion or rejection? *Journal of Personality and Social Psychology*, 4 (2), 1966, pp.203-210.

Lévinas, Emmanuel : *Totalité et infini, Essai sur l'extériorité*, édition le livre de poche, Kluwer Academic 1990. 邦訳、熊野純彦訳『全体性と無限　上・下巻』岩波書店、2005-06 年。

――――― : *Difficile liberté, Essais sur le judaïsme*, 3. éd. revue et corrigée, Albin Michel, Paris 1976. 邦訳、合田正人監訳／三浦直希訳『困難な自由［増補版・定本全訳］』、法政大学出版局、2008 年。

――――― : *Altérité et transcendance*, préface de Pierre Hayat, Fata Morgana, 1995. 邦訳、合田正人・松丸和弘訳『他性と超越』新装版、法政大学出版局、2010 年。

Lévi-Strauss, Claude : *Les structures élémentaires de la parenté*, Mouton, La Haye 1967. 邦訳、福井和美訳『親族の基本構造』青弓社、2000 年。

Leymann, Heinz : *Mobbing, Psychoterror am Arbeitsplatz und wie man sich dagegen wehren kann*, Rowohlt, Reinbek bei Hamburg 1993.

Lipps, Theodor : *Die Ethische Grundfragen*, Zehn Vorträge, 4. Auflage, Leopold Voß, Leipzig 1922. 邦訳、島田四郎訳『倫理学の根本問題』改訂版、玉川大学出版部、1966 年。

Locke, John : *An Essay Concerning Human Understanding*, ed. by P. H. Nidditch, Clarendon Press, Oxford 1975. 邦訳、大槻春彦訳『人間知性論』全 4 巻、岩波書店、1972-77 年。

Lorenz, Konrad : *Das sogenannte Böse, Zur Naturgeschichte der Aggression*, dtv, München 1974.（略号：L）邦訳、日高敏隆・久保和彦訳『攻撃――悪の自然誌――』全 2 巻、みすず書房、1970 年。

――――― : *Er redete mit dem Vieh, den Vögeln und den Fischen*, dtv, München 1964. 邦訳、日高敏隆訳『〈動物行動学入門〉ソロモンの指環』改訂版、早川書房、1987 年。

――――― : *Die acht Todsünden der zivilisierten Menschheit*, Piper, München 1996. 邦訳、日高敏隆・大羽更明訳『文明化した人間の八つの大罪』思索社、1973 年。

Lukács, Georg : *Geschichte und Klassenbewußtsein*, in : *Georg Lukács Werke*, Bd. 2, Hermann Lutherhand, Neuwied und Berlin 1968. 邦訳、城塚登・古田光訳『ルカーチ著作集 9　歴史と階級意識』白水社、1987 年。

Luther, Martin : *Rede auf dem Reichstag zu Worms*, in : *Martin Luther ausgewählte Schriften in 6 Bänden*, Bd.1, S.264-269, hrsg. von Karin Bornkamm und Gerhard

Ebeling, Insel Taschenbuch, Frankfurt am Main 1990.

Machiavelli, Niccolò : *De Principatibus*, testo critico a cura di Giorgio Inglese, Roma 1994. 邦訳、池田廉訳『君主論』中央公論社、1975 年。

Mandeville, Bernard : *The Fable of the Bees or, Private Vices, Publick Benefits*, with a commentary, critical, historical, and explanatory by F. B. Kaye, Vol. 1, Clarendon Press, Oxford 1924, Reprint : Liberty Classics, Indianapolis 1988. 邦訳、泉谷治訳『蜂の寓話――私悪すなわち公益――』法政大学出版局、1985 年。

Marx, Karl und Engels, Friedrich : *Manifest der Kommunistischen Partei*, in : *Werke* Bd.4, Dietz Verlag, Berlin 1959. 邦訳、三島憲一・鈴木直訳「コミュニスト宣言」、『マルクス・コレクションⅡ』筑摩書房、2008 年。

Maslow, Abraham H. : *Motivation and personality*, Second Edition, Harper & Row, New York 1970. 邦訳、小口忠彦訳『[改訂新版] 人間性の心理学――モチベーションとパーソナリティ――』産業能率大学出版部、1987 年。

Mead, George Herbert : *Mind, Self, and Society, From the Standpoint on a Social Behaviorist*, ed. by Charles W. Morris, University of Chicago Press, Chicago 1934. 邦訳、植木豊編訳『G・H・ミード著作集成――プラグマティズム・社会・歴史――』作品社、2018 年。

Milgram, Stanly : *Obedience to Authority, An Experimental View*, Harper Perennial Modern Thought edition, New York 2009. 邦訳、山形浩生訳『服従の心理』河出書房新社、2012 年。

Mill, John Stuart : *On Liberty*, ed. by Stefan Collini, Cambridge University Press 1989. 邦訳、早坂忠訳「自由論」、『世界の名著38』中央公論社、1967 年。

Nietzsche, Friedrich : *Werke, Kritische Gesamtausgabe*, hrsg. von G. Colli und M. Montinari, Walter de Gruyter, Berlin 1967ff. (略号：NW)

――――― : *Ueber Wahrheit und Lüge in aussermoralischen Sinne*, in : NW, Ⅲ2. 邦訳、渡辺二郎訳「道徳外の意味における真理と虚偽について」、『ニーチェ全集第3巻』理想社、1965 年。

――――― : *Unzeitgemässe Betrachtungen II*, in : NW, Ⅲ1. 邦訳、小倉志祥訳「反時代的考察」、『ニーチェ全集第4巻』所収、理想社、1964 年。

――――― : *Die fröhliche Wissenschaft*, in : NW, Ⅴ2. 邦訳、信太正三訳『悦ばしき知識』、『ニーチェ全集第8巻』所収、理想社、1962 年。

――――― : *Also sprach Zarathustra*, in : NW, Ⅵ1. 邦訳、氷上英廣訳『ツァラトゥストラはこう言った　上・下巻』岩波書店、1967-70 年。

――――― : *Jenseits von Gut und Böse*, in : NW, Ⅵ2, S.1-255. 邦訳、中山元訳『善悪の彼岸』光文社、2009 年。

――――― : *Zur Genealogie der Moral*, in : NW, Ⅵ2, S.257-430. 邦訳、中山元訳『道徳の系譜学』光文社、2009 年。

Olweus, Dan : *Bulling at School, What We Know and What We Can Do*, Blackwell, Oxford UK and Cambridge USA 1993. 邦訳、松井賚夫・角山剛・都築幸恵訳『いじめ こうすれば防げる――ノルウェーにおける成功例――』川島書店、1995 年。

Pinker, Steven : *The Blank Slate, The Modern Denial of Human Nature*, Viking, New York 2002. 邦訳、山下篤子訳『人間の本性を考える――心は「空白の石版」か――』 全 3 巻、NHK 出版、2004 年。

――― : *The Better Angels of Our Nature, Why Violence Has Declined*, Viking, New York 2011. 邦訳、幾島幸子・塩原通緒訳『暴力の人類史』上・下巻、青土社、2015 年。

Plato : *Sophist*, in : Plato with an English Translation II, translated by H. N. Fowler, The Loeb Classical Library, London/Cambridge 1952. 邦訳、藤沢令夫訳『ソピステス』、 『プラトン全集 3』岩波書店、1976 年。

――― : *Protagoras*, in : Plato with an English Translation IV, translated by W. R. M. Lamb, The Loeb Classical Library, Cambridge/London 1952. 邦訳、藤沢令夫訳『プロ タゴラス』、『プラトン全集 8』岩波書店、1975 年。

――― : *Gorgias*, in : Plato with an English Translation V, translated by W. R. M. Lamb, The Loeb Classical Library, Cambridge/London 1946. 邦訳、加来彰俊訳『ゴル ギアス』、『プラトン全集 9』岩波書店、1974 年。

Poirié, François : *Emmanuel Lévinas, Qui êtes-vous?*, La Manufacture, Paris 1987. 邦訳、 内田樹訳『暴力と聖性――レヴィナスは語る――』2 版、国文社、1997 年。

Raphael, D. D. : *The Impartial Spectator, Adam Smith's Moral Philosophy*, Clarendon Press, Oxford 2007. 邦訳、生越利昭・松本哲人訳『アダム・スミスの道徳哲学――公 平な観察者――』昭和堂、2009 年。

Ridley, Matt : *The Origins of Virtue*, Penguin Books, New York 1997. 邦訳、岸由二監修 ／吉川奈々子訳『徳の起源――他人をおもいやる遺伝子――』翔泳社、2000 年。

Rimbaud, Arthur : *Œuvres complètes*, édition établie, présentée et annotée par Antoine Adam, Gallimard, Paris 1972. 邦訳、湯浅博雄訳「文学書簡 8」、平井啓之ほか訳『ラン ボー全集』青土社、2006 年。

Rousseau, Jean-Jacques : *Œuvres complètes*, Gallimard, Paris 1959ff.

――― : *Discours qui a remporté le prix à l'Academie du Dijon*, in : Ⅲ, 1-30. 邦訳、前 川貞次郎訳『学問芸術論』岩波書店、1968 年。

――― : *Discours sur l'origine et les fondemens de l'inégalité paemi les hommes*, in : Ⅲ, 109-223. 邦訳、本田喜代治・平岡昇訳『人間不平等起原論』改訳、岩波書店、1972 年。

――― : *Émile ou de l'éducation*, in : Ⅳ, 239ff. 邦訳、今野一雄訳『エミール』全 3 巻、 1962-64 年。

Sartre, Jean-Paul : *L'être et le néant, Essai d'ontologie phénoménologique*, Gallimard, Paris 1943. 邦訳、松浪信三郎訳『存在と無――現象学的存在論の試み――』全 3 巻、筑摩書 房、2007-2008 年。

Schopenhauer, Arthur : *Werke in 5 Bänden*, Haffmanns Verlag, Zürich 1991.

──── : *Die beiden Grundprobleme der Ethik*, in : Bd.3, S.323-631. 邦訳、前田敬作ほか訳「倫理学の二つの根本問題」、『ショーペンハウアー全集 9』白水社、1973 年。

──── : *Parerga und Paralipomena II*, Bd.5. 邦訳、秋山英夫訳「哲学小品集（V）」、『ショーペンハウアー全集 14』白水社、1973 年。

Schiller, Friedrich : *Werke in drei Bänden*, hrsg. von H. G. Göpfert, Die Bibliothek deutscher Klassiker, Harenberg Kommunikation, Dortmund 1982.

──── : *Kallias oder über die Schönheit, Briefe an Gottfried Körner*, in : Bd.2, S.352-381. 邦訳、草薙正夫訳『美と芸術の理論──カリアス書簡──』改版、岩波書店、1974 年。

──── : *Über Anmut und Würde*, in : Bd.2, S.382-424.

Simmel, Georg : *Soziologie, Untersuchungen über die Formen der Vergesellschaftung*, Duncker & Humblot, Leipzig 1908. 邦訳、居安正訳『社会学──社会化の諸形式についての研究──』上・下巻、白水社、1994 年。

Singer, Peter : *Practical Ethics*, Cambridge University Press, 1979. 邦訳、山内友三郎・塚崎智監訳『実践の倫理』昭和堂、1991 年。

Smith, Adam : *The Theory of Moral Sentiments*, The Glasgow Edition of the Works and Correspondence of Adam Smith, Vol.1, Ed. by D. D. Raphael and A.L. Macfie, Oxford University Press 1976, Reprint : Liberty Classics, Indianapolis 1982.（略号：MS）邦訳、水田洋訳『道徳感情論──人間がまず隣人の、次に自分自身の行為や特徴を、自然に判断する際の原動力を分析するための論考──』上・下巻、岩波書店、2003 年。高哲男訳『道徳感情論』講談社、2013 年。

Smith, P. K., Morita, Y., Junger-Tas, J., Olweus, D., Catalano, R., and Slee, P. (ed.) : *The Nature of School Bullying, A Cross-National Perspective*, Routledge, London/New York 1999. 邦訳、森田洋司監訳『世界のいじめ──各国の現状と取り組み──』金子書房、1998 年。

Spinoza, Baruch de : *Tractatus politicus*, in : *Spinoza Opera, Bd. 3*, hrsg. von C. Gebhardt, Carl Winter, Heidelberg 1925, Nachdruck : 1972. 邦訳、畠中尚志訳『国家論』改版、岩波書店、1976 年。

Tarde, Gabriel : *Les Lois de l'imitation, Étude sociologique*, seconde édition, Félix Alcan, Paris 1895. 邦訳、池田祥英・村澤真保呂訳『模倣の法則』河出書房新社、2007 年。

Tocqueville, Alexis de : *De la démocratie en Amérique*, seconde édition, Tome deuxième, Charles Gosselin, Paris 1835. 邦訳、松本礼二訳『アメリカのデモクラシー』全 4 冊、岩波書店、2005-2008 年。

Trivers, Robert : *Social Evolution*, Benjamin/Cummings, Menlo Park 1985. 邦訳、中嶋康裕・福井康雄・原田泰志訳『生物の社会進化』産業図書、1991 年。

──── : *Natural Selection and Social Theory, Selected Papers of Robert Trivers*,

Oxford University Press, New York 2002.

Weisenborn, Günther（Hg.）: *Der lautlose Aufstand, Bericht über die Widerstands-bewegung des deutschen Volkes 1933-1945*, Rowohlt Taschenbuch Verlag, Reinbek bei Hamburg 1963. 邦訳、佐藤晃一訳編『声なき蜂起——ドイツ国民の抵抗運動の報告（1933-1945 年）——』岩波書店、1956 年。

Wilson, Edward O. : *Sociobiology, The New Synthesis*, The Belknap Press of Harvard University Press, Cambridge/London 1975. 邦訳、伊藤嘉昭監修、坂上昭一ほか訳『社会生物学』新思索社、1999 年。

Yafai, A.-F., Verrier, D. and Reidy, L. : Social conformity and autism spectrum disorder : a child-friendly take on a classic study, *Autism*, 18（8）, 2014, pp. 1007-1013.

日本語文献

石川文康『良心論——その哲学的試み——』名古屋大学出版会、2001 年。

岩田靖夫『倫理の復権——ロールズ・ソクラテス・レヴィナス——』岩波書店、1994 年。

内田義彦『社会認識の歩み』岩波書店、1971 年。

大澤真幸『動物的／人間的　1．社会の起原』弘文堂、2012 年。

大槻久『協力と罰の生物学』岩波書店、2014 年。

岡檀『生き心地の良い町——この自殺率の低さには理由（わけ）がある——』講談社、2013年。

荻上チキ『ネットいじめ——ウェブ社会と終わりなき「キャラ戦争」——』PHP 研究所、2008 年。

——— 『いじめを生む教室——子どもを守るために知っておきたいデータと知識——』PHP 研究所、2018 年。

奥村隆『反コミュニケーション』弘文堂、2013 年。

小田晋『大人社会のいじめを心理分析しよう——精神科医が明かす "魔の手" から抜け出す処方箋——』大和出版、1999 年。

苅谷剛彦『知的複眼思考法』講談社、1996 年。

清永賢二「日本のイジメ」、清永賢二編『世界のイジメ』信山社出版、2000 年、1-15 頁。

岸本朗・後藤百合枝・金子基典・岸本真希子『いじめの本態と予防——アディクション（嗜癖）といういじめの心理教育と隠された状況（隠蔽）の開示——』アルタ出版、2015年。

栗原優『ナチズムとユダヤ人絶滅政策——ホロコーストの起源と実態——』ミネルヴァ書房、1997 年。

小坂井敏晶『責任という虚構』東京大学出版会、2008 年。

——— 『社会心理学講義　〈閉ざされた社会〉と〈開かれた社会〉』筑摩書房、2013 年。

小玉亮子「ドイツにおけるイジメ」、清永賢二編『世界のイジメ』信山社出版、2000 年、78-103 頁。

斎藤環『承認をめぐる病』日本評論社、2013 年。

坂部恵『仮面の解釈学』東京大学出版会、1976 年。

作田啓一『個人主義の運命——近代小説と社会学——』岩波書店、1981 年。

澤田瑞也『共感の心理学——そのメカニズムと発達——』世界思想社、1992 年。

菅野盾樹『増補版　いじめ——学級の人間学——』新曜社、1997 年。

杉山幸丸『子殺しの行動学——霊長類社会の維持機構をさぐる——』北斗出版、1980 年。

滝充「‘Ijime bullying’：その特徴、発生過程、対策」、土屋基規・P. K. スミス・添田久美
　　子・折出健二（編著）『いじめととりくんだ国々——日本と世界の学校におけるいじめ
　　への対応と施策——』ミネルヴァ書房、2005 年、33-55 頁。

内藤朝雄『いじめの社会理論　その生態学的秩序の生成と解体』柏書房、2001 年。

————『「いじめ学」の時代』柏書房、2007 年。

————『いじめの構造——なぜ人が怪物になるのか——』講談社、2009 年。

中井久夫「いじめの政治学」、『アリアドネからの糸』みすず書房、1997 年、2-23 頁。

中島義道『時間と自由——カント解釈の冒険——』講談社、1999 年。

————『悪について』岩波書店、2005 年。

中野信子『ヒトは「いじめ」をやめられない』小学館、2017 年。

中村雄二郎『術語集——気になることば——』岩波書店、1984 年。

仲正昌樹『今こそアーレントを読み直す』講談社、2009 年。

————『今こそルソーを読み直す』NHK 出版、2010 年。

————『悪と全体主義——ハンナ・アーレントから考える——』NHK 出版、2018 年。

野田又夫「カントの生涯と思想」、『世界の名著 39』中央公論社、1979 年、5-84 頁。

原田順代『魔女裁判といじめの文化史——いじめ問題の歴史的・構造的研究——』風間書房、
　　2007 年。

平野啓一郎『私とは何か——「個人」から「分人」へ——』講談社、2012 年。

堀裕嗣『スクールカーストの正体——キレイゴト抜きのいじめ対応——』小学館、2015 年。

真木悠介『自我の起原——愛とエゴイズムの動物社会学——』岩波書店、1993 年。

正高信男『いじめを許す心理』岩波書店、1998 年。

丸山眞男『超国家主義の論理と心理　他八篇』古矢旬編、岩波書店、2015 年。

森口朗『いじめの構造』新潮社、2007 年。

森田洋司・清永賢二『いじめ——教室の病い——』金子書房、1986 年。

森田洋司『いじめとは何か——教室の問題　社会の問題——』中央公論新社、2010 年。

山内友三郎『相手の立場に立つ——ヘアの道徳哲学——』勁草書房、1991 年。

山口昌男『歴史・祝祭・神話』中央公論社、1978 年。

————『文化の詩学 I』『文化の詩学 II』岩波書店、1998 年。

山本七平『「空気」の研究』新装版、文藝春秋、2018 年。

和辻哲郎「面とペルソナ」、『和辻哲郎全集　第 17 巻』岩波書店、1963 年、289-295 頁。

渡辺一夫「偽善の勧め」、『渡辺一夫著作集 12』筑摩書房、1976 年、535-538 頁。

著者紹介

佐 山 圭 司（さやま　けいじ）

　1967 年　東京都生まれ
　2003 年　一橋大学大学院社会学研究科博士後期課程単位取得退学
　2004 年　マルティン・ルター大学ハレ＝ヴィッテンベルク哲学博士（Dr. phil.）
　現　在　北海道教育大学札幌校教授

主要業績
　著書：*Die Geburt der bürgerlichen Gesellschaft, Zur Entstehung von Hegels Sozialphilosophie,* Philo-Verlag, Berlin 2004.
　共著：加藤泰史編『スピノザと近代ドイツ――思想史の虚軸――』岩波書店、2022 年。
　共編著：平子友長ほか編『危機に対峙する思考』梓出版社、2016 年。

いじめを哲学する
　　——教育現場への提言——

2022年10月20日　初版第 1 刷発行	＊定価はカバーに 表示してあります

　　　　　　　　著　者　　佐　山　圭　司Ⓒ

　　　　　　　　発行者　　萩　原　淳　平

　　　　　　　　印刷者　　田　中　雅　博

　　　発行所　株式会社　晃　洋　書　房

　〒615-0026　京都市右京区西院北矢掛町 7 番地
　　　　　　　電話　075(312)0788番(代)
　　　　　　　振替口座　　01040-6-32280

　装丁　野田和浩　　　　印刷・製本　創栄図書印刷㈱

ISBN 978-4-7710-3670-3